조 선 국 왕
장가보내기

조선 국왕 장가보내기

구혼과 처녀간택부터 첫날밤까지
국왕 혼례의 모든 것

임민혁 지음

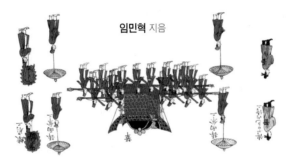

글항아리

장서각 한구석에 쭈그리고 앉아 오늘도 의궤와 등록을 들춰보고 있다. 내용을 하나하나 읽으면서 간추리는 일을 한 지 꽤나 긴 시간이 흘렀다. 이런 일이 일상이다시피 하니, 쓰고 싶은 이야깃거리가 주렁주렁 달려나온다. 국가에서 거행한 행사야 어느 국가나 왕조건 헤아릴 수 없이 많겠지만, 조선이라는 우리 역사의 한 왕조에서도 이 행사들을 어찌 그리 꼼꼼히 기록으로 남겼는지, 그저 찬탄과 감사에 넋을 놓을 뿐이다.

개별 의궤와 등록은 완벽한 기록물이 아니다. 그래서 어쩔 수 없이 조상들의 삶을 겅중겅중 쫓게 된다. 그러면 수레바퀴의 흔적을 놓칠 때가 많아 다른 의궤나 연대기 자료에서 조각을 찾아본다. 희미하거나 흔적조차 보이지 않는 무수한 자국을 이렇게 해서 선명하게 하나하나 채워나갈 수 있다. 적어도 의궤에 관한 한 이런 작업이 가능하다.

의궤는 제사와 국혼, 국장 등 각 행사에 관해 한두 건의 기록만 남겨놓은 것이 아니다. 흉례로 말하자면, 국장·빈전·혼전 도감 의궤를 왕과 왕비별로 만들어서 그 종수가 상당하다. 상장례 절차야 『국조오례의』 규정이 있어 일정하지만, 각 절차를 거행하는 인적·물적·역사적 조건은 달라수록 내용상 여러 차이를 보이고 있다. 따라서 각 의궤의 내용을 서로 꿰

맞추어나갈 때 조상들의 삶을 파노라마처럼 펼쳐놓을 수 있게 된다.

그렇게 한다고 해서 조선의 문화와 조상의 삶을 완전하게 재현했다고 할 수는 없다. 그들의 삶과 문화에는 철학적·정치적·역사적 배경이 스며 있어 이를 간취하고 해석해내는 작업이 뒤따라야 의미를 띠기 때문이다.

10여 년 전에 『가례』를 번역한 적이 있다. 당시 예법에 대해 낫 놓고 기역자도 모르는 문외한인 상태에서 혈기만으로 무모하게 일을 저지르고 말았다. 글쓰기의 졸렬함도 면치 못하지만, 그래도 할 수 있는 것이 이뿐인지라 손을 놓을 수도 없다. 앞으로는 나아지려니 하는 믿음에서다. 그 믿음은 예의 실제와 인식에 있어서도 마찬가지다. 선조들이 남겨놓은 예에 관한 저술은 헤아릴 수 없을 정도로 많다. 하나같이 사람 사이에서 벌어질 수 있는 모든 가능성을 열어놓고 심도 있게 궁구한 담론들이다. 이 담론들은 국가의 운영과 사회의 질서 체계 정립에 절대적인 기여를 했으며, 왕조를 유지하는 데 혁혁한 공을 세웠다.

단순한 예법이 사회가 복잡다단해지면서 심화 혹은 재창조되는 현상은 동서고금이 다르지 않다. '경례삼백經禮三百 곡례삼천曲禮三千'이라고 했지만, 조선에서 화려하게 재등장한 예는 '곡례삼만'으로 확대 발전했다. 예는 일상이 되어 자신을 스스로 규제하는 한편, 국가를 통치하는 규범으로 위세를 떨쳤다.

조선시대는 당시의 예치론자들이 예가 지배하는 사회의 이상을 실현하고자 하는 부단한 실험의 역사였다. 그리고 그 거대 담론은 수백 년간 이 땅을 지배해왔다. 그 과정에서 왕을 정점으로 하는 지배층은 교화와 전통 계승이라는 미명하에 예를 해석하고 정리했다. 그중 하나가 의궤다. 유교사회에서 왕은 의례를 통해 그 권위를 표현했다. 그러한 권위의 표현은 기록으로 남아야 하고, 후대 왕은 선왕의 이 기록을 통해 충효를 배우고 가르쳐나가는 것이 도리였다. 이를 위해 남긴 기록이 바로 의궤라고 할 수 있다.

그러나 예의 이성과 견고함은 도전과 창조의 정신을 억압하고 새로운 사회질서의 대안을 제시하지 못했다. 그 실험은 결국 실패했고, 패권은 법치주의자들의 손에 넘어가고 말았다. 변화하는 사회의 안정과 질서를 위해 다양한 시도가 계속되는 오늘날, 과거의 예의 정신 및 철학은 완전히 쇠락한 것인가? 수천 년간 계속된 윤리와 정치 철학 논쟁은 근현대의 수준을 초월하는 지극히 고상한 유산이다. 예의 정신 또한 조직과 사회의 일탈로부터 자유로워질 수 있는 친연성과 아름다움을 지니고 있다. 그것을 알기 위해 필자는 예법에 조금씩 눈떠가면서 조상들이 예의질서 안에서 행했던 실제의 삶을 자꾸 들춰내고자 한다. 그러한 작업이 계속되는 한, 그 교훈을 하나둘씩 깨우쳐갈 것이다. 이를 위한 작업의 하나로 맺어진 결실이 이 책이다.

이 책에서 말하는 국왕의 가례는 국가 의례다. 국혼이 국가 행사인가, 왕실 행사인가 하는 물음에 대해서는 논란의 여지가 없다. 왜냐하면 국혼은 국가에서 만든 전례대로 관련 정부 기관이 총동원되고 대부분 국가 예산으로 거행된 행사였기 때문이다. 이러한 행사를 국가 의례라고 칭하지 않으면 뭐라고 하는 게 좋을까? 또 이 문화는 왕실 문화일까? 국가 의례가 국가 주도로 생성된 문화라 할 때, 이는 국가 문화라고 해야 하지 않을까? 국가 의례와 국가 문화 개념은 앞으로 관련 연구자들의 깊이 있는 논의를 요구한다. 필자는 거기서 조금 비켜나 소위 국가 문화의 다양한 편린을 이야기로 엮는 작업이나마 꾸준히 해보고자 한다.

이 책의 제목은 '조선 국왕 장가보내기'다. 사실 국왕은 장가를 가지 않는다. 친영이 논란되었을 때에도 국왕의 사가 방문은 전례가 없다고 하여 방식상의 문제를 제기한 바 있다. 납비納妃라 하여, 국왕은 왕비를 맞아들이는 것이다. 그런데 이렇게 '장가보내기'로 정한 것은 결혼에 대한 관습적 이해를 고려한 것이다.

이 책의 출간이 눈앞이다. 반갑기 그지없다. 그동안 보잘것없는 서생에게 늘 격려를 베풀어주신 김인근 회장님의 큰 은덕에 먼저 깊이 감사드린다. 우여곡절이 있는 삶을 누군들 피해갈까! 화와 복이 그나마 균형을 이룬다면 다행스런 일인 것을, 깨닫고 또 깨닫고자 해도 모자라다.

2017년 3월

제1부

군자의 좋은 짝
요조숙녀

1장

아름다운 모임, 가례

朝　鮮　國　王　　嘉　禮

만민을 친히 하는 가례

왕비는 국모라 칭해진다. 나라의 어머니는 조선시대 여성 중에서 지위가 가장 높다. 그렇지만 지위가 아무리 높다 하더라도 아들을 생산하지 못한 국모는 위태롭다. 왕실과 조정이 내분 및 갈등에 휩싸일 수 있으며, 그로 인해 폐비의 고통을 감내해야 할 수도 있었기 때문이다. 왕실의 존립을 좌우할 만큼 파괴력을 지닌 현안이 왕비의 아들 생산이다.

『시경詩經』의 시 한 수를 읽어보자.

메뚜기 날갯짓에　　　　　　　　　　　　　　　　　螽斯羽

화합하여 모이니　　　　　　　　　　　　　　　　　詵詵兮

네 자손이　　　　　　　　　　　　　　　　　　　　宜爾子孫

번성하리로다　　　　　　　　　　　　　　　　　　振振兮

자손의 번성을 메뚜기의 다산에 빗댄 이 노래는 종묘를 받들고 후손이 이를 계승해야 한다는 신념을 가진 조선에서는 일종의 발원송이다. 종사

螽斯의 경사를 기원하거나 이를 축하한다는 말은 그 염원을 담은 표현이다. 왕실의 자손이 크게 번성하는 것은 왕실의 경사일 뿐 아니라, 국가의 안녕과 번영을 기약하는 일로 보았다. 종사는 메뚜깃과의 곤충으로, 한꺼번에 알 99개를 낳는다고 하여 다산을 상징한다. 종묘사직의 위기를 초래하지 않으려면, 왕비는 종사처럼 많은 자녀를 생산해야 하는 것이다.

어찌 보면 종법사회에서 왕비의 아들 생산은 하늘의 재신임을 묻는 것과 같다. 왕비를 하늘이 낸 사람이라고도 하니, 그는 천명을 받아 그 자리에 올랐다. 하늘을 공경하며 자연의 일부로서 그에 순응해야 하는 왕비는 우주 자연의 운행 법칙에 조화된 탄생의 순간을 맞이하는 것이 그의 천명이요 숙명이었다. 사회적으로는 혈연의 연속이 종법제 사회의 기초가 되었다. '불효에는 세 가지가 있는데 그중 후사가 없는 것이 크다'라든가, '종묘의 뜻에 따르지 않는 것이 불효다'라는 효의 관념에서, 후사를 이어 조상에게 효와 충을 다해야 하는 것이 당시의 자연적·사회적 순리였다.

조선의 왕비와 국왕을 국모·국부라 칭하는 이 용어는 유교의 종법宗法에서 파생되었다. 사회의 최소 단위인 가족 중 가장 어른은 아버지와 어머니다. 이 가부와 가모가 국가로 확대된 개념이 곧 국부와 국모다. 국모는 장차 왕통을 계승할 왕세자의 어머니다. 왕세자가 누구인가? 나라의 근본인 국본國本이다. 왕통과 왕실 가계의 계승이라는 중대한 책임과 의무를 짊어진 왕비의 이 역할은 혼례로부터 출발한다.

국왕과 왕비의 혼례는 보통 가례嘉禮라고 한다. 가례는 아름다운 예라는 순수한 의미를 지니고 있다. 일생에서 가장 아름다운 순간을 꼽으라면, 광기어린 사랑의 전선을 마주했을 때가 아닐까! 세상에서 지극히 사랑하는 이성을 만나 평생을 해로한다는 생각만으로도 몸서리쳐지는 희열을 참을 수 없을진대, 말해 무엇 할까. 그런데 이 세상에서 각자가 사랑할 수 있는 대상은 배우자만이 아니다. 가까이는 부모와 자식, 친구, 이웃들이 있다. 멀리는 인종을 달리하는 낯선 사람들이 있을 수도 있다. 사람만이랴! 동물이나 자연 혹은 고국이 아닌 타국을 사랑할 수도 있다. 우주 안에 존재하는 그 어떤 종이나 사물이라도 사랑할 수 있는 감수성을 지닌 존재가 인간이다.

이들의 사랑은 그러나 제각기 다른 이해관계 속에 놓여 있다. 그렇더라도 그들은 친분을 유지해나가는 과정에서 합의된 삶의 형식을 공유한다. 이들이 나누는, 친분에 개입하는 삶의 형식은 무얼까? 그것이 바로 예다. 이 예는 나눌수록 아름답다. 그중에서 가례는 이처럼 넓은 범위에서 형성된 인간들의 순수한 관계를 아름다움으로 승화시킨다. 그 이면에는 국가와 사회를 편안하게 만들고자 하는 소망이 담겨 있기 때문이다.

아름다운 예에 관해서는 조선의 국가전례서인 『국조오례의』에서 찾아볼 수 있다. 이 책은 길吉·가嘉·군軍·빈賓·흉凶, 곧 오례五禮로 구성되어 있다. 그중 하나가 가례다. 그 종류를 자세히 들여다보면, 혼인 말고도 여러 의례를 포함하고 있다. 조회朝會, 관례, 책례冊禮, 학례學禮, 양로연의, 요하의遙賀儀(지방관과 지방에 파견된 사신이 하례하는 의례), 영명례迎命禮(지방에서 국왕이 내리는 교서敎書와 선온宣醞, 향香 등을 받거나 맞이하는 의례), 향음주의鄕飮酒儀 등이 그것이다. 이를 통해 보면, 국왕의 혼례인 가례는 글자가 같기는 하지만, 넓은 의미의 가례에 속한 하나의 의례임을 알 수 있다.

국왕의 혼례는 가례 외에 대혼大婚 혹은 국혼國婚이라고도 칭한다. 신분제 사회라 하더라도 누구나 혼인을 치르는 것은 자연의 법칙이요 인지상정이다. 그중에서 가장 큰 혼인이 국왕의 혼인이다. 그래서 대혼이다. 또한

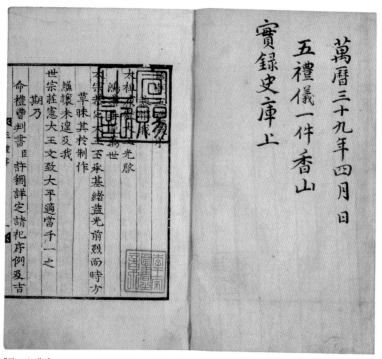

『국조오례의國朝五禮儀』, 한국학중앙연구원 장서각.

일반인의 혼인은 가족 행사인 데 반해, 국왕의 혼인은 국가 차원에서 정부 기관의 주관 아래 거행되었다. 그래서 국가 행사 중 하나인 국혼이다.

국혼은 왕비, 왕세자, 숙의淑儀(내명부에 속한 종2품의 후궁), 대군, 왕자, 공주, 옹주의 혼례를 모두 아우른다. 그중에서 유독 국왕의 혼례를 가례라 칭했다. 가례는 『주례周禮』에서 "이가례친만민以嘉禮親萬民"이라 하여, 만민을 친히 하는 의례라고 했다. 만민은 한 나라의 모든 백성을 가리킨다. 모든 백성을 친히 한다는 것은 『대학大學』에서 그 의미를 발견할 수 있다. 대학의 도로서 '명명덕明明德' '지어지선止於至善'과 함께 삼강령三綱領의

주희가 지은 『대학大學』, 국립중앙박물관.

하나인 '친민親民'이라는 것이 있다. 주자는 이를 '신민新民'으로 고쳐 해석했다. 자신의 밝은 덕을 밝힌 뒤에 그 밝아진 덕으로 다른 사람을 감화시켜 새롭게 한다고 해야 옳다는 것이다. 이러한 주자의 주장에 대해 일부 학자는 글자 그대로의 해석을 요구한다. 친함은 '부자유친父子有親'이라는 오륜의 으뜸인 아버지와 아들 사이의 도리이지만, 임금과 백성 사이의 도리로 치환할 수 있다는 것이다. 곧 임금과 백성은 부자의 도리인 친함이 있어야 한다는 말이다.

그러고 보니 임금이 친해야 할 대상은 백성이다. 임금이 백성과 친해질 수 있는 방법으로는 아름다운 예를 함께 하는 것이 그중 하나이며, 가례가 대표적이다. 가례는 한 가족인 백성과 더불어 하지 않을 수 없는 것이다. 그래서 '친만민'이다. 위에서 언급한 여러 가례도 당연히 친민의 의미를 담고 있다. 가례는 국가의 경사스런 의례를 통칭하는 용어이기도 하면서, 작게는 국왕의 혼례를 가리키는 말이라 하겠다.

여기서 생길 법한 한 가지 의문이 혼례와 친민은 무슨 관계인가 하는 점이다. 이를 해명하기 위해서는 혼례의 본질을 캐물어야 한다. 가례는 예의 질서를 구현하는 한 수단이다. 인간이 사회관계 속에서 누려야 하는 삶의 기본과 욕망을 의례질서로 형상화한 것이 가례이므로 이를 현실 속에서 실천함으로써, 국가와 사회의 질서를 조화롭게 구축한다는 정치적 의미를 지닌다.

가례는 예가 법이라는 대민의 정치·권력적 측면에서의 질서관 이전에, 이념적 측면에서의 친연성이 정당하게 주지되었다. 『주역周易』을 보면, 군자는 하늘이 갖추고 있는 네 가지 덕인 원형이정元亨利貞을 행한다고 했다. 이 사덕은 사계절, 방위, 인간의 본성, 오행, 즉 우주자연의 네 가지 현상인 사상四象의 원리다. 사계절로는 원은 봄, 형은 여름, 이는 가을, 정은 겨울이다. 계절로는 여름이요 방위로는 남쪽인 형을 "가지회야嘉之會也(아름다운 모임)"라 하고 "가회족이합례嘉會足以合禮(아름다운 모임은 예에 맞는다)"라 했다. 여름은 만물이 무성하게 성장하는 때다. 봄철에 무질서하게 새싹을 틔운 초목이 여름에 이르면 줄기와 마디가 제법 풍성해지고 가지런히 정돈된다. 이러한 아름다움의 연출자는 자연이다. 여름의 다종다양한 초목 군체는 가히 아름다운 모임처럼 질서정연한 모습이다. 공동체를 구성하는 인간이 모임을 아름답게 하려면, 이러한 자연의 질서에 순응하는 예법을 갖추어야 한다. 그래서 아름다운 모임이 예에 맞는다고 한 것이며, 가례라는 용어의 연원이 여기에 있다.

모임을 아름답게 한다는 것은 인간과 인간이 만나서 즐기는 것을 말한다. 음식을 나누어 먹는 것을 비롯해 아이가 성인이 되고 남녀가 짝짓는 것을 축하하며, 잔치를 베풀고, 가난한 이를 도우며, 경사를 축하하는 일이 그것이다. 여기에는 종족과 형제, 남녀, 친구, 사방의 손님에다 국가까지 아우르는 동양의 우주관 및 국가관이 내포되어 있다. 각 국가와 모든 사람이 이러한 모임을 행할 때 회통會通하는 아름다움을 얻어야 예에 맞는다. 이러한 모임이 예에 부합하지 않으면 자연의 이치라 할 수 없다. 예

「헌종가례진하도」, 비단에 채색, 114.2×406.0cm, 1844, 국립중앙박물관.

에 어긋난다면 어찌 아름다울 수 있겠으며, 어찌 형통함이 있을 수 있겠는가!

가례가 만민을 친히 한다는 뜻은 이와 같다. 종족과 형제는 하늘이 맺어준 관계다. 남녀는 사람의 큰 인륜이다. 붕우는 의리로써 서로 화합해야 하고, 사방의 손님과 국가는 예로 교제해야 한다. 이들 각 부류의 상호 관계는 사람 도리의 큰 것이고 예의 근본이다. 종족과 형제들이 모여 음식을 나누어 먹는 것은 하늘이 돈독함으로 맺어주었기 때문이다. 성인식과 혼인은 사람이 바른길로 가는 순서다. 사람의 지위와 관계없이 누구나 이 예를 행하여 이러한 근본을 밝힘으로써 세상의 모든 사람을 친히 할 수 있는 것이다.

군자의 좋은 짝 요조숙녀

가례는 일생 의례와 상호 교류의 장을 인간 사회의 아름다운 삶의 영역으로 끌어들여 가족과 사회, 나아가서 국가의 통합과 안정 및 질서를 꾀하는 문화의 상징 용어다. 그런데 특별히 국왕과 왕비의 혼례를 가례라 칭한 것은 다양한 종류의 가례 중에서 윤리도덕적·사회적 가치가 가장 큰 의례이기 때문이다. 이 대례는 인륜의 시초이며, 만화萬化의 근원이고, 강기綱氣의 으뜸이며, 왕도王道의 큰 단서라 했다. 이것은 국왕 가례의 이념을 실현하는 구체적인 목적을 담은 표현들이다.

중종 때의 신진 사림인 박상과 김정이 올린 상소에는 아래와 같은 말이 있다. 그들은 『역경易經』의 문장을 예로 들었다.

하늘과 땅이 있은 뒤에 만물이 있고, 만물이 있은 뒤에 남녀가 있으며, 남녀가 있은 뒤에 부부가 있고, 부부가 있은 뒤에 부자가 있으며, 부자가 있은 뒤에 군신이 있고, 군신이 있은 뒤에 상하가 있으며, 상하가 있은 뒤에 예의를 시행할 수 있다.

이 글은 태초부터 예의를 시행할 수 있는 문명 단계까지의 진화과정에 대한 동양의 우주관과 자연관, 인간관을 함축하고 있다. 궁극적으로는 예의의 절대와 필연의 불가역성을 나타낸다. 우주는 하늘과 땅으로 구성되어 있다. 양과 음은 하늘과 땅의 다른 이름이며, 음양의 조화로 인해 만물이 탄생했다. 만물이 생겨나면서 남녀 또한 존재하게 되었으니, 남녀는 음양 조화의 산물이다. 천지 혹은 음양이 합해지지 않으면 만물이 생겨나지 않는다. 따라서 음과 양이 만나 만물이 생겨난 것 그 자체는 지고한 아름다움의 경지다. '가嘉'라고 하는 것은 이를 뜻했다.

음양의 조화 작용은 끊임없는 수고를 마다하지 않는다. 만물은 생명의 유한함 때문에, 종족의 유지 보존을 위한 음양의 결합이 본능적인 생리 현상이다. 남녀 간 음양의 조화란 일차적으로 종족 번식에 목적을 두었다. 그렇게 태어난 자식과 부모 그리고 이들로 구성된 사회에서의 상호 관계는 부자와 군신을 기초로 질서 체계를 바로잡아나갔다. 이들 사이에는 신성불가침의 상하관계를 형성했다. 상하는 존비와 귀천, 장유의 차이를 내포하는 차별의 대명사다. 이러한 차별이 전제되어야 예의를 행할 수 있다.

차별에 의한 사회의 기강과 질서의 확립은 그에 부수되는 윤리 덕목을 필요로 했다. 공자는 예치사회에서 최고의 윤리 덕목으로 삼정三正을 제시했다. 노나라 애공이 정치를 묻자, 공자는 부부별夫婦別·부자친父子親·군신의君臣義 등 이 세 가지가 바르면 모든 백성이 따른다고 했다. 부자와 군신이 친하려면 서로 도리를 다해야 하는데, 아버지는 자식을 사랑으로 대하고 자식은 부모에게 효를 다해야 한다. 임금은 백성에게 의리로 대하고 백성은 임금에게 충성을 다해야 한다. 사랑과 의리, 효와 충은 일방의 소통이 아니라, 상호 소통의 관계다. 상호 소통으로 친함을 실천해야 사람됨을 구현할 수 있다. 이것이 예의 본질이다.

그런데 인구의 증가와 사회의 복잡다단화로 인해 특정한 남녀의 결합은 타인과의 사회관계를 해쳐 많은 갈등과 혼란을 유발할 수 있다. 이를 예방하기 위해서는 상호 약속된 규범의 제정이 요구됐는데, 그것이 혼례다. 혼례는 사회 구성원의 여러 관계의 근원이 되는 남녀의 결합을 공인하는 절차다. 그렇기 때문에 부부의 탄생을 알리는 혼례를 인륜의 시초라 하는 것이다.

그러면 만화의 근원은 무슨 뜻인가? 교화教化가 임금의 혼례에서 나온다는 말이다. 공자가 노나라 애공과 대화를 나누었다. 친영親迎을 하는 것이 과중하지 않느냐는 물음에, 공자는 "두 성姓의 사랑을 합하여 선성先聖의 뒤를 계승하고, 천지와 사직·종묘의 주인이 되는 것"(『대대례大戴禮』, 「애공문哀公問」)이므로 과중할 리가 없다고 답했다. 왕비는 국왕과 함께 천지와 종묘, 사직을 섬기고 만세萬世에 통統을 잇는 배필이다. 그러므로 가장 지위가 높아 대적할 사람이 없는 임금이지만, 왕비에 대해서는 친영함이 마땅하다는 것이다. 친영에 따른 대혼을 통해 만세를 이어가라는 것이 유교에서 말하는 혼인의 목적이다. 국왕과 왕비의 이러한 결합은 모든 사람에게 영향을 미쳐 본연의 도리를 일깨워준다.

교화를 책임져야 할 국왕 혼례의 이상은 『시경』에 수록된 노래에 들어 있다. 『시경』 「대서大誓」에 "「주남周南」과 「소남召南」은 처음을 바르게 하는 도리이며, 왕화王化의 기초다"라고 했다. 「주남」과 「소남」은 시경의 편명으로, 주공과 소공의 교화가 기산 남쪽에 베풀어져서 성인과 현인의 교화를 입은 곳의 노래를 모아놓았다. 『시경』의 첫 편인 국풍의 가장 앞에 실린 이 두 편은 정풍正風이며, 그 나머지 158편은 변풍變風이다. 정풍은 덕화가 미치고 올바른 질서가 유지되는 시대의 노래를 뜻하는데, 그것은 밝고 부드러운 공기에 휩싸여 있다. 반면에 변풍은 노여움과 비애로 넘친다. 그리하여 "대저 『역경』에서 건곤을 으뜸으로 하고 『시경』에서 「관저關雎」를 처음으로 한 이유는 배필을 정하는 것이 인륜의 시초이며 만화의 근원이고 강기의 으뜸이자 왕도의 큰 단서이기 때문이다"라고 했다.

「주남」의 첫 수인 「관저」의 첫 구절을 감상해보자.

끼룩끼룩 우는 저구새	關關雎鳩
하수의 모래섬에 있도다	在河之洲
요조한 숙녀라야	窈窕淑女
군자의 좋은 짝이로다	君子好逑

저구는 물새다. 관관關關은 암컷과 수컷이 서로 응하여 화답하는 소리다. 생김새가 오리나 갈매기와 비슷한 저구는 나면서부터 짝이 정해져 있어 서로 문란하지 않다고 한다. 또 항상 나란히 헤엄치고 놀면서도 지나치게 가까이 달라붙지 않는 천성이 있다고 한다. 이러한 천상배필의 저구를 요조숙녀와 군자에 비유했는데, 그들은 중국 고대 주나라의 태사太姒와

문왕文王을 가리킨다. 태사가 처음 이르렀을 때 궁중 사람들은 그 얌전하고 정숙한 덕을 보았기 때문에 이 노래를 불렀다고 한다. 그야말로 요조숙녀다. 요조숙녀는 정숙함을 다하고, 지조가 변치 않으며, 욕정을 느끼는 것이 엄숙한 태도를 해치지 않고, 행동으로 드러나지 않는 여성이다.

율곡 이이의 어머니는 신사임당이다. 성이 신이요, 사임당은 당호다. 사임師任이라는 이름은 곧 태임太任을 스승으로 삼겠다는 뜻이다. 태임은 문왕의 어머니이자 무왕의 할머니다. 무왕은 조선의 성리학자들이 이상사회로 삼은 삼대三代 중에서 주나라를 실질적으로 건국한 인물이다.

요조숙녀 태사를 배필로 맞은 문왕의 교화는 야만의 지역에 미쳤다. 군자가 좋은 짝을 만나 덕화德化가 야만에 미침으로써 올바른 질서가 유지되었으니, 만화의 근원이고 강기의 으뜸이다. 태사가 훌륭한 태교로 낳은 무왕은 이상사회인 주나라를 건설했으니, 왕도의 큰 단서다. 이러한 왕업은 유교사회의 군주가 지향하는 이상이었다. 그래서 성인의 혼인을 왕화의 기초라 한 것이다. 그리고 이러한 아름다움의 실현은 성인의 혼인에서 비롯되었으니, 그 혼인을 가례라 한 것이다.

2장

국왕이 전국에
공개 구혼하다

朝　鮮　國　王　　嘉　禮

국왕의 공개 구혼

국왕은 대개 원자 혹은 세자 시절에 가례를 올리고, 왕위에 올라서는 세자빈을 왕비로 책봉했다. 따라서 국왕 가례는 계비를 맞이하는 경우가 대부분이었다. 왕비가 승하하면 일정한 기간이 흐른 뒤 국왕 가례의 거행을 결정했다. 이를 위해 길일을 정하여 종묘와 사직에 이 사실을 고유한 다음 전국에 금혼령을 내렸다.

자유연애가 허락되지 않은 전통사회에서 혼인 적령기의 남녀가 부부로서의 인연을 맺는 방법은 대체로 중매였다. 남녀의 구별이 엄격한 유교사회에서 내외법内外法이 철저히 시행되는 가운데, 남녀는 공개된 공간에서 애정을 나눌 수 없는 금욕의 굴레에 속박되어 있었다. 『예기』에서는 "처를 취하려면 어떻게 해야 하나? 중매가 아니면 얻지 못한다"라고 했고, 『소학』을 보면, "남녀는 매파의 왕래가 없으면 서로 이름을 알 수 없고, 폐백(선물)을 받지 않으면 교제하거나 친해질 수 없다"고 했다. 당시에는 예서와 『소학』의 이러한 가르침으로 인해 7세부터 이미 '남녀칠세부동석'에 세뇌된 청춘 남녀들이 매파의 중매로만 이성을 알게 되는 폐쇄적인 환경이

중국 고대 신화 속 복희와 여와. 투
루판 지역의 대표적인 고분 유적인
아스타나 무덤에서 발견된 그림이다.

조성되었다.

　중국 고대에는 혼인과 생식을 주관하는 신이 있었다. 그 신이 고매高禖다. 신매神禖, 여매女禖라고도 일컫는다. 『예기』 「월령」을 보면, "음력 2월이 되면 제비가 날아온다. 이날이 오면 고매에게 제물로 제사를 드린다. 천자가 친히 왕림하고 후비는 구빈九嬪을 거느린다"고 했다. 여기에서 매禖는 곧 '중매하다'라는 뜻의 매媒로 혼인을 말한다. 천자와 후비가 고매신의 중매로 맺어진 것에 감사하며, 그 보은으로 제사를 올리는 것이다.

　원시 시대의 고매신은 여와女媧였다. 그는 흙을 뭉쳐서 사람을 만들고 성씨를 정하며 짝을 지워주었으므로 고매라고 했다. 이것이 후대로 갈수록 점차 변하여, 하·은·주에서는 각각 도산씨·간적·강매를 고매로 모셔 모두 그 민족의 여성 시조가 되었다. 후대의 민간 신앙에서는 이 고매신이 삼신할미로 대체되었다.

　조선에서도 국왕이 후사를 얻으면 이를 고매의 경사라 칭했다. 인조 14년 원손의 탄생을 기뻐하면서 내외에 고한 반교문頒敎文에서, "항상 손자가 늦어지는 것을 우려했는데, 고매가 길吉함으로 갚아주어 청궁靑宮(동궁 곧 세자의 별칭)에 해를 꿈꾸는 징조를 효험케 했다"고 했다. 영조 9년에는 영빈 이씨가 화협옹주를 출산하자, 신하들이 아들 생산을 위해 고매에게 빌고 명산에 기도하자고 제안하기도 했다. 휘경원의 시책문에는 "매교禖郊(고매신에게 제사 드리는 교외의 제단)에 아들의 점지가 더디니"라고도 했다. 고매신은 남녀를 짝 지워주는 매파로서의 존재보다는 자식을 점지해주는 삼신할미로 인식되었던 것이다.

　월하노인에 대한 설화도 있다. 당나라 사람 위고에 얽힌 이 설화에는 월하노인이 붉은 실로 남녀를 짝 지워주는 신선으로 등장한다. 남녀는 태어

아이의 출산과 성장을 관장하는 삼신三神을 그린 그림. 우측이 삼신할머니다. 국립민속박물관.

날 때 이미 상대가 정해진다는 결정론이자 숙명론으로, 이 혼인의 신은 후대 사람들에게 많은 사랑을 받았다. 그 외에 빙상인이라는 중매쟁이에 얽힌 고사도 있는데, 월하노인과 합쳐 월하빙인이라 칭해지기도 했다.

조선의 국왕이 점지된 짝을 찾는 방식은 권위적이다. 그는 초월적인 존재로서 특수한 방식의 정혼을 요구했다. 가가호호 미혼 양반 규수들의 신상에 정통한 중매쟁이가 개입하는 것이 아니라, 전국에 광고를 내 후보 신청을 받는 공개 구혼이었다. 왕실에서는 국왕의 배필이 될 만한 규수를 구한다는 사실을 공론을 통해 조정에 널리 알렸다. 국왕이 모든 미혼 여성의 신랑감 후보임을 자처하고 나선 것이다. 이러한 도발은 국왕이 가장 인기 있고 매력 있는 남성임을 자타가 인정해주리라는 생래의 욕구가 은연중 도사리고 있었던 것인지도 모른다.

조선 초기에 후궁이나 왕세자빈을 간택할 때에는 금혼령을 내리고 매파를 자임하는 중사中使가 각 고을을 돌아다니면서 적당한 처녀를 물색했다. 이것이 어떤 사건을 계기로 참가 의무가 부과된 간택 방식으로 바뀌었다. 사계 김장생이 쓴 율곡 이이의 행장을 보면, 율곡은 선조 2년에 왕비를 간택하는 방법에 대해 "요조숙녀를 자나 깨나 구하다가 얻을 수 없어서 자나 깨나 생각한다"고 했을 뿐이지, 지금처럼 대궐 뜰에 여인을 모아놓고 그 우열을 판별했다는 말은 듣지 못했다고 했다. 또 왕비 간택은 정종 때부터 시작되었고, 임금이 여인의 얼굴을 직접 보는 일은 하지 말아야 한다고도 했다.

왕비 간택의 처음이 정종 때라고 한 것은 뒤에서 언급하듯이 왜곡된 사실로 보인다. 그리고 요조숙녀 이하는 『시경』 「관저」의 "요조숙녀를 자나 깨나 구한다"는 구절의 노래를 가리킨다. 요조숙녀를 배필의 이상으로 여긴 군자가 그녀를 구하지 못하면 자나 깨나 그녀를 그리워했다. 밤이 깊어도 잠을 이루지 못하고 몸을 뒤척이면서 오매불망 구하다가, 마침내 요조숙녀를 얻어 풍악을 울리면서 즐겁게 지낸다고 했다. 군자의 취처는 『시경』의 이와 같은 방식이어야지 역사적으로 유례가 없는 간택 방식은 취할 것이 못 된다는 이야기다. 사족의 처자를 대접하는 도리가 이와 같아서는 안 되기 때문이라는 것이다.

성호 이익도 『성호사설』에서 국혼이 시초에는 한데 모아놓고 친히 가리는 규정이 없었다고 했다. 그러다가 태종대 이래로 간택을 통해 맞이하는 방식이 시작되었다고 한다. 태종이 이속李續의 아들을 부마駙馬로 삼고자 한 것이 전기가 되었다. 장님인 중매쟁이 지池를 시켜 그 집을 방문하게 했는데, 이속이 마침 손님과 바둑을 두면서 하는 말이 "짚신을 삼는 일에는 제날이 적당하다業草履 合用草經"고 했다는 것이다. 말하자면, 짚신의 울과 날 곧 씨줄과 날줄이 잘 맞아야 좋다는 것으로, 짚신도 짝이 있다는 속담을 들먹인 것이다. 이 말을 전해 들은 태종은 크게 노하여 이속의 집을 적몰籍沒하고 그 아들은 장가를 못 들도록 만들었다. 이 사건을 계기로 태종이 왕실 가례 방식을 바꾸어 사대부의 자녀들을 대궐 안으로 모아놓고 친히 간택하는 것을 법식으로 삼았다는 것이다. 그전에는 금혼령을 내려 전국에 있는 처녀에게 구혼하는 방식이 아니었다고 하겠다.

실록에서는 이 사건을 좀더 구체적으로 전하고 있다. 처음에 임금이 복자卜者 맹인 지화池和에게 정해년 이전에 출생한 남자의 팔자八字를 따져서 알아보고 아뢸 것을 명했다. 지화가 이속의 집을 찾아가 아들의 팔자를 물었다. 이속이 "무슨 까닭으로 묻는가?" 하자, "왕명을 받았다"고 했다. 이에 이속은 "길례가 끝났는데, 또 궁주宮主가 있다는 것인가? 만일 권궁주權宮主의 딸이 결혼한다면 내 자식이 있다지만, 궁인宮人의 딸이라면 내 자식은 죽고 없네. 이런 연혼連婚은 하고 싶지 않네"라고 했다.

지화가 이속의 말을 아뢰자, 태종은 "이속의 가문이 본래 바르지 못하다. 나도 연혼하고 싶지 않다. 그러나 이속의 말이 심히 불공하다"며 바로 사헌부에 명하여 전 지춘천군사知春川郡事 이속을 전옥典獄에 가두었다. 가문이 바르지 못하다는 것은 이보다 앞서 금화 현감 유복중柳復中의 아내인 이속의 매부 하형河逈의 딸이 5촌숙 김사문金士文과 사통한 사실을 알고서 한 말이었다.

권궁주는 권홍權弘의 딸인 의빈 권씨다. 그의 딸은 세종 원년에 운성부원군 박종우에게 시집간 정혜옹주다. 권궁주는 태종 2년 4월에 정의궁주로 책봉되었다. 그 직후에 "전하께서는 정실의 자손이 번성한데도 또 권씨를 맞이하시니, 이것은 전하께서 호색의 마음을 가지셨기 때문입니다. 데려오되 동시에 데려오지 아니하셨으니, 어찌 뒷날에 구실을 삼아 말하는 자가 잉첩으로 여기지 않고 적실로 삼을지 알겠습니까?"라는 간관의 비판이 제기됐지만, 태종은 그녀를 매우 아껴, 대궐 북쪽에 누각을 짓고 그 앞에 연못을 만들어주었으며, 명나라 사신은 정의궁주와 인연이 있는 황실의 권파파權婆婆(고려 출신)가 준 비단 등을 전해주기도 했다.

그러나 사실 이속은 왕실과의 연혼이라 하더라도 후궁의 딸을 며느리로 맞아들이고 싶지 않았던 듯하다. 그래서 그는 그전에 이미 죽은 아들을 거론하면서 태종의 후궁의 귀천을 따져 권궁주의 소생이라면 내 자식을 살려내 혼인시킬 수 있다는 농담을 던진 것이다. 비천한 궁인의 딸이라면 아들이 이미 죽었다고 하고 살아 있는 아들이 있을지라도 생갑生甲을 바칠 의사가 없다는 뜻이었다. 태종은 즉각 진상을 파악해 보고하라고 사헌부에 명했다. 그 결과를 보고하는 자리에서 사헌부는 이를 임금에 대한 불경죄로 결단하고 대역죄로 다스릴 것을 청했다. 그러나 태종은 장 100대와 폐서인廢庶人으로 처분했다. 대신들은 죄의 경감이 오히려 지나친 처사라면서 삼족을 멸하지는 않더라도 가산을 적몰하고 외방에 내쳐야 한다거나, 목을 베어야 한다는 건의를 강경히 올렸다. 태종은 차마 목을 베지 못하겠다면서, 처음의 결정을 번복하지 않았다.

이 당시는 국왕 자손의 귀천을 따지는 말 한마디조차 절대 권력을 능멸하는 강상죄쯤으로 간주하는 시기였다. 왕실과 양반 사대부 사이의 혼인을 놓고서 임금 자손의 비천함을 흉보는 소리가 태종의 귀에 들렸다는 것은 임금의 권위를 욕보인 것과 마찬가지였다. 세종 14년에 재론된 이 사건에 대해 세종의 이해도 그와 다름없었다. 세종은 "이속이 왕의 자식과 결혼하는 것을 꺼려서 부도한 말을 했으니, 이보다 더한 반역이 있겠는가"라고 하여, 역시 그의 언동을 반역에 비유했다. 왕권에 도전하는 태도로 본이러한 말이 튀어나온 것은 태조의 외손인 이선을 김중곤 등이 서얼이라고 논하면서 그의 과거 응시를 막는 일이 벌어졌기 때문이다. 세종은 "그의 마음가짐이 어찌 이속과 다르다고 하겠는가"라고 반문했는데, 임금의 자손을 서얼이라 일컬으면서 벼슬길을 막으려는 그들이 부도한 말로 반역한 이속과 다르지 않다는 시각을 보인 것이다. 그리하여 김중곤에게는 장 100대와 도徒 3년에 처하는 등 관련자들에게 죄를 엄하게 부과했다.

이 이속 사건 사서에서는 왕실 가례 때 간택 방식이 시작되는 계기를 만들어주었다고 설명한다. 이로부터 국왕은 자신이 사랑할 만한 요조숙녀를 구하는 것이 요원한 일처럼 되어버렸다. 간택 때 처녀의 사주를 보았으므로 궁합이 맞는 처녀를 구할 수는 있었을 것이다. 그렇더라도 전통 방식인 매파의 중개로 혼담이 오고 가는 일은 없어졌다. 그 역할을 한때 내시가 대신 담당하기도 했으나, 이제는 처녀들을 한자리에 모아놓고 왕실에서 직접 선을 보아 혼처를 결정하는 방식으로 변경되었다. 인간의 자연 감정을 애초에 차단하는 방식이라는 측면에서는 달라진 것이 없으므로 국왕의 짝에는 천상배필이라는 말이 나올 리 없었다. 정치권력에 의해 지배되는 혼례의 독특한 문화가 형성된 것이다.

이러한 혼례 문화에서 양반가의 처녀들은 국왕을 이상적인 남편상으로 흠모했을까? 국왕은 부와 명예, 권력 삼박자를 모두 갖추었다. 그러니 당시나 요즘이나 여성들이 가장 바라는 이상형의 남편상일지 모른다. 국왕은 어찌 보면 세기의 초호화 결혼을 할 수 있는 최고 귀족임에 틀림없다. 개인적으로는 신분의 장벽을 뛰어넘어 순정하고 고상한 사랑을 나누고 싶어하는 감성의 소유자일 수 있었다. 그러나 아쉽게도 조선의 국왕이 시대의 장벽을 뛰어넘어 어떤 여인을 끔찍이 사랑해서 혼인했다는 말은 들어보질 못했다. 그 사랑은 유교사회에서는 엄두도 못 낼 파괴적인 욕망이었기 때문이다. 엄격한 예교사회에서는 감성을 과도하게 억압하는 이성의 지배 윤리가 고도로 발달해 있었던 것이다.

국혼 시기와 연령

왕비나 국왕의 국상國喪 중 왕의 가례를 위한 금혼령은 언제쯤 내려졌을까? 예문에 대혼은 기년朞年 후에 행해야 한다고 했다. 대행왕이나 대행왕비의 상으로부터 1년은 지나야 한다는 것이다. 『국조오례의』「흉례」

의 계령戒令에서는 혼가婚嫁를 금했으며, 졸곡 뒤로 3일간의 차길借吉은 허용되었다. 이에 따르면, 국상 중 국왕 가례는 거행할 수 없는 것이 원칙이었다. 그러나 예외 조항이 있었다. 『경국대전』에는 "사대부로서 처가 죽은 자는 3년 뒤라야 장가갈 수 있다"는 규정에, "만약 부모의 명에 의하거나 나이 마흔이 넘어서도 아들이 없다면 1년 뒤에 다시 장가가는 것을 허락한다"는 하위 규정을 두었다. 이러한 예외는 특수 가문인 왕가에도 적용되어 기년 뒤의 대혼을 용인했다.

그렇더라도 왕실과 관료들은 왕비의 공백을 국가와 왕실의 위급한 상황으로 인식하고, 이를 타개하기 위해 국왕 가례를 법 적용 이전의 특별법으로 다루고자 했다. 기년 전이라 하더라도 권도權道를 써서 육례를 행하는 방향으로 추진된 것이다. 숙종의 둘째 계비 인원왕후의 가례가 바로 인현왕후가 승하한 지 막 기년이 지난 즈음에 재간택까지 정해졌다. 내명부의 질서 안정을 위해서도 서두를 필요가 있었지만, 대행왕비가 원자를 생산하지 못했을 경우에는 그 긴급성이 배가되었다.

재위 시절에 가례를 올린 첫 국왕은 단종이었다. 단종의 가례 절차는 간택 과정을 거친 것이 확실하나, 정치상의 어떤 의도에 의한 변칙으로 추진되었다. 단종은 동왕 2년 정월 초하루부터 왕비를 맞아들이라는 요청을 받았다. 전해의 세모에 여러 차례에 걸쳐 같은 청이 있었으나, 단종은 이를 모두 물리쳤다. 신년 하례를 올리는 자리였던지, 수양대군과 양녕·효령대군, 좌의정 정인지, 우의정 한확 그리고 여러 종친과 부마, 문무백관이 모두 모였다. 수양대군이 나서서 "옛날에는 상중에 있으면 술을 마시지 않고 고기를 먹지 않았으나, 지금은 부득이하여 술을 마시고 고기를 먹으면서" 이 큰일만은 왜 윤허하지 않느냐고 비꼬고 가례의 수락을 요구

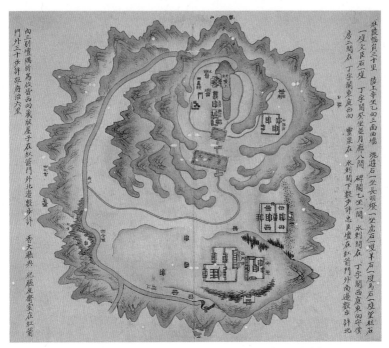

「장릉전도」, 『월중도』, 36.0×20.5cm, 보물 제1536호, 한국학중앙연구원 장서각.

했다. 단종은 "끝내 내 마음을 움직이지 못할 것이다"라며 전혀 동요하지 않았다. 즉위한 지 1년 7개월여가 지난 때였다.

　수양대군 등은 이미 제멋대로 그 전해 11월부터 간택을 행하고 8세부터 16세까지 이씨를 제외한 처녀들의 혼가를 금하도록 명했다. 그 후 또 네 차례에 걸쳐 간택을 행하고 나서, 그제야 왕비를 맞아들일 것을 청했다. 수양대군 등은 "왕비를 맞아들일 여러 일은 지금 모두 준비되었으니, 신 등은 허락을 기대하겠습니다"라면서 수락을 촉구했다. 태종이 3년 내에 장가들지 못한다는 법을 세운 것은 보통 사람들의 일로 제한한 것이므로 따를 필요가 없다는 말도 덧붙였다. 이것 역시 들질 않자, 이번에는 종친

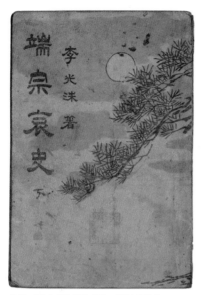

춘원 이광수의 『단종애사』, 한글박물관.

과 문무백관이 정청庭請을 불사했다.

이처럼 수양대군 세력의 가례 요청은 집요했다. 계유정난으로 김종서·황보인 일파를 제거한 직후에 이렇게 가례를 서두른 것은 무슨 이유에서일까? 종사의 대계를 명분으로 했으나 그 이면에는 모종의 음모가 감추어져 있었을 것이다. 새해 벽두의 요청에도 단종의 거부 의지는 단호했다. 이를 돌이킬 수 없음을 깨달은 순간, 그들은 단종의 의사를 무시한 채 이를 일사천리로 밀어붙여 3일 뒤에 간택을 거행하고 납비의를 연습했다. 단종은 겉으로 문종의 국상 중이라는 사유를 내세웠으나, 그들의 의도대로 끌려다니지 않겠다는 절박한 몸부림으로 옥죄어오는 정치 현실에 저항하고자 했다. 정청 다음 날에 정청에 참여하지 않은 사간원에서 수개월 남은 대상을 지낸 뒤에 가례를 정하는 것이 마땅하겠다는 건의가 있어 그나마 위안이 되었을 것이다. 소상이 지난 뒤에도 권도로 행할 수 있다는 수양대군 등의 강권에 맞서, 국상 중 가례 불가 원칙을 고수함으로써 국왕의 권위를 그나마 만회하고자 한 단종이었으나, 역부족이었다. 일방적으로 금혼령의 대국민 포고와 간택을 진행해온 터라 단종도 무작정 거절할 수만은 없는 노릇이었다.

단종의 가례는 결국 문종의 첫 기일로부터 수개월 지난 뒤 거행되었다. 소상 뒤 대상 전이었으니 예법에 어긋나지는 않았다. 그의 비는 송현수의 딸(정순왕후)이었다. 송현수는 수양대군의 절친이라 하는데, 단종의 후사까지 자신의 손아귀에 넣어 조종하고자 했던 것일까?

16세에 왕위에 오른 선조는 동왕 2년에 가례를 치렀다. 대비의 전교로 처녀단자를 받도록 했으나, 며칠 지나서 명종의 담제禫祭를 지내기 전에 미리 단자를 수봉하는 것은 예에 어긋난다고 하여 이를 중지했다. 3년 탈상 이후의 가례 거행이라는 원칙론을 따랐다. 그 후 아무런 기록이 없다가 그해 말 가례를 행하여 의인왕후를 맞이했다. 선조 33년 6월에 의인왕후가 경운궁에서 승하하자, 이듬해 11월에 금혼령을 내려 간택을 시작했다. "장경왕후의 소상小祥이 지난 그다음 달에 전교하기를, '대신이 중전의 자리는 오랫동안 비워둘 수 없어 모름지기 미리 간택해야 한다'고 했으니, 왕비의 책립은 비록 재기 뒤에 있었으나 간택은 반드시 그전에 있었던 것"이라는 건의를 받아들였다. 장경왕후의 소상 후 재기(대상) 전에 문정왕후를 맞이한 중종의 전례에 따라 선조도 소상 후 대상 전에 왕비를 간택하도록 한 것이다. 이에 따르면, 소상 후 대상 전에 삼간택을 거쳐 비씨를 정하고 대상 후에 책봉과 친영을 거행토록 하는 절차가 만들어졌다고 할 수 있다.

이때에는 처녀단자 수봉이 시작된 지 한 달여 만에 간택이 거행되었다. 초운初運 처녀의 간택에는 궐에 들어가 참석한 자가 10명이고 금혼한 자가 6명이었다. 며칠 뒤에는 금혼한 이운二運 처녀가 모두 9명이었다. 인조 이후의 삼간택 방식과는 달리, 두 번에 걸쳐 간택을 행한 것으로 보인다. 초운 처녀는 첫 번째로 입궐한 여성들로서 10명 중에서 6명을 선발했다. 이운 처녀는 두 번째로 입궐한 여성들로서, 금혼 처녀의 수가 초운 때보다 많았다. 이 기록만 보아서는 이운 때의 금혼 처녀 수가 왜 더 많아졌는지를 알 수 없지만, 초운 처녀 6명을 포함하여 추가로 단자를 제출한 처녀들과 함께 재간택이 이루어져 9명이 선발된 것으로 추측된다. 이 중에서 그 이듬해 2월에 공표했듯이, 이조좌랑 김제남의 딸(인목왕후)이 낙점되었다.

이처럼 곤위壼位의 부재에서 오는 국왕과 왕실의 이해는 후사가 없는 것을 일차적인 현안으로 받아들였다. 궁중 혹은 내명부의 단속, 심지어는 이웃에 강국이 있어 사고를 예측할 수 없다는 국방상의 불안을 이유로 들기도 했다. 곤위의 부재가 왕실과 국가의 존립 위기로까지 확대 해석되기도 했지만, 그에 반해 양반들의 반응은 냉담했다. 시중에는 곧 대혼이 시작될 것이라는 소문으로 민심이 들떠 있기보다는 오히려 차분히 가라앉은 듯이 보였다. 기년 전에 속속 딸들을 시집보내거나 모면할 방안을 은밀히 강구하느라 여념없었다. 어떻게 해서든 처녀단자 제출을 회피하려는 시도가 다각도로 행해졌다. 이러한 양반가의 동향을 간파하고 있었던 왕실에서는 일찍이 금혼령을 내리지 않으면 처녀들이 동날 판이라는 조급증을 드러내곤 했다.

금혼령을 내리면, 정부에서는 그와 동시에 각 관에 금혼 대상 연령과 처녀단자의 제출 기한, 단자를 작성하는 규식, 금혼과 허혼 규정 등을 정하여 통보했다. 이 중에서 처녀의 연령이 가장 중시되어 객관적인 기준으로 제시되었다. 이 당시에는 14~15세를 아름다움이 절정에 이른 외모의 가임 연령으로 본 듯하다. 성년인 국왕의 경우에는 처녀의 연령 하한을 이때로 잡았다.

그동안 행해진 국왕 가례에 있어서 금혼 대상은 9~20세 처녀들이었다. 연령의 상하한은 국왕의 연령 및 시기와 상황에 따라 가변적으로 정해졌다. 성종 때에는 10세 이상 26세 이하에게 금혼령을 내리기도 하고, 선조는 14세 이상부터 선발하라고도 했다. 『가례』에서는 여자의 경우 14세부터 20세에 한정한다고 했으며, 『경국대전』에서는 남자는 15세, 여자는 14세가 되면 혼가를 허락한다고 규정했다. 사마광은 "남자가 15세, 여자가 13세 이상이면 모두 장가들고 시집가는 것을 허락하는데, 천지의 이치에 따르고 인정의 마땅함에 부합한다"고 했다.

그렇다면 조선 후기 역대 국왕과 왕비의 혼인 연령은 어떠했는지를 알아보자.

인조 44세, 금혼 대상 15~20세, 장렬왕후 15세

숙종 21세, 금혼 대상 14~18세, 인현왕후 15세

숙종 42세, 금혼 대상 14~20세, 인원왕후 16세

영조 66세, 금혼 대상 16~20세, 정순왕후 15세

헌종 11세, 금혼 대상 9~13세, 효현왕후 10세

헌종 18세, 금혼 대상 13~17세, 효정왕후 14세

철종 21세, 금혼 대상 14~18세, 철인왕후 15세

이 사례를 통해 보면, 국왕들은 자신의 연령에 관계없이 16세 이하의 처녀들을 간택했다. 요즈음의 상식으로는 도저히 받아들이기 어려운 연령대이나, 당시에 있어서는 12~13세의 여성을 성의 대상으로 삼는다는 사실을 배격할 만한 사회 문제로 보지 않았다. 남들이 흉을 본다거나 책잡힐 일도 아니었다. 남성 우위의 사회에서 그의 권력에 복종하도록 교육받은 여성에 대한 성적 억압을 남성들이 왜곡해서 현실적으로 정당화시킨

제도이며 관행이었다고 할 수 있다.

처녀단자의 제출

정부에서는 국혼을 전국 방방곡곡에 널리 알렸다. 금혼령은 팔도사도八道四都에 모두 내리는 것이 일반적이었다. 간혹 서울과 인근의 일부 지역으로 제한하기도 했다. 먼 거리의 지방은 단자 제출 수량이 미미할 뿐 아니라, 교통 통신상의 제약이 컸기 때문이다. 인원왕후 간택 때에는 금혼령을 한성부와 경기 그리고 양호兩湖(호서와 호남)에만 내렸다. 그런데 처녀단자 제출까지 지역을 제한하는 것은 문제가 있다는 지적에 따라, 강원·황해·경상·평안·함경도 등으로 확대했다.

처녀단자의 수봉은 기한을 정해놓았다. 제출 기한은 서울과 경기 그리고 각 도의 원근에 따라 조금씩 간격을 두었다. 예를 들면, 인현왕후 가례에는 3월 6일을 기점으로 서울은 3월 10일, 경기는 3월 13일, 중도中道는 3월 20일, 원도遠道는 3월 25일을 마감 기한으로 정했다. 중도는 충청도와 강원도·황해도이며, 원도는 전라도와 경상도·평안도·함경도가 해당되었다. 당시 전라도에 속했던 제주도는 어느 경우에나 예외 지역이었다.

처녀를 둔 집안에서 작성해야 하는 단자는 정부에서 미리 그 양식을 만들어 알려주었다. 처녀단자(혹은 간택단자)의 규식은 인조 때에는 '왕비간택처녀단자 생년월일시와 사조四祖 구록具錄'이라 했다. 아무 단자라고 하여 문서명을 쓰고, 처녀의 사주와 사조를 기록했다. 이것이 그 뒤 조금 더 격식을 갖춘 문서 양식으로 바뀌었다. 이 문서는 종이를 두 번 접어 첩으

處子洪氏年九癸酉七月初三日丑時生本南陽 北部嘉會坊齋洞契

父折衝將軍行龍驤衛副護軍 萬植

祖朝奉大夫行童蒙教官 淳敬

曾祖 贈領議政行通政大夫吏曹叅議 鍾遠

外祖通訓大夫前行禮山縣監兼洪州鎮管兵馬節制都尉金延根本安東

處子閔氏年十壬申十月二十日戌時生本驪興 中部慶幸坊磚石洞契

父崇政大夫判敦寧府事兼知中樞府事經理統理機務衙門事 世子左副賓客 台鎬

祖 贈左贊成 致三

曾祖 贈吏曹判書行嘉善大夫曹然判叅知 經筵義禁府事五衛都摠府副摠管 弘燮

外祖通訓大夫行刑曹正郎宋正郎宋在華本礪山

處子趙氏年八甲戌三月十六日丑時生本豐壤 北部陽德坊樞屯洞契

父將仕郎前行童蒙教官 秉黙

祖正憲大夫禮曹判書兼知 經筵義禁府事同知成均館事五衛都摠府都摠管 龜夏

간택단자(고종 19년 왕세자[순종] 가례 때의 초간택 단자). 단자를 제출한 처녀들의 성씨와 사주, 주소, 본관, 사조四祖(부, 조, 증조, 외조)의 직역과 이름 등을 한눈에 알아볼 수 있도록 정리한 단자다. '간택단자揀擇單子'라는 문서명과 그 아래의 '파편破片'이라는 글자는 후대의 기록이다. 한국학중앙연구원 장서각.

로 만들어서 썼다. 첫 첩에는 서울을 모부모방某部某坊(모계某契), 지방을 모도모읍某道某邑이라 쓰고, 두 번째 첩에는 첫 줄에 처녀의 성씨와 생년월일시 및 본관, 다음 줄에 사조四祖를 쓰며, 세 번째 첩에는 중간쯤에 연호와 날짜를 크게 쓰고 그 아래에 가장家長의 직함 신臣 성명을 쓰고 나서 착압하도록 했다.

가장은 의당 이 규식에 맞게 작성하는 것이 원칙이었다. 종종 격례에 어긋나는 단자가 발견되기라도 하면, 예조에서는 국왕에게 들이지 않고 돌려보내서 고쳐 올려 보내도록 조치했다. 한 예로, 인현왕후 가례 때에는 박세채가 딸의 단자에 착명을 하지 않았다고 하여 돌려보낸 일이 있었다. 지방에서는 관내에 처녀가 없을 경우 그 경위를 보고했다. 이 문서를 탈보단자라 하고, 그 규식 또한 정해져 있었다. 작성 방식은 첫 첩에 '예조낭위 첨존시禮曹郎位僉尊侍(예조낭위 여러분께)', 두 번째 첩에 '공감恐鑑 모도모읍某道某邑 모직모某職某 무여자이삽온일無女子是白乎事(아무 도 아무 읍 아무개는 딸이 없습니다. 살펴주십시오)'이라 쓰도록 했다.

처녀단자는 이처럼 처녀의 성씨와 생년월일시 및 본관, 사조의 직역과 이름을 기재했다. 주요 내용은 처녀의 사주와 가계 기록이라 하겠다. 그 용도는 처녀의 사주와 가문 배경 및 사회적인 조건에 대한 사전 정보를 확보하기 위한 것이었다. 그리고 그에 못지않게 인품이나 처녀성도 중요한 고려 사항이었을 것이다. 궁궐 내 왕의 여자들은 순결성에 대한 의심이 전혀 없었다. 궁녀 선발 때 처녀성의 유무를 앵무새의 피로 감별했다는 속설과 연관지어 볼 때, 이 사안은 호기심의 차원을 넘을 수 있다. 그러나 왕비의 간택에서 처녀성의 감별이란 상상할 수 없는 일이었다. 왕비 후보자는 이미 지고지순한 덕성을 지닌 여인으로 인식되어, 그 순수성을 의심하는

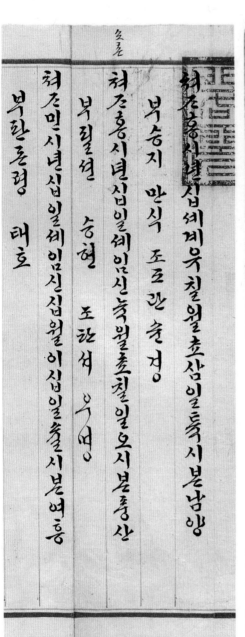

한글 간택단자 부분, 한국학중앙연구원 장서각. 대비 등 왕실 여성에게 보이고자 한문으로 된 처녀단자를 한글로 바꾸어 정리한 것이다. 옆의 봉투는 '국문國文'이라 쓰여 있는 것으로 보아, 이 단자를 넣고자 제작한 것이다.

것조차 용인되지 않았다.

해당 연령의 처녀가 있는 집안에서는 자발적이든 독촉을 받아서든 이와 같은 양식에 맞게 단자를 작성하여 한성부나 감영에 바쳤다. 그러면 각 기관에서는 이를 취합하는 대로 예조에 올렸다. 예조에서는 각 첩의 이상 유무를 철저하게 점검하고 나서 이를 하나의 문서에 옮겨 적었다. 한양에서는 오부로 나누어 정서하기도 했다. 이것은 국왕이 한눈에 쉽게 알아볼 수 있도록 만든 보고서 양식으로서, 그 문서 형식이 초기草記다. 원단자는 예조에서 보관했다.

금혼 대상으로 지정된 연령대의 처녀들에 대하여 무턱대고 신분에 관계없이 모두 혼인을 불허한 것은 아니었다. 동성동본과 같이 국법상 도저히 불가능한 대상도 있기 마련이었다. 그렇다면 금혼에서 예외인 허혼許婚 대상자는 어떤 사람들이었을까? 금혼 대상은 『경국대전』에서 사대부로 국한했다. 사대부는 그 범위가 매우 넓은 편이지만, 금혼 대상으로서의 사대부는 서울 거주자의 경우 별다른 언급이 없으나 외방은 감사, 병사, 수사, 도사, 수령, 찰방, 변장, 각 읍에 원래 거주하거나 흘러들어와 사는 사대부였다.

반면에, 허혼 대상자는 처녀단자를 제출할 자격이 없는 사람들이다. 선조 34년에는 서얼과 하천下賤, 종실의 딸, 성이 이씨인 사람의 딸, 과부의 딸 등을 허혼했다. 그 후 허혼자는 보통 다섯 부류로 규정되었다. 첫째는 국성國姓이다. 왕실의 성씨인 이씨를 가리킨다. 둘째는 국왕의 이성異姓 8촌이다. 국왕의 외가로 8촌 이내다. 이것은 국왕의 외척인 이성 6촌 이내와는 다르다. 숙종 28년 인원왕후 가례 때에는 왕비와 후궁의 친족도 촌수를 한정해야 한다는 논의가 이루어진 바 있었다. 그때 왕비의 동성친은 당시 임금인 당저當宁의 동성친에 견주어 1촌을 감하고 이성친은 동성친에 비해 또 1촌을 감하며, 후궁의 친족은 왕비의 친족에 견주어 또 1촌을 감하도록 했다. 헌종의 계비 효정왕후를 맞을 때에도 대왕대비전의 동성 5촌친 이내, 왕대비전 동성 7촌친과 이성 6촌친 이내는 허혼토록 했다. 셋째는 관적貫籍이 이성李姓과 같지 않아야 한다. 곧 전주를 본관으로 하는 성씨는 안 된다는 것이다. 넷째는 과붓집 딸이다. 부모가 모두 죽은 처녀도 단자를 제출할 자격이 없었다. 다섯째는 중인이나 서얼 등 양반 이하의 신분이다. 이와 관련하여 영조 35년에 남오관의 딸의 단자가 입계되었다가 발거拔去된 적이 있다. 남오관 전처의 부친이 장사치의 사위였다는 사실이 밝혀졌기 때문이다. 남오관은 전 영상 남구만의 손자였지만, 작은 흠결이라도 있는 가문은 왕실의 혈통과 권위 및 체면을 보전하기 위해서라도 그 차별을 매우 엄격히 하여 탈락시켰다.

이러한 허혼 5조는 법적 구속력을 갖추고 있어 예외가 없었으나, 이것으로 완전한 허혼 조건을 구비했다고 할 수는 없었다. 사대부라 하더라도 여러 가지 하자와 결격 사유가 상존할 수 있었기 때문이다. 우선 현관顯官이 없는 가문은 제출한 단자를 빼버렸으며, 아예 받지도 말라고 했다. 미관微官이거나 생원·진사·유학幼學으로 사대부이기는 하나 그 할아버지 이상으로 현관이 없으면 제외시켰다. 비미卑微한 시골 출신의 부류가 단자를 제출했을 경우에는 이를 방자하게 여기고서 단자 탈거脫去와 함께 당사자를 엄히 처분하기도 했다. 화순옹주의 부마 간택 때에는 평안도 자산부사 성윤혁이 아들의 단자를 올렸는데, 사조四祖 중에 뚜렷한 현관이 없다는 이유로 발거했다. 자산부사는 종3품으로 현관이라 할 수 있으나, 사조 중에 현관이 없다고 하여 탈락시킨 것이다.

부모 중 한쪽이라도 잃은 처녀 또한 허혼 대상이었다. 편부와 편모 어느 쪽이라도 허혼되었으나, 후취가 있다면 그 대상에서 제외되기도 했다. 인현왕후의 사례가 그러하다. 인현왕후는 단자 제출 당시 생모가 이미 사거 死去하고 없는 상태였으므로 미처 제출하지 못했다. 그런데 그사이에 무슨 일이 있었는지 모르겠지만, 부친 민유중이 이것을 결격 사유라 생각하고서 단자를 올리지 않은 실수에 대해 변명하는 단자를 바쳤다. 인현왕후가 일찍이 생모를 잃어 부모가 다 살아 있는 사람이 아니기 때문에 간택단자를 제출할 자격이 없는 줄 알고 바치지 않았다는 것이다. 생모는 동춘당 송준길의 딸로서, 인조 15년(1637)에 태어나 현종 13년(1672)에 사망했다. 가례가 있던 해는 숙종 7년(1681)이었으니, 생모가 죽은 지 약 10년이 지난 뒤였다. 그렇지만 단자를 제출할 당시에는 부친이 1676년에 세 번째로 맞아들인 풍창부부인 조씨가 있었다. 계모인 풍창부부인이 생존해 있었으므로 부친은 홀아비가 아니었다.

사실 현종 12년의 책빈 때 '국왕의 이성친異姓親 및 세자·대군·공주의 이성친은 모두 결혼 대상을 8촌으로 제한하고, 후처에게 장가든 자의 전처 소생 딸은 단자를 받지 말라'고 한 규정에 따른다면, 인현왕후는 단자를 제출할 자격이 없는 허혼 대상이었다. 그런데 숙종은 이 전례를 고쳐 전처 소생이라도 아비가 나중에 장가들어서 부모가 다 생존해 있으면 구애받지 말라고 명하고, 삭탈파직된 관료의 처녀단자도 받도록 했다. 원찬 정배된 죄인의 경우에는 받은 단자를 도로 내주고 받지 말도록 했다. 이처럼 금혼 대상의 확대를 용인한 것은 숙종이 민유중 가문의 선택에 관해 일정한 정치 세력과 사전에 교감했을 가능성을 의심케 한다.

이외에 간택단자를 제출한 뒤라도 탈락시킬 수 있는 여러 조건이 있었다. 처녀가 상중에 있거나 몸에 병이 있으면 단자를 빼버리거나 도로 내주었다. 인원왕후 가례 때에는 숙종 22년의 왕세자 가례 시 단자를 제출한 전력이 있는 처녀들은 그 단자를 돌려주도록 조치하기도 했으며, 외가 쪽의 옥사에 연루된 인척관계임이 판명되어 발거한 사례도 여럿 있었다.

따라서 왕비 후보는 고위 관료를 배출한 문벌 가문 출신으로 정치·사회적으로 흠결이 없는 좋은 가정 환경에서 성장한 처녀여야 자격을 갖춘 것으로 보았다. 양반 사대부가에서는 국혼을 기피하는 경향이 강했던 데 비해, 왕실에서는 이러한 사회 현상을 모르는 바 아니었지만 왕실의 고상하고 품위 있는 혈통을 유지하고자 했다. 그리하여 금혼 대상의 기준을 엄격히 관리하고, 정치의 수요에 따른 특정 기준의 완화를 통해 혼인의 꿈과 기대를 현실의 이해관계로 돌려놓기도 했다.

맹인을 동원해 처녀 찾기

처녀단자 제출 기한은 가례 때마다 차이가 있었다. 인현왕후 가례 때에는 약 20일로 기한을 촉박하게 잡았으니, 즉시 실행에 옮겨야 했다. 예조에서는 급히 병조의 협조를 얻어 각 도에 파발을 띄웠다. 이 소식을 전해 받은 한성부와 각 도는 그동안의 경험에 비추어 자발적인 단자 제출을 기대하기가 쉽지 않다는 사실을 아주 잘 알고 있었다. 왕실에서도 국혼에 대해 냉담한 현실을 충분히 인식하고 적극 대처에 나서지 않을 수 없었다.

우선 어느 곳에 사는 누가 해당자인가를 파악하는 것이 급선무였다. 가장 신속하고 효과적인 방법은 호적대장의 활용이었다. 호적은 행정의 효

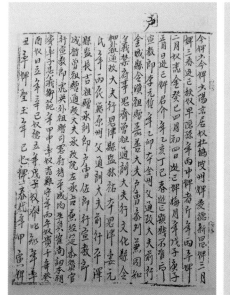

『한성부 북부장호적』(현종 2, 1663) 일부.

율성 면에서나 인신의 통제와 구속에 있어서 매우 유용한 제도였다. 이에 숙종은 인현왕후 가례(숙종 7년, 신유) 때의 경험을 바탕으로 사대부의 여자는 반드시 호적에 기재할 것을 명했다. 이미 기피 현상이 만연하여 그 해결책에 골몰하던 정부로서는 별수 없이 이 명에 따라 호적 재정비에 박차를 가했다. 자오묘유子午卯酉로 끝나는 해, 곧 3년마다 전국적으로 호구 조사를 실시해 호적대장을 재정비했는데, 숙종의 이 명은 식년 때마다 거듭 신명되었다. 그 호적 사목에다 "사족의 솔녀率女는 이름을 적지 않더라도 제1녀, 제2녀와 연갑年甲을 적으라는 일로 계하했다"는 항목을 넣고, 또 사대부 여자는 한결같이 신유년에 정탈한 사목대로 호적에서 빠뜨리지 말도록 하라는 뜻을 각별히 신칙하도록 했다. 사대부의 딸은 호적에 출생

순서와 나이를 반드시 기록하여 누락되지 말도록 하는 규정이었다. 이렇게 호적에 등재된 이들을 중심으로 해당 연령의 처녀를 추출해 명단을 작성하고, 부관部官으로 하여금 집집마다 방문하여 단자를 받도록 했다.

그러나 이 명령은 잘 준수되지 않았다. 숙종 12년에 호적 담당 관원들을 징계하는 일이 벌어졌는데, 숙종은 "그 후 신유년(숙종 7)과 갑자년(숙종 10)의 두 식년 호적 때 명백히 수록하지 않았으니 조정의 명령을 준수하지 않는 상황이 매우 놀랄 만하다. 경책警責하는 방안이 없어서는 안 되겠기에 신유년과 갑자년 두 식년의 한성부 담당 당상과 낭청은 종중추고하고 오부의 담당 관원은 모두 파직하는 것이 좋겠다"고 한 것이다. 이렇게 소급해서 강경한 문책을 단행한 것은 이 당시의 간택단자 수봉에 대한 불만 때문이었다.

이해 3월에 숙종은 후궁인 숙의를 간택하던 중이었다. 초3일에 지역을 한성부로 국한하여 단자 수봉을 시작했는데, 4일 동안 35장이 걷혔다. 이 안에는 국척國戚에 속한 자 5장과 과붓집 1장이 포함되어 있어, 이를 제외하면 29장이었다. 숙종은 이러한 상황에 대해 인심이 맑지 못하다든가, 숨기기에 급급하고 기강이 해이해져 인심이 법을 두려워하지 않는다고 비난하면서, 그 실적이 저조한 책임을 물어 5부 관원을 종중추고했다.

이때의 단자 수봉 기간은 일주일로 잡아 매우 촉박하게 추진되었다. 한성부에서는 사대부가 서울에 적을 두고 있더라도 외방으로 옮겨 살거나 외임이 된 자가 있어 기한 내에 단자를 바치기가 어렵다고 하소연했다. 예조에서는 여자로서 적을 둔 자가 드물며, 나이를 늘리거나 줄여서 모면하려 하고, 가난해서 의장을 장만하기가 어려워 숨긴다는 여러 사유를 감안해줄 것을 요구했다. 그러나 숙종이 보기에 이것은 변명에 지나지 않았다.

오히려 국왕과 왕실의 권위를 얕잡아보는 소치에서 나왔다고 여겨 이를 용납지 않았다. 여러 사유 중에서 특히 호적에 적을 둔 처녀가 드물다는 말을 들은 숙종은 자신의 예전 명이 이행되지 않았다는 사실에 놀랐을 따름이다. 그리하여 결과에 대한 책임을 소급해 물어서 그 이전 식년의 호적 담당 관원들을 문책했던 것이다.

이러한 강경 조치에도 불구하고 숙종의 명은 그 이후에도 제대로 지켜지지 않았다. 숙종 28년의 왕비 간택 때에 제출된 단자 49장 가운데 호적에 등재된 처녀의 단자가 겨우 8장밖에 되지 않았으니, 그 나머지 41장은 입적入籍되지 않은 처녀들의 것이었다. 입적자의 비율이 약 16.3퍼센트로 지나치게 낮았다. 이러니 당시의 호적제도와 그 통계에 대한 신뢰성은 크게 떨어질 수밖에 없다. 이러한 현실에 개탄을 금할 수 없었던 숙종은 남은 기간에 수봉 실적이 저조하거나 전무한 지방에서는 입적되지 않은 처녀를 속히 자수하게 하여 제출하도록 분부했다.

이를 보면, 처녀단자의 제출 실적이 저조한 원인을 양반가의 딸을 호적에 등재하지 않은 탓으로만 돌릴 수는 없을 듯하다. 호적 담당 관원의 태만과 불성실에 대한 책임을 물을 수는 있겠으나, 호적에 충실히 등재했다고 해서 실적이 좋아지리라는 기대는 그 당시 양반들의 문화 심리를 이해한다면 무망한 일이 될 수 있었다. 국왕의 명이나 사목으로 호적 등재가 재차 강조되더라도 이행되지 않는 현실에서는 또 다른 개인적, 정치사회적 요인이 작용했을 것이다.

어쨌든 호적 등재의 철저한 시행은 이후 반복해서 강조되다가 결국 법제화되기에 이르렀다. 숙종의 명이 영조 연간에 반포된 『속대전』에 수록된 것이다. "사대부의 여자로서 호적에 누락된 자는 그 가장을 도배徒配한다"는 법규가 그것이다. 그 경중에 따라 도형이나 유배형에 처한다고 했으니, 호적 누락은 중범죄로 취급되었다. 재미있는 사실은 이 법률이 왕비 간택 때 처녀단자를 많이 받기 위한 목적에서 출발했다는 점이다.

해당 연령의 처녀를 파악하는 또 다른 방법은 맹인의 동원이었다. 당시 맹인은 점복술로 생계를 유지하는 사람이 많았으며 중매쟁이로도 인기가 높았다. 성현은 『용재총화』에서, "우리나라의 명과류命課類는 모두 맹인이 한다"고 했다. 이수광의 『지봉유설』에서는 중국 사람들이 우리에게 미치지 못하는 일이 네 가지 있는데, 부녀자의 수절, 천인의 상례와 제사, 맹인의 점치는 재주, 무사의 활 쏘는 재주라고 했다. 이수광의 이 말이 꼭 맞다고 할 순 없지만, 맹인의 점복은 신기하면서도 매력 있는 직업으로 대접 받았다. 태종 5년에는 점을 잘 치기로 유명한 맹인 유담을 검교호조전서로 삼을 정도로 왕실뿐 아니라 양반 사대부와 일반 백성에 이르기까지 널리 선호되었다. 그 한 예를 보자. 성녕대군이 완두창剜豆瘡이라는 병을 앓아 매우 위독했다. 태종은 승정원에 명해서 빨리 점을 잘 치는 자들을 불러 모으도록 했다. 병이 나을지 그 길흉을 점쳐보기 위해서였다. 이때 불려온 사람은 맹인 한각운과 정신오 등이었다. 이들의 점괘는 한결같이 길하다고 나와 목숨을 연장할 것이라고 예측되었다. 그러나 성녕대군은 끝내 회복하지 못하고 일주일여 만에 죽음을 맞고 말았다. 점괘가 틀려 왕실을 분노케 한 그들에 대해 형조에서는 죄를 청했으나 태종은 이를 들어주지 않았다. 흉괘가 나왔더라도 차마 어떻게 사실을 고할 수 있었을까!

맹인 점복가들은 이 당시 관상감 소속의 명과학命課學에 진출하여 관원이 될 수 있었다. 또 국가 지원으로 서울 북부에 설치된 명통사明通寺에 소속되어 기우제나 독경讀經 등 국가와 왕실의 요청에 응하기도 했다. 『동국

판수의 독경, 『일본지리풍속대계(조선편)』, 1930.

세시기』에는 "맹인을 초청하여 상원上元(보름날) 전부터 안택경安宅經을 암송하면서 밤을 새우는데, 액을 막고 복을 기원한다"고 했다. 「기산풍속도」에도 이들이 등장하는 그림이 있다. 판수나 박수 혹은 맹승으로도 불린 맹인들은 점복과 독경 등으로 운명을 점치거나 액막이를 하고 국가의 요청에 응하기도 하는 등 각계각층의 사람들과 깊은 유대관계를 맺었다.

맹인들이 거북점을 치거나 육효를 볼 때, 이를 위해 파악해야 할 사항은 사주였다. 그러할진대 맹인들이 혼기에 찬 처녀 총각으로 어느 집에 누가 있는지 훤히 꿰뚫고 있을 것은 당연했다. 인조 원년 왕자 부인의 간택에, 사람들이 궁가宮家와의 결혼을 기피하여 숨기고 내놓지 않자 부관들이 그 적발에 애를 먹었다. 이때 떠오른 묘안이 오부五部의 맹인을 불러 모아다가 사대부의 집에 가서 점을 칠 적에 알게 된 처녀들을 각기 보고하게 하는 것이었다. 보고하지 않는 자는 꾀기도 하고 신문하기도 했다. 이러한 방법으로 적발된 집이 있으면 가장을 죄로 다스렸다. 영조의 정순왕후 가례 때에도 장적을 상고하고 맹인을 불러 조사해서 봉단을 엄히 신칙했지만 여전히 실적이 저조했다고 하고, 심지어 화길옹주의 삼간택 때의 기록을 보면 명통사 사람들의 볼기를 치기도 했다. 영조는 이런 어이없는 짓에 언짢았던 모양이다. 그리하여 그런 일이 발생할 경우 한성부의 당상과 낭청 및 오부의 관원을 무겁게 다스리도록 했다. 어찌 그런 무리에게 책임을 물을 수 있느냐는 탄식이 그의 입에서 흘러나왔다.

맹인 못지않게 미혼 남녀의 정보를 갖고 있는 사람이 또 있었다. 그는 다름 아닌 그 지역의 동임洞任이었다. 당시의 정보망을 총동원하여 해당 처녀의 소재를 탐문하던 한성부에서는 오부의 관원에게 명하여 동임을 대동하고 직접 처녀가 있는 집안을 방문하도록 했다. 한성판윤이라든가 각 도 감사와 지방관들도 그들의 책임하에 해당 처녀들이 단자를 제출하도록 독려하고 다녀야 했다.

왕실과 양반의 국혼에 대한 문화 심리의 차이

한번 대혼의 명이 내려진 뒤로 경외 양반가는 혼가婚嫁로 부산을 떨면서 허둥댔다. 각 가정에서는 자진 신고하기보다는 이를 기피하려는 술책이 판을 쳤다. 딸을 은닉하거나 나이를 늘리고 줄이는 등 갖은 방법을 다 동원하여 모면하고자 하는 것이 당시의 상황이었다. 금혼령이 미치지 않는 지역으로 피해가서 성혼하는 자들도 있었다.

처녀단자 제출 기간에 이러한 사회 현상이 공공연했으니 단자가 제대로 올라올 리 없었다. 각 도의 관찰사는 처녀가 없다면서 처녀단자가 아닌 탈보頉報 단자를 올려보내기 일쑤였다. 탈보란 처녀가 없는 점을 탈이 난 것으로 간주하고 이 사실을 보고하는 것을 말한다. 국왕과 왕실·조정 입장에서는 자신들의 권위를 얕잡아보는 이러한 부조리 현상에 대해, 어찌 가당한 처녀가 한 명도 없을 수 있겠느냐면서 협박과 독촉을 무차별적으로 가했다.

인조는 동왕 16년(1638) 장렬왕후의 가례 때 처녀가 있는 집에서 모두 핑계를 대며 단자를 제출하지 않자, 문재文宰가 이를 숨기고 속여 국가의 기강과 민심이 파탄날 지경이라면서 관계자를 문책했다. 한성부에서는 왕명에 따라 서울에 사는 조관朝官의 처녀 유무와 성혼 여부를 일체 조사하여 보고했다. 한성부의 자체 판단은 호란이 지난 뒤 서울에 사는 사대부가 매우 적고 처녀가 있는 집은 모두 지방에 거주하고 있어 저조할 수밖에 없다는 것이었다. 그리하여 현재 거주하고 있는 지방으로 공문을 보내 단자를 바치게 한 다음 이를 '경거京居'로 시행하라는 허락을 받아냈는데, 이는 저조한 실적을 만회하려는 고육책이며 편법이었다.

금혼령을 내린 지 두 달여가 지났다. 그때까지 보고된 처녀단자 제출 현황은 출신 가문의 문벌 여부와 단자의 수량 등이 대단히 미흡했던 것 같다. 인조는 초간택에 마땅한 처녀가 없다는 사실을 매우 언짢아하며 모두 혼인을 허락하고, 다시 단자를 받으라는 강경한 태도를 보였다. 연령은 14세로 낮추었다. 딸을 숨기려다 발각된 전·현직 관료들은 잡아다 추문하기도 했다.

사대부들이 국혼 참가를 피하기 위해 몰래 혼인을 시켰다가 발각된 한두 사례를 들어보자. 먼저 선조 34년에 충훈부도사 김호수와 상서원직장 송지조가 금혼령을 내리던 날 서둘러 밤에 혼례를 시켰다가 파직된 일이 있었다. 또 인원왕후 가례 때에는 여주에 사는 한이정이라는 사람이 진천에 사는 이집 아들에게 금혼령 기간에 딸을 시집보냈다. 여주 관아에서는 이 사실을 어떻게 알아챘는지 모르겠지만, 바로 정부에 고발했다. 그리하여 양 집안의 가장에게 금혼령을 무릅쓰고 저지른 죄를 물어 경기도에서 형률을 고찰하여 징벌하도록 했다.

처녀단자 제출 실적이 실제 어떠했기에 왕실에서 이처럼 강경한 태도를 보였을까? 아래를 보자.

〈표 1〉에서의 제출 실적은 미자격자로 논의되어 탈락한 단자를 제외한 수량이다. 각 지역에서 제출한 처녀단자의 수는 역시 기대치에 못 미친 것이 확실하다. 주로 한성부에서 제출한 단자였으며, 각 도에서는 한 건도 없는 경우가 대부분이었다. 인원왕후 간택 때가 38장으로 가장 많고, 인현왕후 때가 가장 적은 19장이었으며, 나머지는 25장 이하였다. 인현왕후 간택 때에는 서울과 경기 외에는 국혼을 알리지 말라고 했다가 곧 수정 조치했지만, 결국 처음의 결정대로 추진했음을 알 수 있다. 아무리 그렇더라도 지방에서의 제출 실적이 없는 것은 마찬가지여서 변수가 되지는 못했다.

그러면 인현왕후 간택 때의 속사정을 한번 들여다보자. 3월 6일에 처녀단자를 올려보내라고 명한 정부에서는 이틀 만에 제출 실적이 저조한 담당자를 문책했다. 서울의 제출 실적을 보면, 남부가 4장, 서부가 3장, 나머지 부는 한 장도 없었다. 그러자 해당 부의 부관을 파직하고 담당 색리

〈표 1〉 지역별 처녀단자(접수 현황)

	한성부	경기	충청	전라	경상	강원	황해	평안	함경	개성	강화	광주	수원	계
인현왕후(숙종)	17	2	·	·	·	·	·	·	·	·	·	·	·	19
인원왕후(숙종)	30	4	1(2)	0	1	1	0	1	0	0	0	·	·	38
정순왕후(영조)	22	0	0	0	1	0	0	1	0	0	0	0	·	24
효정왕후(헌종)	21	0	0	0	0	0	0	0	0	0	0	0	·	21
철인왕후(철종)	23	0	1	0	0	0	0	0	0	0	0	0	1	25

* ( )는 초간택 이후 입계한 단자의 수. ' · '는 해당되지 않은 지역

를 가두어 죄를 묻도록 했다. 3일째에도 여전히 실적이 영성하자, 이번에
는 책임자인 한성부의 당상과 낭청을 종중추고했다.

이렇게 담당자의 문책이 한성부 당상에 이르렀는데도 상황이 호전되기
는커녕 사회 갈등만 부추기는 형상으로 변질되어갔다. 여러 방법으로도
실적이 늘지 않자, 제시된 새로운 방안은 숨겨놓은 처녀를 널리 묻고 탐지
해서 보고하라는 신고제의 시행이었다. 민간에 대한 이러한 조정의 방침
은 혼례의 도덕적 성격에 역행하는 조치일 수 있었다. 이로 인해 양반사회
내부에는 상호 감시와 통제가 어느 정도 이루어졌을 것으로 보인다. 장렬
왕후 가례 때 서울 북부에 사는 장성 현감 유시영에게는 나이가 알맞은
딸이 있었다. 신고를 통해 이 사실을 안 한성부에서는 두세 번에 걸쳐 단
자 제출을 독촉했으나 오히려 나이가 차지 않았다는 답변을 받았다. 이를
믿을 수 없었던 한성부에서는 그 집안 사정을 누구보다 잘 아는 종놈을
잡아다가 추문했다. 그 종은 처녀가 이미 지난달에 상경했다는 사실을 고
했다. 조사해본 결과, 처음에는 경오생(9세), 두 번째는 정묘생(12세)으로

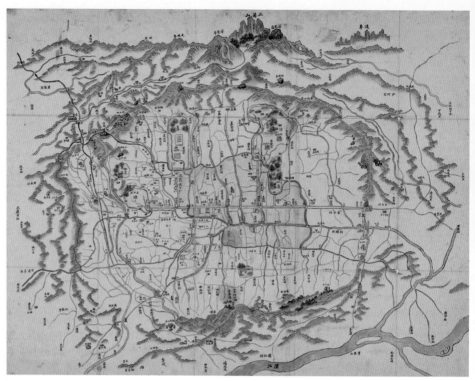

「도성도」, 종이에 채색, 67.0×92.0cm, 1788년경, 규장각한국학연구원. 처녀단자의 제출은 주로 한성부에서 이뤄졌다.

나이를 속이면서 끝내 감추었던 것이다. 장본인인 유시영은 결국 사기죄로 잡혀가서 추문당하기에 이르렀다.

이처럼 양반가의 딸 감추기가 일상화되자 정부에서는 딸을 숨겼다가 발각된 가장은 임금을 기망한 율로 다스린다고 엄포를 놓거나, 자수하면 죄를 주지 않는다고 회유하기도 하는 등의 조치를 취했다. 정부에서는 민간에 대해서만이 아니라 해당 각 기관과 도에 대해서도 단자 입수 실적에 따라 제재를 가했다. 아울러 한성부와 각 도에 처자의 유무를 조사하여 보고하게도 했다. 한성부 판윤과 각 도 감사들은 실적이 저조하거나 처녀가 없다는 보고에 따라 종중추고를 당하거나 심할 경우 파직에 이르는 등 국혼 때마다 청죄가 그치질 않았다. 그런데도 지방관들은 아랑곳하지 않았다. 그 책임을 회피하기 위해서인지, 아니면 실제 사정이 그러했는지 아직 알 수 없지만, 지방관들은 국성國姓(전주 이씨)인 처녀들이 꽤 있으나 그 나머지 금혼 자격에 가당한 처녀는 없다는 구실을 붙이는 것이 보통이었다. 국성 처녀에 대해서는 '종파단자宗派單子' 혹은 '국성단자國姓單子'라고 하여 약 스무 장씩 거두기도 했으나, 국성이 아닌 처녀는 기껏해야 한두 명이 있을까 말까 하는 정도였다. 당시 성씨의 구성에 비추어 국성이 압도적으로 높았을 리가 없는데, 이렇게 많은 종파단자의 제출은 최선을 다하고 있다는 증거로 호도될 수 있었기 때문인 듯 보인다.

국혼에 대해 민관이 공통되게 부정적인 인식을 하게 된 당시의 기류에 국왕의 대응은 매우 강경했다. 효종 8년 낙선군 길례 때의 일이다. 효종은 귀양살이를 하고 있는 낙선군을 불러올려서 장가를 들이고자 했다. 이 계획에 대해 신하들은 작호를 회복해야 국혼으로 치를 수 있다면서 반대를 표명했고, 이후 대신들의 논의를 거쳐 타협점을 찾아나갔다. 국혼이 아니므로 가례청을 설치할 수 없으며, 아울러 삼간택도 치르지 않기로 합의했다. 그 합의에 따라 간택 방식을 부분 수정하여, 한성부 오부의 관원이 나이와 문지門地가 적합한 처녀를 둔 집을 방문하여 단자를 받아서 한성부에 제출하거나 신고를 받아 이를 예조에 보고하면, 예조에서는 처녀의 나이와 생년월일, 가장에 관한 사항을 기록한 별단을 국왕에게 아뢰고, 기한이 종료되면 처녀 명단을 가지고 예조에서 주혼인 자와 상의하여 최종 결정하기로 했다.

그런데 막상 걷힌 단자가 10여 장에 그쳤다. 이 사실에 화가 난 효종은 한성부 당상과 낭청을 추고하고, 많이 걷지 못하면 중률로 다스리겠다는

엘리자베스 키스가 제작한 다색동판화로 옥색 저고리, 남색 치마를 입고 머리에 남바위를 쓴 민씨 가문의 미혼
여성. 국립민속박물관.

엄포를 놓았다. 이 10장의 면면을 볼 때 가장의 직책이 유학 8명, 전직 조관朝官 2명으로, 현관의 자식은 한 명도 없었다. 이에 더욱 격분한 효종은 당상과 낭청을 파직한 뒤 추고하라고 명하고, 유학들의 단자는 돌려주도록 했다. 왕자가 극히 피폐한 처지라 하더라도 유학의 자식에게 장가들일 수는 없다는 것이었다. 유학이나 생원, 진사는 한미한 가문이거나 하급 집안인데 어찌 사돈관계를 맺을 수 있겠느냐는 것이다.

조선시대의 전형적인 처녀의 모습. 상여 장식에 쓰인 목각인형이다.

효종은 이런 상황에 직면한 이유에 대해 봉작과 혼인에 뜻이 있음을 알아주지 않고 방해한 대신들로 인해, 조관들이 의심하는 마음을 품었기 때문이라고 생각했다. 그렇다고 명망 있는 가문의 처녀를 구할 뾰족한 수도 없어 보였다. 기껏 내세운 방안이라는 것이 끝내 거부하는 자는 중론으로 다스리겠다는 일종의 위협이었다. 이것이 그래도 효과를 보여 그 후에 걷힌 단자가 21장이나 되었다. 그러나 이것도 사용할 수 없다면서 도로 돌려주었다. 재신 및 사대부들은 국왕의 어떤 위협에도 굴복하지 않고 그리 동요하는 기미를 보이지 않았던 것이다.

훗날 정조가 되는 왕세손 가례 때에도 단자 제출 실적이 저조한 편이었다. 기한이 다 되도록 한성부에서 들인 단자는 20장이 전부였다. 외방에서 제출한 단자는 단 한 장도 없었다. 예조에서는 이처럼 형편없는 실적에 대한 죄를 물어 한성부의 해당 당상을 추고할 것을 청했다. 그러자 영조는 종중추고의 처분을 내렸다. 그러고는 그날 중으로 각 부 부관에게 바로 단자를 더 받아서 들이도록 했다. 그렇게 하지 못한 자는 잡아다가 조처하겠다는 강압적인 위협이 뒤따랐다. 그럼에도 한 장도 올라오지 않자 영조는 대단히 화가 났던 모양이다. 이 같은 일은 신하의 분수가 아니라고 질책하면서 내린 명령이 놀랄 만하다. 가례를 행한다고 하더라도 서울은 5년을 기한으로 금혼하여 기강을 바로 세우고, 오늘이 지나서 제출하는 자는 받지 말고 일체 금혼하도록 한 것이다. 이 명령은 곧 환수된 것으로 보이지만, 국혼 과정에서 금혼의 성격과 물정을 또 한 번 확인할 수 있는 흥미로운 사례다.

양반가에서는 왜 이토록 처녀단자 제출을 기피했을까? 먼저 간택 참여에 기대 이상으로 많은 경제적 비용이 소요되었기 때문으로 보인다. 의장을 장만함에 있어서 최소한의 복색을 갖추어야 할 뿐 아니라, 입궐할 때 필요한 가마를 세내고 가마꾼의 노임을 지급해야 했다. 지방에 사는 처녀는 미리 상경하여 대기하는 데 추가되는 경비 부담도 적지 않았을 것이다. 그리고 기타 부수 비용의 수요 또한 만만찮았을 것이다.

『한중록』을 보면, 어떤 사람들은 "선비 자식이 간택에 참예치 않아도 해로움이 없으니 단자를 올리지 마라. 가난한 집에서 의상 차리는 폐를 더는 것이 마땅하다"고 했지만, 혜경궁의 선친은 "내가 대대로 녹을 받아온 신하요 딸이 재상의 손녀인데 어찌 감히 기망하겠는가"라고 하여 단자를 바쳤다고 한다. 혜경궁은 그 당시에 집이 극히 빈곤하여 의상을 해 입을 길이 없었다. 그래서 치맛감은 죽은 형제가 쓸 것으로 하고 옷 안은 낡은 것을 넣어 입히고 다른 결속은 빚을 내서 마련했다. 특히 양 난 이후 가산을 모두 잃은 사대부가에서는 복식을 마련할 길이 없어 기피한다는 지

혜경궁 홍씨가 지은 『한중만록閑中漫錄』, 국립중앙박물관.

적에 따라, 국왕은 단초緞綃 곧 비단이나 생사生絲로 지은 옷을 입지 말라는 명을 내리기도 했다.

또 하나의 사유는 궁금宮禁생활의 가혹함이다. 혜경궁 홍씨의 고백처럼, 구중궁궐에 평생 갇혀 지내야 하는 삶이 녹록지만은 않기 때문에 부모나 당사자가 선뜻 그 길을 택하려고 하지 않았다. 나라에 큰 가뭄이 닥쳐 궁녀 3000명을 내보내면서 한 말이기는 하지만, 당 태종은 "궁궐 속에 갇혀 지내는 것이 애처롭다" 했다고 한다. 조선에서 가뭄이 났을 때 자주 인용하는 이 고사에서, 법도가 엄격하고 절제된 궁궐 삶의 고충을 미루어 짐작할 수 있다. 한편으로는 쉴 새 없는 권력 투쟁에서 왕실과 자신의 안위를 돌봐야 하는 정치적 존재로서의 삶이 위태로워 보이기도 했을 것이다.

그러나 무엇보다도 국혼은 통혼권의 제약이 영향을 미치는 가운데 정치적 타협에 의해 이미 내정되었을 가능성이 높았다. 앞서 인현왕후의 예를 들었지만, 그로 인한 내정설의 소문은 처녀단자 제출을 기피하게 만드는 요인이 되었을 것이다. 가례 관련 자료로 한정하여 이미 내정된 사례를 살펴보면, 인현왕후와 더불어 뒤에서 언급할 인원왕후가 있었다.

인조반정 직후 서인 세력이 '물실국혼勿失國婚'을 기치로 내건 사실에서 알 수 있듯이, 양반들은 사전 밀약의 가능성이 농후했던 정치 환경에 익숙해 있었다. 그렇다고 왕과 왕실에서는 이를 이유로 삼간택을 중지하거나 단자 제출의 저조한 실적에 책임을 묻지 않았던 것도 아니다. 국왕이 여전히 단자 제출을 강제한 것은 양반들의 적극 참여가 국혼의 이념과 명분에 대한 찬성 및 지지를 간접적으로 나타내는 것임과 동시에, 국왕과 왕실의 위신 및 체통을 살려주는 의사 표현 방식으로 보았기 때문이다. 따라서 이러한 반 강압에 구속된 양반가는 경제적 손실 등을 무릅쓰고라도 참여할 수밖에 없는 종속된 존재였다. 이미 조선 초기부터 지속되어온 관행으로 보이지만, 임진왜란 이후에는 더 심해졌다.

마지막으로 혼약을 맺었거나 혼사일을 앞두고 있던 처녀들의 집안에서는 단자 제출을 망설이지 않을 수 없었을 것이다. 예비 사돈 집안에서의 처녀단자 제출은 가문 사이에 형성된 신뢰를 무너뜨릴 만한 행위로, 이를 달가워할 리가 없었다. 이들에게 단자 제출을 강요하는 것은 국왕의 절대권력이 양반사회의 통혼질서를 왜곡하고 훼방하는 일이었다. 이로 인해 양반들 사이에는 위화감 조성 등 반사회적 괴리가 조장될 수 있었다. 그렇다고 이를 허혼 조건에 삽입할 수도 없었다. 그렇게 한다면 이를 빌미로 한 기피 현상이 더 심해질 수도 있었기 때문이다. 어쨌든 국혼으로 곤란한 처지에 놓인 양반가 입장에서는 그에 대한 불만이 팽배했을 것이며, 단자 제출 거부로 이어지는 일종의 저항 형태를 띠었다.

권력욕이 있는 일부 정치 세력을 제외하고는, 일반 사대부가엔 국혼에 대한 부정적 인식이 널리 퍼져 있었다. 그리하여 처녀단자 제출을 기피하는 현상이 유행처럼 번졌다. 관에서도 이러한 기피 행위를 비호하거나 공감하는 분위기였으므로 왕실의 이해와 동떨어져 있었다. 책임을 완수 못한 담당 관리나 딸을 숨긴 가장을 문책한다고 하지만, 그 실효성이 의심스러웠을 뿐만 아니라, 그들은 이를 두려워하거나 그리 심각한 사안으로 받아들이지도 않은 것으로 보인다. 자신의 정치적 실익을 따져 그에 부합하지 않으면 거부 현상은 더 노골화될 수 있었다.

그리하여 영조는 간택 참가 대상을 초간택 전에 걸러내는 과정을 두어 그 폐단을 줄이고자 했다. 간택령을 내린 지 20여 일이 지난 즈음 영조는 예조판서 홍상한이 가지고 들어온 간택도록揀擇都錄을 살펴본 후 한참동안 여러 신하와 논의를 거쳐 친히 십수 명을 뽑아 그 이름 아래에 밑줄을 긋고서 전교했다. "옛날에는 입계入啓한 뒤에 명족名族이 아니면 하교하는 일이 있었다. 그런데 사복嗣服한 뒤에는 옛날과 다르기 때문에 친히 뽑는 일이 없었다. 이번은 갑자년 이상과 비교하여 사체가 더욱 중하니, 원록元錄 중에 밑줄을 그은 이하는 해조로 하여금 간택에 참여치 말라는 일로 즉시 분부하여 미리 준비하는 폐단이 없도록 하라." 양반들의 불만과 그에 따른 폐해를 줄이고자 한 영조의 이러한 조처는 한때의 수단에 그치고 말았다. 이후에도 국왕과 양반의 처녀단자 제출을 둘러싼 길항관계는 계속되었다.

처녀들의 첫 대궐 나들이

처녀단자 제출 기한이 만료되면, 길일을 정하여 대비와 국왕이 맞선 보기를 했다. 이것이 간택揀擇이다. 여러 신부 후보 중에서 적임자를 분간하여 택한다는 말이다. 간택은 세 번에 걸쳐 행했으므로 삼간택이라 한다. 전통 혼례에서는 사실 맞선 보기를 신랑의 아버지가 주도하곤 했지만, 왕실의 간택은 복잡한 예법과 절차를 철저히 준수하는 가운데 풍성하고 화려하게 치러졌다.

삼간택은 좋은 날을 점쳐 행했다. 언제쯤 하는 것이 좋을지를 국왕에게 문의한 뒤 관상감의 일관日官에게 길일을 점치도록 했다. 이렇게 날짜가 정해지면 해당 처녀의 가장에게 통보되었다. 지금과 같이 교통수단이 발달하지 않은 환경에서 이를 신속하게 전달하기 위해서는, 지방에 사는 처녀라면 당시의 공공 전달 체계인 역참제를 활용해야만 했다. 그러나 아무리 파발을 띄운다고 하더라도 시일이 지체될까 늘 우려스러웠다. 그리하여 정부에서는 처녀단자를 제출함과 동시에 간택인도 한양으로 미리 올라와 대기해 있을 것을 주문했다. 기한 내에 올라오지 못한 처녀의 가장은 종중논책從重論責하기도 했다.

지방의 간택인 처녀들은 초간택하는 날 전에 서울로 올라와서 기다렸다. 인솔은 각 관의 수령이나 하인이 담당했던 것으로 보인다. 숙소는 경주인京主人에게 미리 알려주었다. 그러면 한성부와 경주인은 예조의 여러 지시 사항이나 간택일을 처녀에게 고지하고, 참석 가능 여부도 사전에 회신하는 데 차질을 빚을 염려가 없었다.

드디어 입궁하는 날이 다가왔다. 처녀들의 입궐 시간도 점을 쳐서 정했

창덕궁 인정전 일대.

으므로 제각각이었다.

인현왕후: 을시(오전 6시 반~7시 반)

인원왕후: 진시(오전 7~9시)

정순왕후: 묘시(오전 5~7시)

효정왕후: 오시(오전 11시~오후 1시)

철인왕후: 손시(오전 8시 반~9시 반)

명성황후: 오시

입궐 시간에 맞춰 처녀들이 지정된 궐문 앞에 모여들었다. 처녀들은 세저細苧로 빚은 고운 옷을 차려입고 가마를 타고 나타나 궁궐 안으로 들어갔다. 가마는 사인교였으며, 유모들이 그 뒤를 따랐다. 간택인 입궐에 대동하는 인원은 집안의 성세에 따라 그리고 그 위세를 과시하기 위해서라도 격차가 컸을 것으로 보인다. 가난한 사대부가에서는 딸을 치장시키고 가마와 인부를 세내며 숙소와 여비를 마련하는 등의 비용 부담에 등골이 휘고 고통스러웠을 터이다. 어쨌든 궁궐은 이들이 자유롭게 출입할 수 있는 곳이 결코 아니었으므로 한성부에서는 사전에 유모 등 대동하고자 하는 인원의 수와 명단을 제출받아 궐문에서 철저히 점검했다.

처녀들은 어엿한 숙녀로서 가장 아름다운 옷맵시를 자랑하고 머리장식도 화려하게 꾸몄다. 이들이 입은 옷은 송화색松花色(노란색) 저고리에 덧저고리인 초록 견마기 그리고 다홍치마였다. 그러나 복색과 장식은 시기마다 달리하기도 했다. 선조 34년에는 집에서 입는 평상복으로 하고 절대 사치를 부리지 말도록 했다. 효정왕후 간택 때에는 비단류를 사용하지 말

「신부 가마」, 김준근, 조선 말기.

왕실에서 이동할 때 탔던 사인교.

고, 족두리에 강계髻䯻(새앙 상투)는 넓은 당지唐只(댕기)를 쓰며, 당의 혹은
견마기는 연두색을 사용하고, 치마는 남색으로 정해 거의 통일했다. 철인
왕후 간택 때에는 주저紬苧를 사용하도록 했다. 고종 때에는 명주와 고운
모시를 넘지 말라고 했으며, 또 초간택에는 분만 바르고 성적成赤은 하지
말라고도 했다. 성적은 연지 찍는 것을 말한다. 성적을 하면 얼굴빛과 윤
곽을 잘 파악할 수 없어 이런 조치를 했을 것으로 보인다.

　궐문은 지정된 문을 이용했다. 초간택 장소는 국왕이 당시 머물고 있는
시어소時御所의 한 전각으로 결정되었으므로 당연히 그 궁궐의 문을 이용
할 터였다. 그 문은 정문이 아니라 요금문과 같은 소문小門이었다. 소문을
이용한 것은 신분 간의 차별 때문이다. 순조 2년에 처녀들의 출입문이 논
란거리가 된 적이 있는데, 처음에 외문로外門路는 요금문, 내문로는 신우
문으로 하라는 대왕대비의 하교가 있었다. 이에 대해 조신들이 문제점을
지적하고 나섰다. 요금문에서 신우문을 거치면, 진선문과 숙장문을 경유

해야 하는데, 이는 조신들의 출입로라는 것이었다. 삼간택 뒤 비씨가 별궁으로 갈 때에는 사체가 자별하여 이 길을 경유하는 것이 마땅하지만, 간택에 참석하는 처녀들에게까지 조신들의 통행로를 허용할 수는 없다는 것이었다. 그러면서 그들은 그전처럼 통화문에서 건양문, 단양문, 신우문을 문로로 정할 것을 건의했다. 왕실에서는 조신들의 이의 제기를 받아들여 처음의 결정을 조정함으로써, 외문로는 통화문, 내문로는 숭덕문으로 정해졌다.

처녀들이 입궐하여 궁문 턱을 넘을 때에는 특이한 풍속이 행해졌다. 가마에서 내려 걸어 들어가는데, 미리 준비한 솥뚜껑의 꼭지를 밟고 넘어갔다는 것이다. 언제부터 이런 풍속이 생겼는지 모르겠지만, 민간 풍속이 왕실 가례에까지 퍼진 것으로 보인다. 이 풍속은 여성과 부엌의 관계를 나타내는 것으로, 부엌신인 조왕신에게 미리 부엌을 출입할 자신을 굽어살펴주기를 기원하는 마음을 담았다. 초간택으로 선보러 오는 자리이며 시집오기 전이기는 하나, 간택되기를 바라는 처녀들의 간절한 소망을 이렇게 구중궁궐 안으로 실어 보냈다.

간택인의 입궐 때 이들을 점검하고 통제하는 일은 궁궐의 파수와 국혼의 중요성에 비추어 철저하게 수행되어야 했다. 사안이 그 어느 때보다 무거운지라 예조판서와 한성판윤이 직접 나와서 지휘했다. 시복時服 차림으로 수문장청에 머무르면서 입궐하는 처자들을 별단 명단과 일일이 대조하면서 점검하고, 다 입궐했으면 물러나 초간택에는 결속색結束色, 재간택에는 승정원, 삼간택에는 빈청으로 가서 대기했다. 빈청 대기는 관례대로 왕의 명초命招에 의한 것이었다. 그들의 퇴궐 시간은 간택 전교가 내려진 후였다.

창덕궁 요금문.

그런데 간혹 정해진 시각에 도착하지 못하는 처녀들이 있었다. 이때에
는 이를 제대로 검칙하지 못한 잘못에 대한 책임을 물어 한성부의 담당 관
원을 추고하기도 했다. 또 간택단자를 제출한 뒤에도 처녀들은 더러 질병
과 상중임을 이유로 들어 여전히 간택 참석을 기피하는 경향이 있었다. 참
석이 곤란한 사유를 가진 처녀들에 대해서는 국왕에게 보고하여 어떻게
처리할 것인지 하교를 기다렸다. 국왕은 참석치 말라고 명하기도 하고, 칭
병의 경우에 초간택을 면제하고 재간택에 참석할 수 있도록 주선하기도
했다. 인원왕후 가례 때에는 재간택을 앞두고서 코피가 나는 증세를 보인
처녀와 행역行役 후 부스럼과 인후통을 앓는 처녀에 대해, 병세를 알아보
기 위해 의녀醫女를 파견하여 진단하게 하기도 했다. 이것이 사실로 드러났
기에 망정이지 허위였다면 그에 상응하는 과죄가 있었을 것이다.

헌종의 원비 효현왕후를 간택할 당시에는 대왕대비가 한 말 중에 "칭병하는 일이 이처럼 많은데 사체가 만만 미안하다. 재간택 때 모두 입참하라는 일로 다시 엄히 신칙하라"고 한 바 있다. 칭병을 곧이곧대로 듣질 않고 간택에서 빠지려는 핑계임을 간파했던 것이다. 칭병이 거짓으로 드러난 자는 후일의 폐단을 고려하여 그 가장을 종중추고했다. 그 외에 지방관인 부친의 임소에서 거주하다가 간택 기일에 맞춰 상경하는 도중에 병이 났다는 사유도 회피 방법으로 곧잘 이용되었다.

왕실에서는 입궐한 간택인 처녀들에 대한 예우를 깍듯이 했다. 간택 장소에 도착한 처녀들은 인근에서 다담상茶啖床으로 대접을 받았다. 선보이기를 끝낸 처녀들은 점심 진지상으로 각자 독상을 받기도 했는데, 국수장국을 주식으로 신선로와 김치, 화채 등을 대령했다. 고종 19년 왕세자 가례 때의 궁중긘기를 보면, '처자處子 26상床'이라 했다. 이는 다담상과 진지상으로 나뉘어 있는데, 진지상에는 온갖 반찬과 실과를 다 괴었다. 전례를 깨뜨리고 풍성하게 상차림을 했던 것으로 보인다.

선보이기 장소는 중희당, 희정당, 자경전과 같은 전각이었다. 내부 구조는 중앙에 방이 있고 사방으로 조금 낮게 마루로 통로를 만들어서 많은 간택인 처녀가 이 마루에 다 설 수 없는 전각이라면 방의 문짝을 떼어내고 임시로 마루의 폭을 넓혔다. 이를 '보계補階'라고 한다. 처녀들이 줄지어 서 있어야 할 자리였다. 그 앞에는 발이 쳐져 있었다. 발 안에는 왕실의 최고 어른인 대비를 비롯해 가족과 종친, 외척들이 방에 앉았고 궁녀들이 대청 한켠을 차지했다. 처녀들은 전각에 들어서자마자 곡배曲拜로 큰절을 올리고 제자리로 가서 섰다. 대비 이하는 발 너머로 처녀들의 요모조모를 살피는 한편, 한두 가지 궁금한 점을 묻기도 했다.

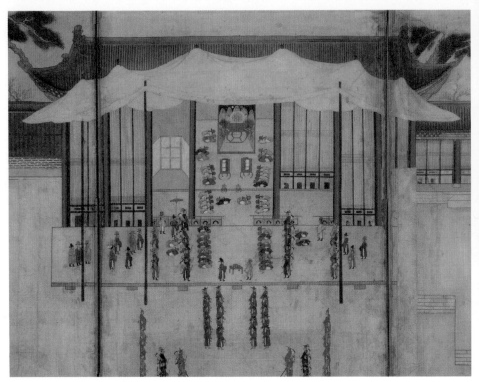

「을사친정계병」, 비단에 채색, 각 폭 118.0×47.8cm, 1785, 국립중앙박물관. 창덕궁 중희당은 간택 처녀 선보이기나 관리 후보자의 인사 장소 등 각종 궁중 행사의 주요 무대가 되었다.

단종의 비 간택 때의 풍경을 잠깐 살펴보자. 당시에는 대신들도 참석했다. 첫 간택에는 수양대군과 한확, 김조, 박팽년 등이 참석했다. 이틀 후의 간택에는 전날에 낙랑부대부인과 빈, 효령부인, 공주, 봉보부인 등이 내전으로 들인 처녀들을 먼저 만나보고, 내문 밖으로 내보낸 처녀들을 수양대군과 효령대군, 좌의정, 우의정이 접견했다. 이 자리에는 의논을 결정하고자 하는 뜻에서 찬성과 판서, 참판, 승지도 들어와 있었다. 그러나 내외의 의견이 대립하여 결정할 수 없었다고 한다. 이틀 후에 또 간택하는 자리가 마련되었다. 종친과 대신, 빈 등이 참석해서 직접 보고 의논을 거쳤다. 그리하여 비로소 3명으로 압축되었다. 이들 중에서 송현수의 딸을 비로 삼고, 김사우와 권완의 딸은 잉滕으로 삼을 것을 건의하여 그대로 확정되었다. 그러나 후기로 갈수록 점차 대신들의 참석을 배제시키고 낙점 결과를 통보하여 동의를 구하는 형식으로 변모되었다.

간택이 끝나면 처녀들은 온 길로 해서 집으로 돌아갔다. 왕비 간택은 한 왕대에 한두 번 있을까 말까 한 일대 경사이므로 궁중은 잔칫날과 같았다. 종친과 외척, 외빈까지 참석한 자리에는 음식상을 넉넉하게 차려놓았다. 그리고 간택에 참석한 처녀들에게는 푸짐한 선물을 주어서 보냈다. 간택 처녀들은 왕실의 특별한 손님이었다. 빈객에 대한 예우와 대접이 철저했던 당시 이들 손님에 대한 예수禮需는 자별했다. 게다가 왕실에서는 반강제에 의한 참석에다 비용 손실까지 겹쳐 처녀 집안의 불만이 이만저만이 아니었을 것이라는 점에 유의했을 것이다. 게다가 "재산즉민취財散則民聚"라 하여 재물을 나누어주면 백성이 모인다는 관념에 충실했으니, 왕실에서는 재물로 백성의 환심을 사서 손해 볼 것이 없었다. 그리하여 왕실에서는 후한 대접과 선물로 손실을 보상하고 인사치레를 하는 한편, 왕실의 관대함을 표시하고자 했다. 고종 15년에 왕세자빈의 초간택에 들었던 홍우석 가에 보낸 품목단자를 보면, 설면자(솜)와 단목丹木(홍색 계통의 식물성 염료) 각 15근, 전도剪刀(가위)와 인도引刀(인두) 각 하나 그리고 삼작투호三作投壺 1건이었다.

낙점자는 간택 때마다 바로 정해져 그날로 간택 전교를 내렸다. 이미 내정된 처자가 있어 형식적인 절차로 흐르는 경우가 많았지만, 그렇다고 간택 과정을 축소하거나 임의로 변경하지 않았다. 간택은 가례 중 일부였기에 이 예법을 엄격히 지키는 것이 도리였다. 간택 절차가 끝난 뒤라도 허혼 조건에 드는 처녀가 발견되면 즉시 발거했다. 영조 35년의 가례 때, 초간

	초간택	재간택	삼간택
인현왕후	17	3(2)	3
인원왕후	30(4)	4(2)	3
정순왕후	22	5	3
효정왕후	19	5	3
철인왕후	23	5	3
명성황후	?	5	1

＊ 재간택의 ( )는 여러 사정으로 초간택에 불참하고 재간택에 처음 참석한 처녀의 수

택에 참석한 바 있는 처녀의 부친 어석주 생가의 서매가 흥역의 첩이라는 사실이 발각되어 발거된 예가 있다.

초간택에서 선발되는 처녀의 숫자는 보통 5명 내외였다. 재간택에서는 3명 내외가 선발되어 최종 후보로 오르게 되어 있었다.

위의 표를 보면, 초간택 참여자는 보통 20명 내외였다. 인원왕후 간택 때만 그보다 많은 34명이었다. 이 당시에는 초간택이 끝나고 나서 다시 4명에 대한 간택을 추가로 거행했다. 참석 가능 여부를 확정한 뒤인데도 두역(천연두)을 앓거나 모친상을 당하고, 출발하기는 했으나 병이 났다는 등 질병 혹은 상중을 핑계로 참석을 피하려는 지방 처녀들이 있었다. 이렇듯 여러 연유로 참석하지 못할 사정에 처해 탈이 난 처녀의 명단을 유탈질有頉秩

대삼작노리개, 길이 41.0cm, 19세기, 국립민속박물관.

이라 하는데, 이들을 제외한 초간택 참석 가능자 31명은 대부분 서울 처녀들이었다. 그중에서 또 한 명이 초간택 직전에 병이 나 참석하지 못했다. 지방에서 뒤늦게 단자를 올린 처녀는 유탈질과 함께 재간택에 참여할 기회를 부여했다.

간택에서 탈락한 처자는 혼인을 허락했다. 금혼령이 내려진 이래 단자를 제출한 여성은 여전히 금혼 대상이었으므로 탈락과 동시에 이를 해제하는 허혼령을 내린 것이다. 그런데 항간에서는 이에 대해 상당한 오해가 빚어지고 있다. 간택에 참가한 처녀들은 궁녀처럼 '왕의 여자'가 된 게 아니냐는 것이다. 간택에서 탈락되었다고 하더라도 평생토록 수절해야 한다는 지나친 억측이 어디에서 비롯되었는지 모르겠다. 이는 하등 근거 없는 낭설이다.

초간택에서는 숙종 이후로 5명을 선발하는 것이 보통이었다. 이렇게 선발된 처녀들은 재간택 기일 전에 반드시 보고해야 하는 사항이 하나 있었는데, 그것은 두역痘疫을 앓았는지의 여부였다. 인원왕후 간택 때에는 초간택 당일에 통과자 5명의 두역 병력 여부를 조사해 보고하라는 명이 내려졌다. 이튿날 보고한 조사 결과는 4명은 이미 앓은 적이 있으나 나머지 1명은 앓지 않았다는 것이다. 이에 두역을 앓지 않은 1명은 최종 선발 명단에서 제외되었다. 이때에는 초간택에 여러 사정으로 참석하지 못한 처녀 4명이 있었다. 그런데 왕실에서는 관행을 무시하고 재간택 전에 입궐하게 하여 간택하는 이례적인 모습을 보였다. 그렇게 하여 최종 선발된 처녀는 순안 현령 김주신의 딸이었다. 그녀도 바로 두역의 병력 여부를 즉시 조사하도록 했지만, 병력이 없다는 보고가 들어왔다. 그러니까 꼭 두역을 앓지 않았다고 해서 탈락 대상인 것은 아니었다. 이는 한낱 구실에

불과했고, 김주신의 딸에 대한 사전 내락이나 모종의 합의가 있었기 때문이 아닌가 생각한다.

두역은 마마 혹은 두창이라고도 불리는 전염병이다. 서양뿐 아니라 17세기 조선에서도 극성하여 많은 사람의 목숨을 앗아간 무시무시한 병이다. 두역의 전염은 왕실이라고 해서 비켜가지 않았다. 현종 연간에 숙녕옹주, 숙안공주와 그녀의 두 아들이 이 병을 앓았다. 숙경공주는 결국 죽음에 이르기까지 했다. 명선공주도 전염되어 현종이 경덕궁으로 피접하는 상황이 벌어지기도 했다. 이 전염병은 잠시 사그라지는 듯하다가 다시 성행하곤 하여, 숙종 연간에도 여러 차례 사회를 큰 혼란에 빠뜨렸다. 심지어

무속에서 모시는 홍역신紅疫神인 호구아씨를 그린 그림, 국립민속박물관.

숙종의 원비 인경왕후는 1680년 10월에 천연두 증세를 보인 지 8일 만에 승하했다.

이 두역으로 왕비와 자손들을 잃는 뼈아픈 경험을 한 왕실에서는 그에 대한 공포와 두려움을 몸소 느끼고 있었다. 전염병이 돌면 궁궐의 출입이 엄격히 통제되고 일상의 모든 생활과 국정 운영조차 커다란 불편을 감수해야 했다. 그리하여 왕비 간택뿐 아니라, 세자빈이나 부마·부인의 간택에 있어서도 초간택 이후 조사하여 확인하는 과정을 거쳤다.

삼간택에 든 3명의 처녀에 대해서는 왕실에서 특별대우를 한 것으로 보인다. 왕비 간택에는 그 기록이 없어 알기 어려우나, 세손빈 간택 사례를 통해 그 정황을 추정해볼 수 있다. 장차 정조가 될 세손의 빈을 간택할 때 삼간택에 든 처자의 호위에 철저했다는 사실이다. 본가에는 분강서원 2원, 분위종사 2원, 분도총부와 분병조 낭청 2원이 돌아가면서 입직하고, 무겸 2원과 내금위 10원이 배위陪衛했다. 왕래할 때에는 강서원 1원과 위종사 1원, 오장차비 그리고 귀유치歸遊赤 각 10인이 5인씩 좌우로 나뉘고, 병조와 도총부 낭청 각 1원, 무겸 2원, 내금위 10원, 전후패군 100명으로 배위했다. 간택을 마친 뒤 돌아갈 때에는 내전에서 제공하는 육인교를 이용했다.

삼간택에서의 최종 낙점은 묘선妙選이라 했다. 오묘한 선택이라니! 국왕은 삼간택이 거행되는 시간에 시원임 대신과 예조 당상을 불러 빈청에서 대기하도록 했다. 시원임 대신은 전·현직 최고위 관료들이다. 예조판서와 한성부 판윤은 앞서 언급했듯이, 처자의 입궐 상황을 점검한 뒤 이미 빈청에 와 있었다. 국왕은 삼간택이 끝나자마자 최종 낙점된 신부를 빈청에 통보했다. 그러면 영중추부사 이하는 "엎드려 전교를 받들건대, 진실로 신명과 인간이 바라는 바에 맞으니 이에 종묘사직과 신민의 무강한 복입니다. 신 등은 기뻐하며 축하하는 지극함을 이기지 못하겠습니다"라고 하며 왕비의 최종 선택에 동의하는 한편, 이를 축하하는 말로 아뢰었다. 신명과 인간이 바라는 바에 맞는 왕비는 신의 뜻과 인간의 이상에 부합하는 존재일 것이다. 그러한 존재에 대한 국왕과 신민의 합의된 선택이 오묘한 듯하여 묘선이라 한 것으로 보인다. 국왕은 비씨 낙점에 이르기까지 수고를 아끼지 않은 한성부 판윤과 가례도감 도제조 이하에게 음식을 내려 위로했다.

왕비는 일국의 국모이자 정치의 중심에 설 수 있는 권력자였다. 그 선택에 대신들의 동의를 얻는 형식적인 절차는 정치적인 안정을 담보하는 한편, 예비 국모에 대한 지지와 충성을 다짐받는 일이었다. 이러한 결과를 얻기까지의 과정에서 여러 사유를 들어가면서 국혼 참여를 거부하는 사회 현상이 늘 반복되었지만, 왕실에서는 간택 참가자들에 대한 예우와 배려에 세심함을 보였다. 양반가의 불만 및 반감을 줄이면서 왕실의 위세와 관대함을 보여줌으로써, 정치사회적인 이해관계의 대립에도 불구하고 양 세력은 가례의 명분에 보조를 같이하여 공동 이익을 추구하고자 노력했던 것이 당시 사회의 특징이었다.

달기와 포사 같은 여인을 멀리해야

처녀단자의 주요 기재 사항 중 하나는 처녀의 생년월일시로서 사주였다. 이것으로 처녀의 명운과 궁합을 점쳤을 가능성이 높다. 실제로 중종은 동왕 10년 11월에 왕비 후보자인 처녀 네 명의 팔자를 명과학命課學에 명을 내려 점치게 했다. 그 네 명은 손준, 김총, 윤지임, 윤금손의 딸이었다.

중종은 장경왕후 윤씨 사후 2년이 지나서 왕비의 간택령을 내렸다. 최종적으로 이조판서를 지낸 윤금손의 딸과 윤지임의 딸이 후보로 올랐다. 이때 장경왕후의 오라버니인 윤임의 적극 추천으로 윤지임의 딸이 간택되었다. 그가 곧 문정왕후 윤씨다. 이때의 최종 간택에 팔자가 어느 정도 영향을 미쳤는지는 알 수 없다. 애초에 중종은 윤금손의 딸로 마음을 정하고 있었다. 『연려실기술』에는 유명한 점쟁이와 윤지임의 일화가 보인다. 윤지임이 찾아올 것을 예측한 점쟁이가 그의 딸이 국모가 될 것이라고 점쳤다고 한다. 그런데 영조는 그의 어느 글에서 중종이 장경왕후를 사랑하여 그 친족에서 간택했다고 했다. 사주궁합이 아니라 사랑 때문에 혼인했다는 것이다. 정말 사랑으로 인함이었는지 아니면 팔자 혹은 정치적 힘에 의해 좌우되었는지는 불분명하지만, 어쨌든 문정왕후가 낳은 적자는 10개월 만에 승하한 인종의 뒤를 이어 왕위에 올랐다. 형제 계승이 종법에 어긋나는 일이긴 하나 적자에 의해 왕위를 무난히 이어갔으니, 중종과 왕실의 왕비 간택은 그나마 성공적이었다고 하겠다.

선조 10년의 간택 때에는 다음과 같은 일이 있었다. 당시 궁중 안에는 조종조로부터 금성金姓은 목성木姓에 해롭다는 소문이 떠돌았다. 그리하여 여자를 가릴 때에는 언제나 김성을 제외했다. 그런데 공교롭게도 선조가 임금이 되어 맞아들인 3빈嬪 곧 공빈과 인빈, 순빈이 모두 김씨였다. 게다가 역시 김씨인 제남의 딸 인목왕후가 중전의 자리를 잇게 되었다. 그러자 식자들은 이것이 불길하지 않을까 의심했다. 목성은 곧 나무목 변이 들어간 이씨의 왕성王姓을 가리킨다. 오행에서 금과 목의 관계는 쇠가 나무를 쳐내는 상극이므로 이를 금극목金剋木이라 하여 불길한 상으로 보았다. 그런데 이러한 관념을 선조가 과감히 깨뜨려버렸다. 그 이후에 역성易姓이나 시해 등의 괴변이 일어나지 않았으니, 그것은 한갓 소문에 지나지 않았다. 그 진원은 오행사상이 시대의 기풍을 이루어 논리화되어서 나온 것이 아니라, 내부 정치 갈등의 여파로 보인다. 그렇다고 할진대 김씨 처녀들만 간택되었다는 사실은 참으로 기이하다고 하지 않을 수 없다.

당시 중전의 간택 조건으로는 덕행과 문벌, 가훈(가법)을 내세웠다. 가법은 훗날 외척의 우환을 막기 위해서라도 고려해야 할 사항이었다. 중종 10년에 왕비를 맞아들이는 일로 논의가 벌어졌다. 그때 강조된 것이 송나라 시기 범조우范祖禹가 영종의 선인황후에게 한 말이었다. 곧 "후를 맞아들이는 것은 국가의 대사이고 만세의 근본이니, 복조福祚가 여기에 달려 있고 교화가 여기서 진전하며 예로부터 성왕聖王이 중시했는데, 첫째는 족성族姓이고, 둘째는 여덕女德이며, 셋째는 융례隆禮이고, 넷째는 박의博議다"라고 한 것이다. 여기서 족성은 문벌이 있는 가문을 말하며, 여덕은 부녀자의 덕성이다. 융례는 가례가 융숭한 예이기 때문에 신중해야 한다는 것이며, 박의는 널리 의논하여 가장 적합하다고 판단되는 여성을 맞아들여야 한다는 것이다.

문벌 가문의 자손은 옛 성인의 자손이나, 공이 있고 어진 이의 후예다. 이들이어야 복록이 성대하고 자손이 번창한다는 것이다. 여자의 덕성은 중국의 하·은·주 삼대에 하나라의 도산塗山, 은나라의 유융有娀, 주나라를 건국한 문왕과 그의 아들 무왕의 부인인 태사와 읍강邑姜 같은 현숙한 후비后妃를 귀감으로 삼았다. 그와 반대로 나라를 망치게 한 요사스런 여자로 하나라의 말희妹喜, 은나라의 달기妲己, 주나라의 포사褒姒 등을 들어 배척했다. 천하의 어머니로 위의威儀를 갖추어 내외명부를 바르게 하고자 한다면, 이런 요녀를 경계하고 정숙하고 아름다운 숙녀를 간택해야 한다는 것이다. 또 규방 안에서 생활해온 규수閨秀의 덕은 겉으로 잘 드러나지 않기 때문에 반드시 문벌을 보고, 조祖·부父를 보며, 그 가풍을 살피고, 여러 가지를 참작해야 알 수 있다는 것이다. 한편으로는 외척의 횡행을 우려해 이를 미연에 방지하고자 하는 목적도 있었다.

은나라의 달기妲己를 비롯한 요사스런 여자로 지목된 이들은 역사를 따라 내려오면서 누누이 사람들 입에 올랐다. 1917년 광동서국에서 펴낸 이종정의 소설 『소달기전』.

또 융숭한 예라는 것은 신분상의 존비귀천으로로 인한 차별 없이 동등하게 베풀어야 하는 예를 말한다. 구체적으로는 국왕과 왕비의 관계가 마치 하늘과 땅, 해와 달, 양陽과 음陰으로 비유되어, 임금은 왕비를 맞이하는 친영례를 거행해야 한다는 것과 같은 예법을 들 수 있다. 관례와 혼례는 사대부의 예만 있어 국왕도 이를 예로 삼도록 했으니, 사람의 부부관계는 천자부터 그 이하로 다 같아서 임금이라도 배우자 없이 홀로 존귀할 수 없어 이 예를 숭상하지 않을 수 없는 것이다. 박의는 임금이 사해四海를 집으로 삼기 때문에, 안팎의 어느 일이든 집안일이 아닌 것이 없고 대신들이 그것을 미리 알아서는 안 될 이치가 없어 그들과 논의해야 한다는 것이다. 하물며 왕비를 세워 나라의 어머니로 삼는 일에 있어서이겠는가. 만일 임금의 뜻이 정해지고 많은 사람에게 널리 의논하여 의견이 같다고 한다면, 점을 쳐도 그 괘로 나올 것이고 귀신도 이를 좇아 하늘과 사람의 생각도 같아지는 결과를 낳으리라는 기대를 담고 있다.

이러한 왕비 후보의 조건은 당시의 공통된 인식이었다. 율곡 이이도 용모와 자태, 옷맵시로 등급을 정하거나 앞날의 길흉을 미루어 점치는 것을 급선무로 삼지 말고, 먼저 그 부모가 어진가의 여부를 보아서 가법家法을 살피고, 그다음에 그 여인의 위의가 법도에 맞는가를 보아서 여덕女德을 살피며, 또한 대신에게 물어 반드시 여러 사람의 마음에 흡족한 뒤에 비

「송시열 초상 밑그림」, 광산 김씨 인일정 후손가 기탁, 1824년경, 한국학중앙연구원 장서각.

로소 결정해야 할 것이라 했다. 우암 송시열도 숙종에게 가세家世와 덕용德
容을 추구하고 용모와 자태는 취하지 말라고 충고했다. 송시열의 이 말은
당시 간택의 세태를 염두에 두고 한 것으로 여겨진다. 영조 때의 기록을
보면, 당시의 간택이 비루하고 불경하다고 했다. 단지 용모가 예쁜지 추한
지를 따지고, 말씨가 조용하고 우아한 여자를 선호한다는 것이다. 이에
대해 '어색지기漁色之譏'라 하여 여색을 탐하는 풍조를 기록했으니, 어부가
물고기를 탐내 마구 낚아올리는 것에 비유했다.

  율곡이나 우암 등의 이러한 견해는 왕비의 이상적인 여성상을 언급한
것이므로 현실적이지 못한 게 사실이다. 아무리 왕비가 정치적인 존재라
하더라도 남성인 국왕 입장에서는 이성의 눈으로 바라볼 수도 있다. 이성
에 대한 감정과 욕구를 감추고 가치 기준으로만 판단하여 결정하라는 것
은 유교의 도그마다. 『증보산림경제』에서는 좋은 부인상에 대하여 다음
과 같이 설명하고 있다.

부인은 안색이 화려할 필요가 없다. 나이가 어린데 가슴이 생기는 것은 대
개 살이 쪄서다. 만약에 가는 머리카락과 눈동자가 흑백이 분명하고, 몸이
유연하며, 뼈가 부드럽고, 피부가 고우며 윤기가 나고, 말투와 목소리가 조
화로우며, 사지 골절이 모두 발의 살과 같고, 뼈가 크지 않으면 좋다.

부인의 좋은 상은 얼굴에 화색이 돌고, 머릿결이 검고 가늘며 매끄럽고,
눈은 길고 흑백이 분명하며, 정신 상태가 나쁘지 않고, 인중이 바르고 균
형이 잡혀 있으며, 입술이 붉고, 치아가 희며, 광대뼈가 품위 있고, 뺨이
통통한 사람이다. 또 몸이 유연하고, 뼈가 부드럽고 크지 않으며, 피부가

희고 매끄러우며, 말하는 목소리가 조화롭고, 성품과 행동이 유순하면 남자에게 이익이 된다.

위에서 말하는 이러한 조건들은 미인의 기준이다. 예나 지금이나 남성이라면 대개 이런 외모를 선호할 것이다. 성적 호기심에서 자유로울 수 없는 국왕 입장에서도 처녀 간택을 어머니인 대비에게 전적으로 맡기기란 미쁘지 못했을 것이다. 그리하여 그동안의 관례를 무시하고 인조는 자신이 직접 간택하고자 했다. 대비가 없을 때에는 일을 아는 궁인으로 하여금 대신하게 하기도 했지만, 그 중대성을 감안하여 국왕이 직접 보려고 한 것이다.

국왕이 직접 간택에 참여한 또 다른 예로는 영조를 들 수 있다. 정순왕후를 간택할 때의 일화가 흥미롭다. 영조는 먼저 처녀들에게 세상에서 가장 깊은 것이 무엇인지를 물었다. 다른 처녀들은 산이 깊다거나 물이 깊다고 했지만, 정순왕후는 인심이 가장 깊다고 답했다고 한다. 영조가 또 가장 아름다운 꽃이 무엇이냐고 질문하자, 목화라 답하고는 그 이유를, 목화는 비록 멋과 향기가 빼어나지 않으나 실을 짜 백성을 따뜻하게 해주는 꽃이니 가장 아름다운 것이라 했다 한다. 백성을 위하는 갸륵한 마음씨에 국모로서 손색없는 자질을 갖추었다고 보고 선택했다는 것인가?

국왕의 혼인에서 그 대상을 양반 사대부 신분으로 제한하고 세 번에 걸친 간택과정을 거치는 것은 종법에 의한 가족관계의 유지에 있어서 가장 중요한 측면이 부계 혈연의 유지와 혈통의 순수성을 보장하는 데 있었기 때문이다. 또한 왕비의 가풍이 왕실과 사회의 기풍 형성에 영향을 미칠 수도 있었다. 왕가 혈통의 순수성 유지는 새로운 가족의 일원으로 편입되는

여성이 도덕적으로 순정하며 사회적으로 그 가문의 지위와 명망이 높은
데 달려 있었던 것이다.

서인의 '물실국혼勿失國婚' 목표는 달성되었는가

인조반정 이후에 서인계 공신들은 회맹 자리에서 '국혼을 잃지 말자'는
정치적 목표를 결의했다. 정치권력을 잃지 않고 영원히 장악해 야망을 실
현하고자 한 이 목표는 과연 달성되었는가?

다음의 표를 보면, 인조 이래 왕비를 배출한 가문은 청주 한씨, 양주 조
씨, 덕수 장씨, 청풍 김씨, 광산 김씨, 여흥 민씨, 경주 김씨, 청송 심씨, 함
종 어씨, 달성 서씨, 풍양 조씨, 풍산 홍씨, 안동 김씨, 남양 홍씨 14개 가
문이다. 왕비의 아버지가 속한 이들 가문의 계파와 당색을 따지자면 대부
분 서인이다. 따라서 인조 이래의 왕비는 대체로 서인 가문에서 배출되었
으니 서인의 '물실국혼'의 목표는 달성된 셈이라 할 수 있다. 이를 위해 서
인 세력은 왕세자나 국왕의 가례가 있을 때마다 배후에서 국왕과의 타협
과 각 정치 세력끼리의 절충을 모색하고 이를 실현시켰다는 말이 된다. 과
연 그랬을까?

역대 국왕 중에서 진종과 장조·문조는 추존된 왕들이다. 그들은 왕세
자로 책봉되어 왕위 계승권을 보유한 국본으로서의 지위에 있었으므로 서
인들은 이들과의 통혼에 있어서도 각별한 관심을 가지고 있었을 것이다.
반면 인조의 인열왕후는 능양군 시절에, 효종의 인선왕후는 봉림대군 시

〈표 3〉 조선 후기 왕비 가문의 당색

국왕명	왕후명	생몰년	가례 연도	본관	부친	당색	비고
인조	인열왕후	1594~1635	1610년(광해 2)	청주	韓浚謙	노론	청성현부인으로 책봉
	장렬왕후	1624~1688	1638년(인조 16)	양주	趙昌遠	노·소	
효종	인선왕후	1618~1674	1631년(인조 9)	덕수	張維	서인	풍안부부인으로 책봉
현종	명성왕후	1642~1683	1651년(효종 2)	청풍	金佑明	서인	
숙종	인경왕후	1661~1680	1671년(현종 12)	광산	金萬基	서인	
	인현왕후	1667~1701	1681년(숙종 7)	여흥	閔維重	서인	
	인원왕후	1687~1757	1702년(숙종 28)	경주	金柱臣	소론	
경종	단의왕후	1686~1718	1696년(숙종 22)	청송	沈浩	소론	
	선의왕후	1705~1730	1718년(숙종 44)	함종	魚有龜	노론	
영조	정성왕후	1692~1757	1704년(숙종 30)	달성	徐宗悌	노론	달성군부인으로 책봉
	정순왕후	1745~1805	1759년(영조 35)	경주	金漢耇	노론	
진종	효순왕후	1715~1751	1727년(영조 3)	풍양	趙文命	소론	
장조	현경왕후	1735~1815	1744년(영조 20)	풍산	洪鳳漢	노론	
정조	효의왕후	1753~1821	1762년(영조 38)	청풍	金時默	노론	
순조	순원왕후	1789~1857	1802년(순조 2)	안동	金祖淳	노론	
문조	신정왕후	1808~1890	1819년(순조 19)	풍양	趙萬永	노론	
헌종	효현왕후	1828~1843	1837년(헌종 3)	안동	金祖根	노론	
	효정왕후	1831~1903	1844년(헌종 10)	남양	洪在龍	노론	
철종	철인왕후	1837~1878	1851년(철종 2)	안동	金文根	노론	
고종	명성황후	1851~1895	1866년(고종 3)	여흥	閔致祿	노론	

절에, 영조의 정성왕후는 연잉군 시절에 맞이했으므로 왕위 계승권 밖에 머물러 있던 그들 혼례의 정치적 의미는 상대적으로 약할 수밖에 없었다.

따라서 간택 참여는 정치권의 이해관계 측면에서 보면, 권세가의 권력

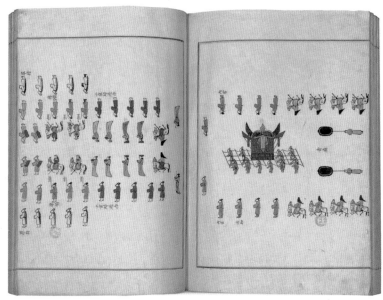

『숙종인경왕후가례도감의궤』, 50.1×38.3cm, 1671, 국립중앙박물관. 현종 12년 숙종이 왕세자 때 세자빈을 맞이한 과정을 기록한 것인데, 당시 삼간택 끝에 노론에 속하는 광산 김씨 김만기의 딸로 결정되었다.

쟁탈의 장으로 활용될 수 있었다. 인조가 인열왕후 사후 재취를 거부한 것도 그 위험을 간과할 수 없었기 때문일 것이다. 그리하여 그는 국가에서 계비繼妃는 예로부터 해독이 있으나 유익함은 없다고 했다. 해독이 있는 일을 행하여 자손과 신민들에게 폐해를 끼칠까 우려한다는 것이었다. 약 2년 뒤에 장렬왕후와 가례를 올리기는 했으나, 인조의 이러한 언급은 국왕의 가례가 정치적으로 매우 민감한 사안이었음을 보여준다. 인조가 자애로운 아비로서 생각할 것이라고 한 것을 보면, 아들 다섯을 둔 아비로서 계비의 자식들과 왕위 계승을 놓고 벌어질 수 있는 상쟁을 두려워했던 듯 보인다.

그러나 왕비 간택의 당파성이 이후의 정치적 실리를 반드시 보장하는 것은 아니었다. 당파 내부의 제 세력의 이해관계는 지파와 가문 및 개인의 입장에 따라 상충되거나 일방의 고집일 수도 있어, 당파 노선의 철저한 추종은 간단한 일이 아니었다. 서인 혹은 노론이 권력을 장악한 상황이라 하더라도 왕비의 부친 중에는 그 입장이나 처신에 있어서 당파와 일정한 거리를 두거나 대립하는 사례들을 심심찮게 볼 수 있다. 이러한 경우는 '물실국혼'이 갖는 정치적 목적에 합치된다고 하기 어렵다. 그 대표적인 사례가 명성왕후의 부친인 청풍부원군 김우명이다.

김우명은 서인이기는 하나, 효종 원년의 대동법 확대 시행을 놓고 그의 부친인 김육이 산당山黨 세력인 김집·송준길·송시열 등과 갈등을 빚은 바 있다. 그 이후 효종 9년 부친상을 당했을 때 무덤에 수도隧道를 쓰는 일이 있었다. 그러자 송시열과 민유중 등이 이를 참례僭禮라며 개장改葬을 요구했다. 이 사건으로 산당에 대한 원한이 깊어진 김우명 형제는 현종 즉위년의 기해예송 때 송시열의 기년설에 반대하고 윤선도의 3년설을 지지했으며, 현종 15년의 갑인예송 때에는 서인 관료들을 숙청하는 데 큰 역할을 했다.

서인 계열의 비주류라 할 수 있는 국구로 김주신과 심호, 조문명 등이 있는데, 조문명은 김창협의 문인이지만 소론계에 속하는 인물이다. 그는 영조대 전반 탕평책을 주도하는 가운데 노론과 소론의 중간자 역할을 했을 것으로 보인다. 서인 정통의 '물실국혼'이 몇몇 사례를 통해 볼 때 완전히 성공했다고 하기에는 왕권과 신권의 복잡한 셈법 때문에 고개를 젓게 한다.

그리고 일부 정치 세력이 장악한 권력이 왕권을 능가할 수 없는 왕조 국가의 속성상 왕비 간택의 주체는 국왕이었음을 인정해야 한다. 국왕은 독단과 자의에 의한 선택으로 특정 가문과 통혼할 수 있었다. 그 권리는 누구도 부정하기 힘들었다. 그러나 정치질서의 안정이 곧 왕권과 왕실의 유지 혹은 번영과 직결되는 환경임을 감안할 때, 국왕의 가례에서도 정치 세력과 일정한 합의를 도출해내는 방향이 유리했다. 이러한 합의 정신은 하나의 관례로 자리잡았으니, 삼간택에서의 묘선 사실을 바로 빈청에 통보하여 대신들의 의중을 물었던 것이다.

인현왕후는 세 번의 간택을 모두 통명전에서 거행했다. 삼간택에 오른 처녀는 3명으로, 겸병조판서 민유중, 전승지 최석정, 유학 홍택보의 딸이었다. 숙종은 영의정 김수항 등 정승들을 불러 왕대비가 민유중의 딸로 정했다고 하면서 대신들의 뜻이 어떠한지를 물었다. 인원왕후를 간택할 당시에는 숙종이 대신과 간관들의 반대에 밀려 원치 않은 선택을 한 적이 있었다. 숙종의 뜻이 처음에는 맹만택의 딸에게 있었다. 그때 간관들은 "문벌 이외에 반드시 그 내외 집안의 행실을 가려서 한 점의 허물도 없는 다음에야 바야흐로 자나 깨나 구하는 데 합당하게 될 것입니다. 초간택 가운데서 맹씨의 대대로 전한 문벌과 아름다운 법도는 사람들이 부러워하며 칭송하는 바이나, 다만 그 외가에 허물이 있음은 온 세상이 함께 들은 바입니다"라고 하면서, 외가에 허물이 있는 맹씨의 딸을 재간택 명단에서 빼버릴 것을 요구했다. 대신들도 모두 이에 동조하고 나섰으니, 숙종은 하는 수 없이 이를 허락하고 말았다. 맹씨는 맹만택의 딸이고, 이홍일의 외손녀였다. 이홍일의 집안은 본래 행검行檢이 없어 세상에서 비방받고 있다는 것을 배제 이유의 하나로 제시하기도 했다.

맹만택 처가의 허물이라 함은 숙종 25년에 단종 복위를 축하하면서 경

「무신진찬도」중 통명전 진찬, 비단에 채색, 139.0×384.0cm, 1848, 국립중앙박물관.
인현왕후는 세 번의 간택을 모두 통명전에서 거행했다.

과慶科로 치른 증광별시에서의 부정 시험으로 일어난 사건을 말한다. 기묘과옥己卯科獄이라 하는 이 옥사에서, 맹만택의 처형인 이세정이 답안을 다른 사람에게 대신 작성하도록 하는 차술借述을 하여 집안의 종을 시켜 시험장으로 전해준 사실이 발각되었다. 이 사건으로 인해 장인인 이홍술이 파직되었다. 이홍술은 덕흥대원군의 봉사손이었다. 맹만택은 당시 감시관으로 이세정과 서신을 주고받았다는 혐의로 공초를 받기도 했으나 무혐의로 처분되었다. 언관들이 "이번에는 도덕을 표준으로 삼아 간택을 행하는 것이 매우 중요합니다. 문벌 이외에 반드시 그 내외 집안의 행실을 가려서 한 점의 허물도 없은 다음에야 합당할 것입니다"라고 한 바와 같이, 왕비 간택에 문벌뿐 아니라 도덕성도 표준이 되어야 한다는 명분에 숙종 역시 달리 항변할 여지가 없었다.

그러나 대신과 간관들이 맹씨의 딸을 반대한 이유는 다른 데 있었다. 숙종의 뜻이 맹씨에게 있다는 소문 때문이었다. 숙종과 영조는 왕비에 대해 명문가이기는 하되 아버지가 한미한 자의 딸을 간택하고자 했다. 탕평 실현의 한 선택지로 고려되었으나, 당시 벌열들이 순순히 양보할 리 없었다. 그들은 재간택에 들어가기 전에 이를 문제 삼았으며, 초간택 선발자에 들었던 맹만택의 딸은 결국 재간택 참가자 명단에서 빠지는 비정상의 비열함을 맛보고야 말았다. 신하들의 맹렬한 반대를 무릅쓰고 국왕의 의지를 관철시키는 일조차 쉽지만은 않았던 것이다.

외척으로서 왕실의 안위를 걱정하는 마음과 한 개인의 연주충군戀主忠君의 마음이 중첩되어 국혼을 성사시키는 경우도 있었다. 정조의 비 효의왕후가 그 한 사례가 아닌가 생각된다. 효의왕후는 이미 내정된 인물이었던 듯하다. 『한중록』에서 "김판서 성응 대부인 수연壽筵에 선친이 가셨더

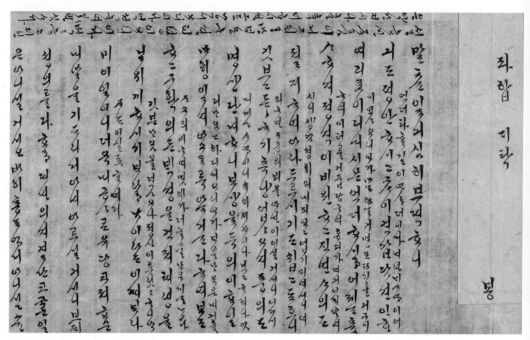

순원왕후가 김홍근에게 보낸 편지, 36.5×23.0cm, 1851, 규장각한국학연구원. 순원왕후는 안동 김씨로 순조 비로 책봉되었다. 아들 효명세자가 일찍 세상을 뜨고 손자 헌종이 즉위하자 7년간 수렴청정을 하면서 외척 세력과 함께 힘을 떨쳤다.

니 중궁전을 아시_{兒時}에 보시고 '비상한 자질이라' 하신 말씀을 들었더니"
라고 했는데, 이 기록은 혜경궁 홍씨의 부친인 홍봉한이 외손자인 정조
의 비 간택에 유력하게 개입했다는 증거로 볼 수 있다. 홍봉한은 혜경궁
의 처녀단자 제출 때 "내가 대대로 녹을 받아온 신하요 딸이 재상의 손녀
인데 어찌 감히 기망하겠는가"라고 한 바 있다. 그의 임금을 향한 흠모와
충정은 지극했던 것으로 보인다. 그런 그가 본 효의왕후의 어린 시절의 모
습은 장차 국모가 될 만한 그릇이었다. 게다가 효의왕후의 부친은 김시묵
이며 김우명의 고손자로서, 일찍이 왕비를 배출해온 청풍 김씨 명문 집안
이었다.

당쟁기의 이러한 정략결혼은 세도정치기에 기승을 부렸다. 순조와 헌

종, 철종으로 이어지는 안동 김씨의 왕비 배출은 그 절정이었다. 수렴청정으로 권세를 장악한 순원왕후가 친정인 안동 김씨 가문에서 왕비를 간택하고자 작정하여 선택한 인물이 헌종의 원비 효현왕후였는데, 그가 6년여 만에 요절하자, 그 자리를 놓고 안동 김씨와 풍양 조씨가 치열하게 다툼을 벌였다. 그런데도 그 자리는 이들 가문으로 돌아가지 않고, 남양 홍씨 재룡의 딸을 간택하는 것으로 귀결되었다. 이렇게 실패를 경험한 안동 김씨는 왕대비인 순원왕후와 결탁했다. 헌종이 후사 없이 승하하자, 순원왕후는 조대비(신정왕후)의 가문이 선수를 치기 전에 먼저 강화도령을 낙점했다.

왕비의 간택에 대해 대신들에게 의향을 묻는 절차는 옛날부터 해오던 관례로서, 조정의 안정에 기여할 수 있는 최소한의 장치였다. 대신들의 반대에 부딪힌다면 정국의 파행은 불 보듯 뻔했기 때문이다. 왕비를 배출한 가문은 국왕의 처가이며, 그 아들이 다음 왕위를 계승했을 때에는 국왕의 외가가 된다. 이때에는 외척으로서 오랫동안 권력과 특권을 유지할 수 있었으니, '물실국혼'의 구호는 국가와 정치의 발전 여부를 떠나 그들만의 당략에 있어서 절반의 성공이었다.

간택 때 처녀들의 선물

간택 때마다 처녀들은 국왕이 내리는 선물을 받아들었다. 경비의 보상 차원이거나 왕실의 후한 인심을 과시하려는 것일 수도 있었다. 또 이를 받아든 처녀들은 대단한 광영으로 몸 둘 바를 몰랐을지도 모른다.

재간택에 참석한 처녀들은 초간택 때보다 더 많은 예물을 받았다. 초간택 참석자들에게는 그들이 입을 복식에 필요한 옷감과 장신구들을 사전에 지급하지 않고, 간택이 끝난 후에 선물을 지급했다. 그 예는 앞서 소개한 홍우석 가의 딸에게 지급한 품목들을 보면 알 수 있다. 간택 전의 예물 지급은 재간택부터 시작했다. 1882년 왕세자 가례 때 재간택에 참석할 처녀들에게 내린 예물을 보면, 초록 도류사桃榴紗 견마기감, 송화색 쌍문사雙紋紗 저고리감 1작, 분홍 화방주花紡紬 재양裁陽 저고리감, 송화색 장원주

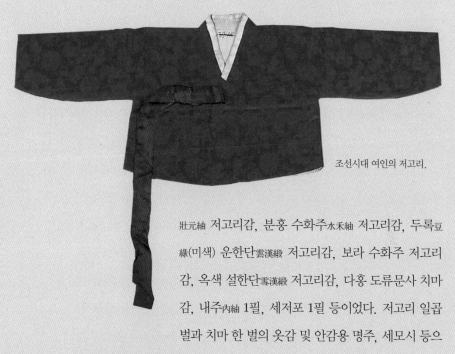

조선시대 여인의 저고리.

壯元紬 저고리감, 분홍 수화주水禾紬 저고리감, 두록豆綠(미색) 운한단雲漢緞 저고리감, 보라 수화주 저고리감, 옥색 설한단雪漢緞 저고리감, 다홍 도류문사 치마감, 내주內紬 1필, 세저포 1필 등이었다. 저고리 일곱 벌과 치마 한 벌의 옷감 및 안감용 명주, 세모시 등으로 구성되어 있다.

재간택 후 내정되어 있는 예비 왕세자빈에게 내린 예물은 훨씬 더 다종다양했다.

꾸민 족도리 대산호수大珊瑚樹, 즈디 능금단기, 밀화불수蜜花佛手 1줄, 진주

신부가 원삼이나 활옷의 혼례복을 입고 족두리나 화관을 쓸 때 쪽진 머리 뒤쪽에 붙여 길게 늘어뜨린 뒷댕기. 청송민속박물관.

옥당眞珠耳瓏(진주귀고리), 옥당돈, 진주 장원반주, 진옥眞玉 부어, 경면 석우황, 주만호부어 1줄, 밀라 부어, 순금세호純金細瑚 반지 1쌍, 산호 반지 1쌍, 남송藍松 별문단別紋緞 당고의(당의), 송화색 별문저우사別紋苧羽紗 소고의(짧은 저고리), 분홍 장원주 소고의, 송화색 별문단 소고의, 분홍 장원주 소고의(부금付金) 1작, 분홍 저포 한삼汗衫(적삼) 2, 다홍 오호로단五胡蘆緞 겹치마 1, 다홍 백복문단百福紋緞 홑치마, 흰 숙갑사 핫 너른 봉디(바지) 1작, 숙갑사 핫 봉디, 서양목西洋木 이의裡衣(단속곳), 흰 모시 자근치마, 무족 치마, 빅근 봉치, 금단錦緞 운혜雲鞋 1부

이 발기(사람이나 물건의 이름을 죽 적어 놓은 글)의 제목은 「임오 동궁 가례시 재간 후 보내오실 빈궁마누라 의대볼긔」다. 삼간택이 끝나 완정하지 않은 상태에서 내정된 처녀를 '빈궁마누라'라 칭하면서 삼간택에 입을 의대衣襨를 제작하여 미리 보낸 것이다. 의대는 왕과 왕비 등이 차려입는 복식으로서 예복인 법복法服과 구별된다. 당의와 저고리·치마 등 의복 외에 노리개와 반지 등 패물이 여러 종 포함되어 있다. 머리에는 칠보족두리를 쓰고, 노리개로는 밀화불수와 진옥·자만호·밀라 등 각종 부어 등이 있다. 진주귀고리, 금가락지와 산호반지 각 한 쌍은 한꺼번에 다 끼기는 힘들었다. 그러나 이러한 패물과 노랑저고리에 겹치마와 홑치마 및 당의, 여러 속옷, 순금반지 등은 당시 대궐에서 가장 화려한 성장盛裝이었다.

패물을 포함하는 예물을 보내는 예가 그 이전에도 관행이었다고 보기는 어렵다. 옷감 위주로 간택인 모두에게 보내주는 것이 일반적이었다. 다만 혜경궁의 예에서 보듯이, 내정된 처녀에게는 삼간택 전에 궁중에서 직접 옷을 지어 보냈다. 『한중록』을 보면, "재간 이튿날 보모상궁과 김가 효

덕孝德이란 내인이 나와 척수를 해가더니 또 삼간에 미쳐서는 다른 내인이 상궁과 같이 나와 다 지은 옷을 가지고 왔는데 그 의복은 정성왕후께서 내리신 의복이니"라고 했다. 의복 종류로는 초록 도류단 당저고리, 송화색 포도문단 당저고리, 보라 도류단 당저고리, 진홍 오호로단 치마, 저주 적삼 등이 있었다.

삼간택에서 탈락한 처녀에게도 당연히 예물을 주어 보냈다. 의친왕의 길례 때 삼간택에 들었던 홍우순 가에 보낸 물품은 도류문단 치마감 1건, 저고리감 10건, 명주 2필, 세목細木 1필, 설면자 15근, 월소月梳 1개, 진소眞梳 10개, 소梳·전도·침척針尺 각 1개, 호초 1되, 단목 1괴, 수저중手著中 1건 등이었다.

어떤 집안에서는 이를 받아 가난한 형제와 친척에게 나눠주어 쓰기도 했다고 하니, 그 수량과 값어치가 적지 않았던 듯하다.

족두리는 여성이 예복에 갖추어 쓰던 관이다. 종이로 만들어진 틀에 구슬과 술이 달려 있고 정면에 '복福' 자가, 뒷면에 '수壽' 자, 측면에는 꽃이 오려 붙여져 있다. 국립민속박물관.

洪祐奭家　壬午

初揀擇時

雪綿子　十五斤

丹木　　十五斤

剪刀　一

引刀　一

三作授壹一件

초간택 품목단자(의친왕 길례 때 초간택에 든 홍우석 가에 보내는 물품의 목록을 기록한 단자다).

洪祐純家　琴　就王吉禮時望慶子

三揀擇時

桃榴紋緞裳次　　一件

赤古里次　　十件

明細　　二疋

細木　　一疋

雪綿子　十五斤

月梳　　一个

真梳　　十个

梳疋　　一个

剪刀　　一个

針尺　　一个

胡椒　　一升

丹木　　一塊

于著火　一件

삼간택 품목단자.

화순옹주 부마 월성위 김한신의
초간택 참가기

초간택 때 간택 처소까지 처녀들이 입궐하는 모습은 자료가 부족해 제대로 그려낼 수 없다. 다행히 화순옹주 부마의 초간택 때의 정경을 기록한 자료가 발견되었는데, 그 내용이 흥미롭다.

이날 사시巳時의 간택 때문에, 한성부에서는 간택인들에게 파루罷漏(오경 삼점五更三點에 큰 쇠북을 서른 세 번 치면 도성에 통행이 가능해졌다)를 기다렸다가 와서 통화문 밖에 모이라고 알렸다. 날이 밝기 전, 한성참군 이보성이 의막依幕을 통화문 밖의 북변에 설치하고, 각 부의 관원들과 함께 앉아서 동몽童蒙의 점검을 서둘렀다. 예조정랑 김몽후는 통화문 안에 있는 수문장청에 들어가 앉아서 역시 검칙했다.

3각 전에, 별감이 와서 간택인을 즉시 들여보내라고 전하니, 각각 유모와 철릭을 입은 하인 한 명씩을 거느리고서 들어오게 하라고 한성부에 분부했다. 예조정랑과 한성부참군은 들어가 명광문 앞에서 좌우로 서로 마주보고 앉았다. 한성부에서는 간택인을 하나하나 호명하여 붓으로 점을 찍고 명광문 안으로 들여보냈다. 한성부에서는 각각 동몽의 이름 아래에 유모와 하인의 이름을 적고서 들여보냈다. 조금 있다가 별감이 또 나와서 한성부와 각 부의 관원 참석자 명단을 재촉해서 받아가지고 들어갔다.

이보다 먼저, 배설방에서는 장막을 춘당대 아래 남변의 길게 이어진 길에 배설했다. 동몽들은 그 안의 좌우에 줄지어 앉아서 각각 과상果床을 받았다. 배와 홍시 한 그릇, 치적雉炙(꿩고기) 한 그릇, 의이죽薏苡粥(율무죽) 한 그릇, 잡탕 한 그릇, 이렇게 네 그릇이었다. 먹기를 마치면, 일제히 영화당의 임금이 앉아 계신 곳으로 가서 뵈었다. 들어갈 때에는 각각 보계補階의 상판 끝에서 곡배曲拜하고 들어갔다.

간택 참가자인 동몽들은 창경궁의 외문인 통화문 앞에 집결하라는 통고에 따라 파루가 지나자마자 모여들었다. 그들은 분홍직령粉紅直領과 세조대細條帶, 부전付鈿(머리장식으로 속칭 당마리唐麻里), 행전, 흑혜자黑鞋子 차림이었다. 예조와 한성부의 관리들이 나와 궁궐 출입을 통제했는데, 날이 밝기 전에 동몽들을 점검하고서 궐 안으로 들여보냈다. 명광문 앞에 도착한 그들은 잠시 이곳에서 대기했다. 약속시간 전 3각, 곧 45분 전이 되자 들여보내라는 별감의 전명傳命이 도착했다. 한성부 관원은 다시 동몽들을 일일이 호명하여 점검하고서 차례로 들여보냈다. 동몽은 유모와 하인 한 명을 대동했으며, 동몽의 이름 아래에 이름을 적어서 불상사에 대비했다.

이날의 간택장소는 영화당이었다. 영화당 앞으로 넓은 마당의 춘당대가 있는데, 이곳에 임시로 쳐놓은 장막 안으로 들어가 줄지어 앉은 동몽들은 식사를 대접받았다. 배와 홍시, 꿩고기, 율무죽, 잡탕 등 네 그릇이었다. 식사를 마치자마자, 그들은 영화당으로 이동하여 보계 끝에서 곡배를 하고 영조를 뵈었다.

그 자리에서 동몽들은 책을 읽고 글씨를 써보였다고 한다. 워낙 인원이 많아 날이 저문 후에야 파했는데, 각 동몽에게는 상급으로 초주지 1권, 백면지 2권, 호초 2되, 백반 1되, 필묵 등을 지급했다. 그중에서 영조는 승지 성덕윤의 아들 흘주에게 표피 한 장을 더 주었다. 성덕윤은 선조 때

창덕궁 영화당.

「동궐도」에 그려진 창덕궁 영화당 앞의 춘당대, 고려대 박물관.

「춘당대」, 『어제준천제명첩』, 서울역사박물관.

의 명신 성혼의 후손으로 명문 가문 출신이었다. 혹시 영조가 흘주에게 관심이 있었던 것은 아닐까 싶었으나, 초간택에서 선발된 명단에 들어가지 못했다.

초간택 참가자 중에는 김한신金漢藎이 포함되어 있었다. 영조는 화순옹주의 부마로서 김한신을 점찍어 두었던 것으로 보인다. 초간택에 참석코자 입궁할 간택인 명단에서, 김한신은 '재외미급상래질在外未及上來秩'에 포함되어 있었다. 곧 지방에 있으면서 미처 올라오지 못한 유일한 인물이었다. 김한신의 부친 김흥경은 전 해에 이조판서를 제수 받았으나 인사행정이 혼탁스럽다며 거절하고 올라오지 않았다. 마지못해 5월에 황해도 감사로 전보시켰으나, 이 직도 여러 차례 사직을 청하는 상소를 올리면서 출사하지 않았다. 영조는 그의 사직상소를 받아서 들이지 말라고 명하고는 한 달여가 지나도 꿈쩍 않자 더 이상은 안 되겠던지 그를 불러 인견했다.

따라서 부마 간택 당시에 김흥경은 황해도 관찰사의 감영 소재지인 해주에 머물고 있었다. 김한신도 부친을 따라 그곳에서 생활하고 있었던 것으로 보인다. 각도의 단자 제출기한을 볼 때 황해도는 8월 25일이었다. 감사 김흥경은 22일 내에 보고하라는 공문을 받고, 자신의 아들과 손자의 단자 두 장을 먼저 올려보냈음을 보고했다. 손자는 통덕랑 김한정의 아들 태주였으며, 초간택 참가자 명단의 꼴찌에서 두 번째로 이름을 올렸다. 초간택 길일은 28일로 정해졌다. 영조는 간택인 단자를 올려보낼 때 동시에 보내라고 지시한 바 있는데, 이를 따랐다면 김한신은 날짜에 맞춰 충분히 상경할 수 있었을 것이다. 해주와 서울 사이의 거리는 365리였다.

초간택에는 모두 83명이 참석했다. 왕비 간택 때에 비해 대단히 큰 규모였다. 한성부에서 올린 단자는 102장이었으나, 이 중에서 사조四祖에 뚜렷한 현관이 없거나 탈이 있는 자의 단자 28장이 발거되었다. 그 74장에 각 도에서 올린 단자를 합쳐 83장이 된 것이다. 그러니까 지방에서 올린 단자는 9장밖에 되지 않았으니, 서울과 지방의 사대부 분포를 가히 짐작할 수 있다. 심지어 경기도에서도 경내에는 원래 흘러들어와 사는 사대부 집이 없다고 말할 정도였다.

왕실에서는 국왕의 첩인 후궁의 자식이라고 해서 부마의 신분을 절대 가벼이 여기지 않았다. 당시 이런 일이 있었다. 한성부 서부의 관원인 주부 권위가 보고한 바에 따르면, 이 사건은 서소문 외부에 사는 정택녕의 아들 덕동이 글을 올려 자수함으로써 알려졌다. 덕동의 아버지는 제주 목사 정필녕의 사촌 얼제孼弟였다. 얼제라면, 정필녕 삼촌의 천첩 자식으로서 동생뻘이다. 그는 사촌형을 따라 제주로 가고, 집안에는 다른 남자라고는 아들 덕동밖에 없었다. 그런데 장적帳籍(호적)에서 덕동의 이름을 확인한 동임洞任이 와서 단자를 제출하라고 독촉했다. 덕동은 이를 이기지 못하고 규례도 알지 못한 채 아버지 이름을 모사해 착명하고서 제출하고 말았다. 이후에 그는 처벌이 두려웠던지 스스로 이실직고하고 선처를 바라는 글을 올렸던 것이다.

단자 제출 자격은 사대부 명가 외에는 주어지지 않으며, 중인이나 서얼 부류는 논할 가치도 없다는 것이 당시 왕실이나 양반 지배층의 생각이었다. 그런데 서얼 두 자를 쓰지 않고 섞어넣었다는 것은 용인할 수 없는 신분 위조의 범죄였다. 그리하여 한성부에서는 부관을 먼저 태거하고, 정택녕은 이 사실을 알지 못했다고 하더라도 외람되게 호적에 통덕랑이라 기록하고 양반을 자처했으니 그 죄를 물어 종중과치從重科治할 것을 청했으며, 자신들도 대죄했다.

한성부나 예조에서조차 이 흠결을 발견할 수 없었던 것은 덕동이 부와 조부의 직함을 각각 통덕랑과 사헌부 장령이라 썼기 때문이다. 이 단자가 국왕 앞에 놓이기까지의 절차를 보면, 한성 오부의 부관은 각 동의 각 호에서 단자를 수취하여 이를 한성부에 바쳤다. 한성부에서는 그 단자를 수합하여 일차로 규식대로 작성했는지 여부와 사조의 직역을 고열하여 예조에 보내고, 예조에서는 이를 재검토했다. 이렇게 이차에 걸친 심사에서 통과된 단자는 초기의 별단으로 작성되어 국왕에게 보고되었다. 이 사건에 대해 영조는 대수롭지 않다는 듯이 아무도 죄주지 말라며 너그럽게 용서하는 것으로 마무리했다.

영조는 입궁한 간택인 명단을 받아보았다. 그런데 뜻밖에도 김한신의 이름 아래에 '미상래未上來'라는 기록이 있음을 발견했다. 영조는 즉시 서울에 들어왔다면 오늘의 간택이 파하기 전에 반드시 참석할 것을 명했다. 김한신은 영조의 둘째 딸 화순옹주의 남편인 월성위月城尉로서, 영조의 사랑을 많이 받은 인물로 알려진 사람이다.

한성부에서는 임금의 명에 따라 신속하게 움직였다. 남부참봉 구완이 본가에 가서 물어보고는 와서 아뢰었지만 별 소득이 없었다. 이번에는 내친內親이 가서 물어보니, 형 한정이 겨우 들어와서 금방 전교가 내려졌음을 알고 급히 달려가 대궐 아래에서 기다리고 있다고 했다. 이 사실을 보고받은 예조정랑과 한성부참군, 남부참봉은 일시에 승정원으로 가서, 김한신이 막 들어와서 지금 당장 참석할 것이라고 보고했다. 승정원에서는 이 사실을 영조에게 넌지시 아뢰었다.

드디어 김한신이 통화문 밖에 나타났다. 예조 서리가 바로 춘당대로 들어가 승전색에게 알리고, 승전색은 영조에게 진달했다. 그러자 영조는 전

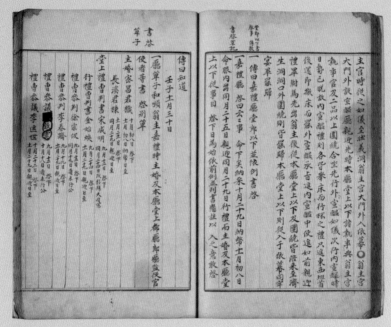

『화순옹주가례등록』.

교를 내려 즉시 참석할 것을 분부했다. 명광문이 다시 열리고, 김한신은 이렇게 해서 간신히 간택 자리에 참석할 수 있었다.

삼간택이 끝나자, 간택인들 중에서 둘은 먼저 궁을 나가고 김한신은 대내에 남아 있다가 해가 저문 뒤에 나갔다. 시배侍陪와 별감들이 줄지어 서고 안롱鞍籠이 앞에서 인도하여 본가로 돌아갔다.

이런 간택과정을 돌아보면, 역시 김한신은 내정된 부마였다. 그의 인물됨이야 널리 알려졌지만, 내정의 계기는 정성왕후와 관련 있을 것으로 추측된다.

김한신은 문장이 아름답고 재주가 뛰어난 인물이었다. 특히 그는 깨끗

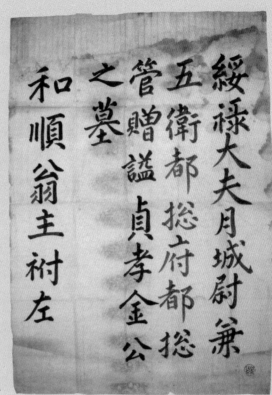

綏祿大夫月城尉兼
五衛都摠府都摠
管贈諡貞孝金公
之墓
和順翁主祔左

김한신 묘비 어필.

為婚五年
初當行遠
今於辭陛
缺然曷諭
惟予心喜
簡署其行
迨速回京
好好遄來

김한신에게 보낸 영조의 편지.

하고 고고한 선비의 풍모를 지니고 있어 많은 이의 탄복을 자아냈다. 그런
그가 39세의 나이로 일찍 세상을 뜨고 말았다. 그에 대한 사랑이 깊었던
화순옹주는 식음을 전폐한 지 14일 만에 남편의 뒤를 따랐다. 영조는 엄
하고도 친밀하게 마음을 돌이키게 하려고 애썼으나, 그것도 헛되어 이미
중심이 잡힌 옹주는 고집을 꺾지 않고 죽음을 받아들였다. 영조는 딸의
죽음을 애타는 심정으로 글로 써서 전별했다.

> 정성이 천박하여 돌이키지 못했으나 　　　　　　　誠淺莫回
> 정절을 따른 네 마음 아름답구나 　　　　　　　　嘉爾隨貞

혜경궁 홍씨의 삼간택 참가기

『한중록』을 보면, 이미 내정된 처녀에 대한 왕실의 대우는 눈에 띌 정도
로 각별했다.

> 12월 8일 재간택이 되니 내 심사 자연 놀랍고 부모 근심하셔 들여보내시
> 며 요행 빠지기를 죄여 보내시더니 궁중에 들어오니 궐내서는 완정完定하
> 여 계시던 양하여 의막依幕을 가득이 하고 대접하는 도리가 다르시니 더
> 욱 심사 창황하더니 어전御前에 올라가매 다른 처자와 같게 아니하사 염
> 내簾內로 들이오샤 선대왕先大王이 어루만져 사랑하시고 '내 아름다운 며
> 느리를 얻었도다. 네 조부를 생각하노라' 하시고 '네 아비를 내 보고 사
> 람 얻은 줄을 기꺼했더니 네 아모의 딸이로다' 하오시며 기꺼하시고 정

성왕후께서와 선희궁께서 사랑하오시며 기꺼하오심이 과애過愛하오시고 제옹주諸翁主 네 손을 잡아 귀여워하고 즉시 내어보내지 아니하시고 경춘전이라 하는 집에 머무르고 위의威儀를 차리러 갔던지 오래 머무르니 낮 것을 보내오시니 내인이 견막이를 벗겨 척수尺數를 하려 하거늘 내 벗지 아니하니 그 내인이 달래어 벗겨 척수를 하니 심사가 경황하여 눈물이 나되 참고 가마에 들어 울고 나오니 가마를 액예掖隸들이 붙들어 내니 그 놀랍기 비할 곳이 없고 길에서 글월비자婢子가 흑단장黑丹粧하고 섰으니 놀랍기 비할 데 없더라.

혜경궁은 이미 내정되어서 재간택 때 다른 처녀들이 서 있는데도 보계 앞에 처진 발 안으로 이끌려 들어가 앉았다. 그 자리에는 영조와 정성왕후·선희궁 등 왕실의 최고 어른들이 호기심 어린 표정으로 위엄 있게 좌정해 있었다. 혜경궁은 놀랍고도 황망하여 어쩔 줄 몰랐지만, 대접하는 도리가 여러모로 달랐다.

삼간택이 시작되기 전에는 왕비가 안사돈이 될 처자의 모친에게 문안편지를 보내기도 했다. 『한중록』을 보면, "선비께서 복색을 고치시고 상에 붉은 보를 펴고 중궁전 글월은 사배하고 받으시며 선희궁 글월은 재배하고 받으시고 공구하심이 이를 것이 없고"라고 했다. 그리고 "능히 어찌 그리 수이 조비造備한지 대접하는 제구諸具가 다 갖았으니 이즈음 국혼 정한 집들로 비기면 그때 일이 장壯한 듯하더라"라고 했다. 혜경궁의 어머니는 왕비와 후궁의 편지를 사배하고서 받아 그 황공함에 온몸을 떨었다. 게다가 왕실에서는 삼간택 때 갖추어야 할 복색과 필요한 물건 일체를 장만해서 내려보냈다.

英祖御筆

洪鳳漢女崔景興女
尸顯東女尸丙靖女
洪益彬女沈聖希
女鄭俊一女
省念乗揀擇乃七
餘省許婚即以八草
右省許婚

재간택 낙점자 영조비망기.

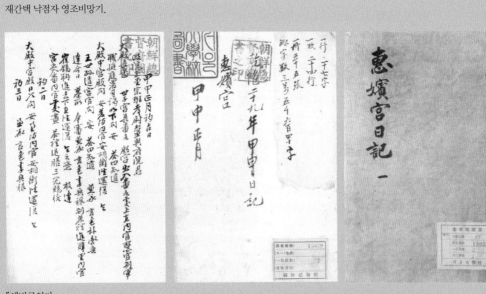

『혜빈궁일기』.

정조의 경우에도 장차 순조가 되는 세자의 가례 때, 재간택 날 신부 아버지에게 편지를 보냈다.

오늘 두 번째로 보니 더욱 기행_{奇幸}스러움을 느낀다. 존엄한 기상은 자전_{慈殿}과 같고 인자하며 이해성 많게 보이는 것은 자궁_{慈宮} 같고 장중_{莊重}하기는 내전_{內殿} 같도다. 그것은 위의_{威儀}이며 덕용_{德容}이고 행동이며 언어로다. 보는 이 중 황복_{惶服}하지 않는 이 없으니, 국모_{國母}요 천인_{天人}이요 종사의 기쁨이로다.

정조는 예비 세자빈이 장차 국모가 될 자질을 고루 갖춘 적임자임을 간결하면서도 그럴듯한 수사로 묘사하고 있다. 존엄은 정순왕후, 인자하고 이해성 많은 것은 혜경궁, 장중함은 효의왕후와 같다고 하여, 왕실 여성 어른들의 정통 계승에 알맞은 인물로 부각시켰다. 또 위의와 덕용, 몸가짐, 말씨도 모두 왕비의 용의_{容儀}에 손색없음을 칭찬했다. 완전한 품성을 지닌 나라의 어머니로서 하늘이 낸 사람이니 국가의 경사가 아니겠느냐는 것이다. 천인은 자연에 순응하는 자로서 하늘에서 내고, 종묘와 사직이 그 기쁨을 함께하니, 이 또한 묘선이었던 것이다. 정조는 이 한 문장에서 예교사회의 현실 정신을 가감 없이 함축하여 표현했는데, 여기에서 혜경궁은 인자하고 이해성 많은 어머니로 그려졌다.

재간택에서 선발된 혜경궁이 집으로 돌아가자, 집안에서도 대접이 달라졌다.

그날부터 부모겨오서 말씀을 고쳐 하시고 일가 어르신네 공경하여 대접

하시니 내 불안코 슬픔이 형용치 못하고 선인께서 우구하시며 경계하오
시던 말씀이 천언만어이오시니 내 무슨 죄를 얻은 듯 몸 둘 바를 몰라하
는 중

최종 낙점되지도 않았는데 벌써 부모는 열 살의 어린 자식을 세자빈으
로 예우했다. 축하차 모인 친척 일가 어르신네도 공경히 대접했다. 지친들
과 먼 친척까지도 입궐하기 전에 보겠다고 찾아와서 집안은 매일 잔칫집
분위기였다. 어르신네들은 '궁금宮禁이 지엄하니 공경하며 조심하라'는 경
계를 잊지 않았다.

삼간택 당일에는 이미 내정된지라, 혜경궁은 일가친척에게 하직 인사
를 하러 다녔다. 이날에는 궐내에서 제작해 보내준 의복을 입었다. 집을
떠나기 전에 사당에도 하직 인사를 올렸다. "고유다례告由茶禮를 지내고
축문을 읽으니 선인께서는 눈물을 참사오시고 모두 차마 떠나기 어려워
하던 정경이야 어찌 다 이르리오." 입궐하게 되면 삼간택이 끝나자마자 바
로 별궁으로 향할 것이고 육례를 치른 다음에는 궁금에서 평생을 지내야
하는 엄연한 현실에서, 부모와 생이별해야 하는 듯한 슬픔을 견디기 어려
웠을 것이다.

군사들의 호위를 받으며 육인교를 타고 입궐한 혜경궁은 경춘전에서
쉬었다가 통명전에 올라가 삼전三殿을 뵈었다. 여기서 삼전은 영조와 인원
왕후, 정성왕후를 가리켰다. 이 예가 끝난 후 날이 저물기 전에 혜경궁은
별궁으로 가는 길을 재촉했다. 출궁하기 전에, 영조는 덩(공주나 옹주가
타던 가마) 타는 곳에 친림하여 손을 잡고는 "조히 있다가 오라" 했다고
한다.

3장

별궁생활과
육례六禮 준비

어의동본궁이 국왕 가례의 별궁

조선의 역대 국왕들은 왕비를 1명 혹은 2명을 두었다. 3명을 둔 국왕으로는 성종이 있었다. 2명 이상의 왕비를 거느린 경우는 왕비의 사망이나 폐출이 그 원인이었다. 유교의 일부일처제 원칙에 따라 국왕도 1명의 왕비만 둘 수 있었으니, 세자 시절을 거쳐 즉위한 직후 세자빈을 왕비로 책봉하는 과정이 일반적이었다. 국왕이 재위 기간에 가례를 거행한 사례는 드문 편이었다.

국왕이 재위 시절 가례를 올릴 때 그 장소는 어디였을까? 육례의六禮儀는 본가에서 거행하도록 되어 있었다. 본가는 국왕의 본가를 말하며, 그곳은 물론 궁궐이다. 따라서 육례의는 궁궐의 정전에서 거행했다. 그러나 왕비의 경우에는 여러 필요에 의해 본가나 별궁이 일정치 않았다.

그러면 역대 국왕의 가례 현황과 별궁에 대해 알아보자. 태조는 비가 두 명이다. 신의왕후는 공양왕 3년에 승하하고 절비節妃로 추증되었다가 태조 7년에 왕후로 추존했다. 신덕왕후는 태조 원년에 현비로 책봉되었으며, 동왕 5년에 승하했으나, 태조는 계비를 맞아들이지 않았다. 정종의 비 정

영조비 정순왕후 왕비 책봉 금보, 금속에 도금, 9.9×9.9×9.0cm, 1759, 국립고궁박물관. 원비 정성왕후가 승하한 지 2년 후 정순왕후와 가례를 올리고 그를 왕비로 책봉하며 만든 어보다.

안왕후는 태조 7년에 덕빈德嬪으로, 정종 즉위 후에 덕비로 책봉했다. 태종의 비 원경왕후는 태조 원년에 정녕옹주靖寧翁主, 정종 2년에 정빈貞嬪, 태종 원년에 정비靜妃로 책봉되었다. 세종의 비 소헌왕후는 태종 8년에 가례를 올려 경숙옹주로 초봉되고 삼한국대부인·경빈을 거쳐 공비로 진봉되었다가 왕비로 개봉했다. 세종은 소헌왕후가 승하한 뒤 4년 가까이 홀로 지내다가 승하했다.

왕비라는 경칭은 조선 건국 직후에는 쓰이지 않았다. 그러다가 세종 9년에 처음으로 왕비 호칭 제도를 실시했다. 그동안 덕비德妃·숙비淑妃처럼 아름다운 이름 한 글자를 비 자 앞에 붙여 생전의 비를 부르는 칭호로 삼았으나, 이때부터 이 제도를 없애고 미칭 없이 왕비라는 칭호를 사용토록 한 것이다. 미칭을 사용한 것은 고려에서 왕비를 여럿 두어 6, 7명에 이르기도 했기 때문에 이들을 구별하기 위함이었다.

문종은 현덕왕후가 동궁의 궁녀로 뽑혀 승휘로 초봉된 후 양원·순빈을 거쳐 세자빈으로 책봉되고 세종 23년에 승하하고 나서 가례를 치르지 않은 채 재위한 유일한 왕이다. 단종은 동왕 2년에 정순왕후를 맞아들였는데, 재위 시절에 가례를 올린 첫 사례다. 왕비의 육례는 동뢰를 제외하고 납채와 납징·고기·책비·명사봉영을 비씨가妃氏家에서 행하는 것이 예법이었다. 그런데 비씨가가 궁궐에서 멀거나 비좁다면 많은 번거로움과 수고로움이 뒤따를 것이었다. 그러나 이에 관한 논의가 보이질 않아 알 수 없지만, 단종의 가례에서는 효령대군의 집을 비씨가로 삼았다. 이곳에서 책봉례를 거행하고, 효령대군 이보와 호조판서 조혜를 보내 봉영했다. 이 형식은 『세종실록』 「오례」의 의주에 나타난다. 비씨가 책봉을 받는 의절에서 '사자가 비씨의 대문 밖에 이른다' 하고, 명사봉영에서 '비씨의 집에 이른다'고 한 게 그것이다. 따라서 왕비의 육례는 비씨가에서 거행하되 비씨가는 궁궐 인근 대군의 집을 잠시 빌려 사용했다고 하겠다.

세조의 비 정희왕후는 세종 10년에 가례를 행하여 낙랑부대부인으로 봉해지고, 즉위년에 왕비로 책봉되었다. 예종의 원비 장순왕후는 세자빈으로 세조 7년에 승하하고, 계비 안순왕후가 동궁에 뽑혀 소훈으로 책봉되었다가 예종이 즉위하면서 왕비로 책봉되었다. 성종은 동왕 4년 3월에 숙의 2명을 맞아들였다. 공혜왕후가 그 이듬해에 승하하자, 그로부터 2년 후에 숙의 윤씨가 왕비로 승봉되었다. 윤씨는 동왕 10년에 폐비되고, 이듬해에 윤호의 딸인 숙의 윤씨를 왕비로 세웠다. 동시에 숙의로 입궐한 두 사람 중에서 폐비 윤씨가 3년 만에 먼저 왕비로 책봉되고, 정현왕후는 숙의로 있다가 왕비의 위에 오른 또 다른 인물이 되었다.

중종은 연산 5년에 가례를 올린 단경왕후 신씨를 즉위하자마자 내치고, 동왕 2년에 간택 후궁 숙의를 왕비로 책봉했다. 그가 장경왕후인데 동왕 10년에 승하하자, 2년 뒤에 문정왕후를 왕비로 맞아들였다. 사림의 주장에 따라 이때 처음으로 태평관을 관소館所로 정해 친영을 거행했다. 인종의 비 인성왕후는 세자빈으로 있다가 왕비로 진봉되었고, 명종의 비 인순왕후도 즉위년에 왕비로 책봉되었다.

선조는 즉위 후 2년에 왕비(의인왕후)를 책봉하고 가례를 행했으며, 그 후 동왕 33년 6월에 승하하자, 2년이 지나서 19세의 처녀를 왕비(인목왕후)로 책봉하고 태평관에서 가례를 치렀다. 『국조어첩國朝御牒』에는 중종의 비 문정왕후도 태평관에서 가례를 행했다고 했는데, 이 태평관에서의 가례는 무엇을 가리킬까?

선조 35년 예조에서 육례에 대해 아뢴 말을 보면, "육례 중의 책비는 비씨의 사제私第에서 거행한다고만 했다"고 했다. 그전에는 비의 책봉을 비씨가에서 거행했다는 것이다. 그런데 이때 납채례는 별궁別宮에서 거행했으니 이 말과는 앞뒤가 안 맞는다. 그리고 정사와 부사가 지금 별궁에 있어 친영례를 거행할 것을 청함에 따라 임금이 면복을 갖추고서 관소(태평관)에서 친영했다. 정사 이하가 왕명을 받들고 별궁으로 가서 왕비를 봉영하여 태평관으로 옮겨가 그곳에서 선조가 친영한 것이다. 그러므로 납채례를 행한 별궁은 친영을 행한 태평관과는 다른 장소였다. 선조 때까지만 해도 육례를 거행하는 비씨가는 궁궐 인근의 대군의 집을 임시로 사용하고, 왕비가 태평관으로 거둥하여 그곳에서 임금이 친영했다. 태평관에서 행한 가례는 임금의 친영을 가리켰다.

그 후 이 제도는 인조대에 이르러 변화를 맞았다. 원비인 인열왕후가 인조 13년에 승하한 후, 동왕 16년에 장렬왕후와 가례를 올릴 때 인조는 태평관 수리에 폐단이 많다는 이유로 별궁에서 친영을 거행했다. 별궁은 어의동본궁으로 지정했다. 이후부터 태평관은 더 이상 임금이 친영하는 장소로 사용되지 않았다. 왕세자와 왕세손 가례 때에도 이 본궁을 별궁으로 사용한 적이 있다. 봉림대군의 사제私第였던 어의동본궁을 별궁으로 지정한 것은 친영을 위한 것이었다.

별궁의 지정은 비씨가 삼간택 낙점 후 본가로 돌아가 혼사를 준비하는 일이 여건상 여러 폐해와 번거로움을 수반했기 때문에 이를 덜기 위함이었다. 비씨의 시위侍衛를 비롯하여 일상생활과 육례의 거행은 모두 왕실에서 책임져야 하는 일로서, 비씨의 본가는 적합한 여건을 갖추지 못했다. 그리하여 이때부터 비씨는 별궁으로 들어가 생활하고, 비씨의 본가는 그 인근의 집을 세내 사용하는 것으로 제도를 변경했다. 그럼으로써 국왕의 친영 장소로는 어의동본궁이 지정 관소가 되었다. 간택과 동뢰연 장소로는 그때마다 궁궐 내의 적당한 전각을 지정하여 사용했으나, 별궁은 임의로 지정하지 않고 국왕 가례의 별궁으로 정해진 궁을 사용하는 것이 원칙으로 자리 잡은 것이다.

별궁 지정은 몇 가지 측면에서 필요한 조치였다. 첫째, 국왕이 친영 때 사대부처럼 사가를 방문한다는 것은 체통상 곤란했을 터이다. 둘째, 육례에 참여하는 많은 인원을 수용할 수 있는 공간이 확보되어야 하는데, 비씨의 사가는 그럴 형편이 못 될 가능성도 있었다. 셋째, 파수가 엄격했겠지만 대궐보다는 가족이나 친척들의 출입이 원활할 수 있는 장점이 있었다. 넷째, 승지와 내시, 궁녀, 호위 군사, 봉제와 음식 담당자 등이 파견되어 근무하기에는 비씨의 본가에 큰 부담으로 작용할 수 있었다. 다섯째,

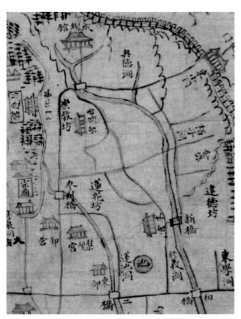
어의동본궁. 효종의 잠저였던 어의동본궁은 동부 숭교방에 있었다.

병자호란 이후 남별궁이 청나라의 사신관으로 쓰이면서 인근의 태평관 사용 자체가 불편해졌다.

어의궁은 중부 경행방의 어의동에 있었다. 이곳의 어의궁은 인조의 잠저다. 효종의 잠저가 있었던 곳은 동부 숭교방이었으니, 현재 종로구 낙산 서쪽에 있는 효제동 22번지 일대다. 『한경지략漢京識略』에 따르면, "어의궁은 중부 경행방에 있다(속칭 상어의궁). 인조의 잠저다. 연못이 있는데, 잠룡지潛龍池다. 용흥궁龍興宮은 동부 숭교방에 있는데(속칭 하어의궁), 곧 조양루朝陽樓며 효종대왕의 잠저다. 가례를 어의궁에서 행했으니, 인조 장렬왕후부터 시작했다"라고 했다.

어의동본궁의 규모는 현재로서는 정확히 알 수 없다. 정당과 내외당, 후당 등으로 구성되었으며, 41칸의 방이 있었다고 한다. 정당 안에는 남북 행각과 동행각 그리고 낙선재樂善齋가 있었다. 낙선재는 양방涼房 3칸과 1칸 반, 남퇴 3칸으로 구성되었다. 『계곡집谿谷集』 「봉림대군신제상량문鳳林大君新第上樑文」에서는 "동산과 우물을 가진 넓은 대지 위에 건물의 규모가 모두 정도正道에 맞게 건립되었다"고 했다. 이를 통해 보면, 41칸의 큰 저택이며 후원에는 푸른 동산을 배경으로 조양루라는 정자가 세워져 있고 그 앞에는 연못이 시원함을 뽐내는 매우 운치 있는 집이었을 것으로 보인다.

효종은 대군 시절에 가례를 이현별궁梨峴別宮에서 치렀다. 이현궁은 동부

정조비 효의왕후 왕비 책봉 금보, 금속에 도금, 10.0×9.9×8.6cm, 1778, 국립고궁박물관.

연화방에 있는 광해군의 잠저다. 풍안부부인으로 초봉된 인선왕후는 세자빈을 거쳐 왕비로 책봉되었다. 현종의 비 명성왕후는 세자빈으로서 어의동본궁에서 가례를 올렸으며, 숙종의 원비 인경왕후는 세자빈으로서 역시 어의동본궁에서 가례를 치르고 그 뒤 왕비로 책봉되었다. 첫째 계비 인현왕후와 둘째 계비 인원왕후도 모두 어의동본궁에서 가례를 올렸다.

경종의 원비 단의왕후는 세자빈으로서 어의동본궁에서 가례를 치렀고, 영조의 원비 정성왕후는 연잉군 시절에 송현방 사제私第에서 가례를 치러 달성군부인에 초봉되고 세제빈을 거쳐 왕비로 책봉되었다. 영조의 계비 정순왕후와 순조의 비 정순왕후, 헌종의 원비 효현왕후와 계비 효정왕후, 철종의 비 철인왕후는 모두 어의동본궁에서 가례를 올렸다. 정조의 비 효의왕후는 세손 시절에 어의동본궁에서 가례를 치렀다. 고종과 순종은 각각 운현궁과 안국동에서 황후를 맞아들였다.

옥교를 타고 별궁으로 향하는 비씨

삼간택에서 낙점된 처자는 '비씨妃氏'라 칭했다. 왕비로 책봉되기 전이므로 중전 혹은 중궁이라 부를 수 없었다. 선조 때에 '신중궁新中宮'이라 쓴 적이 있는데, 옳지 못하다고 하여 고치기도 했다. 오랜 검증 기간을 거쳐 선발된 예비 왕비의 등장은 국가의 경사였다. 그리하여 종친과 문무백관은 국왕에게 하례하는 전문箋文을 올리고 진하陳賀했다. 길일을 잡아 습의(연습)를 세 차례나 행한 다음 궁궐의 정전 뜰에서 진하례를 거행했다. 외방에서는 전문과 함께 방물方物 및 물선物膳을 봉진했다.

비씨는 삼간택이 끝나면 본가로 돌아가지 못하고 별궁으로 직행해야 했다. 대군과 왕자, 공주와 옹주의 별궁은 비씨의 별궁이 아닌 다른 곳을 사용하고, 길례궁이라 하여 칭호를 구별했다. 영조는 연잉군 가례 때 길례궁을 소所로 일컬은 해당 승지에게 경중을 따져서 죄를 물은 바 있다. 대군 이하의 방房을 궁가宮家라 통칭하는 바와 같이 궁이라 칭하는 게 옳은데, 소라 칭한 것은 친왕자를 깔보는 뜻에서 나왔다는 것이다. 왕실의 위신을 지키려는 영조의 민감한 반응이 읽힌다.

삼간택 이후의 행사는 모두 가례도감에서 진두지휘했다. 인현왕후 가례에서 상규에 구애받지 말고 금혼령 직후 당상과 낭청을 차출토록 한 예외적인 사례 외에 대체로 가례도감의 설치는 초간택 이후에 이루어졌다. 삼간택을 앞두고서 채비해야 할 일이 많기 때문이었다. 도감의 명칭은 지위에 따라 달랐는데, 왕비와 세자빈을 맞는 대전과 왕세자의 혼인은 가례라 하여 가례도감이라 부르고, 대군과 왕자는 길례·길례청이라 했다. 후자의 혼인도 가례라 일컬은 사례를 여기저기서 많이 볼 수 있으나, 그것은 제사인 길례와 혼동되는 측면이 있었기 때문이다.

가례도감과 길례청은 조직과 규모 및 지위에 있어서 큰 차이를 보였다. 가례도감은 국국局으로 설치한 임시 기관이었으며, 길례청은 유사有司가 주관하는 임시 부서에 불과했다. 그리하여 가례도감은 육조의 속아문과 같은 지위의 행정 조직을 갖추었다. 곧 도제조와 제조, 도청, 일·이·삼방의 세 부서와 담당자인 낭청 및 감조관, 원역員役 등이다. 원역에는 서리가 있고, 그 이하로 고직庫直, 사령, 수직군사 등이 있었다. 이에 반해 길례청은 본래 길례 업무를 담당하는 예조의 세 당상 이하가 주관했다.

비씨가 별궁으로 향하는 시간은 미리 점을 쳐서 정해놓았다. 그전에 왕실의 어른들을 먼저 찾아뵙고 인사드리는 것이 도리여서 대체로 길시를 맞추지 못한 듯하다. 낙점 후 비씨는 양반 부인네의 사가 복색을 벗어던지고 격식을 갖춘 왕가의 대례복으로 갈아입었다. 겉옷은 원삼이었다. 재간택 이상에 들어 육인교를 타다가 이제는 옥교를 타고 별궁으로 갔다. 이때의 시위 반차도는 일찍이 국왕에게 결재를 받아 숙지하고서 준비를 완료한 상태였다. 친영 때 국왕의 출환궁과 왕비의 입궐 시에 적용할 시위도 마찬가지로 초주지에 그려서 국왕의 결재를 받고 시행했다.

간택된 여성에 대한 예우는 초간택 직후부터 적용되었다. 처녀의 호위와 행색을 그 지위에 걸맞게 왕실과 정부에서 담당해왔던 터라, 비씨는 신변보호는 물론 왕비에 준하는 품위를 유지할 수 있도록 만전의 준비를 다했다. 생활용품에서부터 탈것, 복색, 궁녀의 시중, 관원과 군사들의 호위 및 별궁의 파수, 평상의 보고 체계, 신임 관료의 숙배, 별궁 출입 인원과 물품의 검사 등 모든 예우와 보안이 철저했다. 또 묘선된 날을 기점으로 공상 물종과 의전衣纏 등을 시행했다.

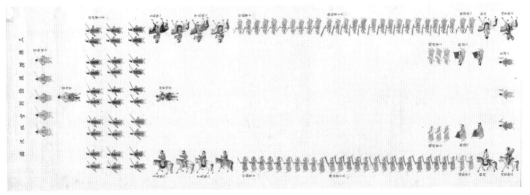

삼간택 후 별궁으로 향하는 반차도 앞부분, 고려대 박물관.

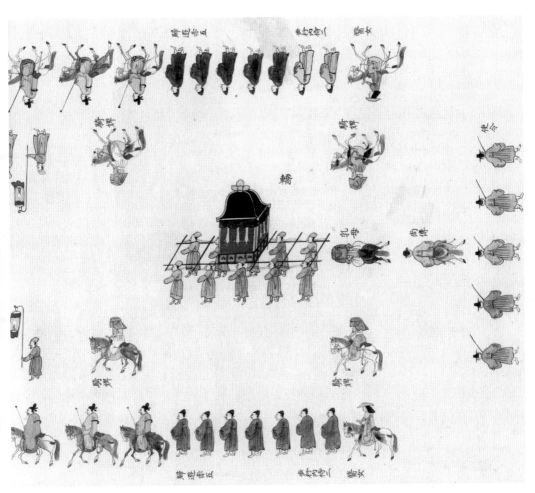

비씨가 탄 옥교 부분.

비씨의 행차 전에, 빈청에 대기해 있던 시원임대신 등은 시복時服을 입고서 창덕궁의 숙장문 같은 궁궐의 내문 밖에 대기해 있다가 문을 나오는 비씨를 공경히 맞이하여 전송했다. 도감 도제조 이하와 예조 당상 및 낭청은 흑단령을 갖추고서 역시 숙장문 밖에서 공경히 맞이하여 모시고 별궁으로 향했다. 영조 정순왕후 가례 때부터는 승지가 따라서 가고 그곳에 입직토록 했다. 궁궐 외문의 출입문도 미리 정했는데, 보통 동협문을 이용했다. 아직 왕비로 책봉되지 않아 거둥하는 의절을 사용할 수 없기 때문에 정문을 이용할 순 없었다. 장렬왕후 또한 명정전의 동쪽 가장자리를 지나 홍화문 동협문을 거쳐 궐문을 나갔다.

한성부에서 미리 정비해놓은 도로에 비씨를 태운 옥교가 들어섰다. 옥교는 청의를 입고 청건을 쓴 담배꾼이 지고 갔는데, 그 역할은 호련대가 아니라 사복시 군인 20명이 담당했다. 배위와 결속結束은 병조와 내시부 등에서 맡았다. 비씨와 국왕의 입출궁 때 강조되는 절차 중 하나는 주련駐輦 혹은 저담低擔이다. 종묘와 경복궁·창덕궁 앞길을 지나갈 때에는 주련(혹은 저담) 절차대로 수행했다. 주련은 비씨가 탄 연을 잠시 멈추었다가 지나가는 방식으로 조선 왕조의 조상들과 국왕에게 예를 표시하는 것이며, 저담은 어깨에 들쳐 멘 연을 허리께로 낮추어서 들고 가는 방법을 말한다. 국왕이 종묘 앞을 지나갈 때에는 연에서 내리는 방식인 하련下輦을 하기도 했다. 말을 타고 지나가는 자들은 누구나 내려서 걸어 지나간 다음 다시 말에 오르는 것이 예법이었다. 국왕이 경희궁에 머물면서 삼간택을 이곳에서 했을 때에는 비씨의 옥교가 경복궁과 창덕궁·종묘의 앞길을 지나기 때문에 이 의절이 반드시 검토되었다.

주련은 조선에서 가장 존귀한 국가의 조상과 국왕에게 갖추어야 할 예

교명요여教命腰輿를 어깨에 멘 담배꾼의 모습.

법이었다. 『예기』를 보면, "임금은 재우齋牛(우마를 매는 곳)에서 내려 종묘에 식式(허리를 구부려 경의를 표함)하고, 대부大夫와 사士는 공문公門에서 내려 노마路馬에 식한다"고 했다. 『소학』 서문에서는 "공문에서 내려 노마에 식함은 공경을 넓히는 까닭이다"라고 했다. 종묘 앞에서는 임금도 가마나 말에서 내려 조상들께 공경을 표해야 하며, 신하들은 종묘와 궐문 앞에서 역시 그렇게 해야 하는 것이다. 공문은 임금이 드나드는 대궐문을 가리키며, 노마는 임금의 수레를 끄는 말이다.

『소학』 외편의 선행에는 만석군萬石君 이야기가 나온다. 만석군(이름 석분石奮)은 자신과 네 아들이 2000석 벼슬에 이르러서 붙여진 별명이다. 이 이야기에 따르면, 그는 벼슬을 그만두고 돌아와 집에서 여생을 보내고 있었다. 벼슬아치가 아닌데도 그는 궁궐문 앞을 지날 때에는 반드시 수레에서 내려 빠른 걸음으로 걸어서 지나갔다. 그리고 노마를 보면 반드시 식軾했다. 그런 그가 자손이 낮은 벼슬아치가 되어 돌아와서 뵈면, 반드시 조복朝服을 입고서 만나고 이름도 부르지 않았다. 아들이라 할지라도 임금의 신하이기 때문에 예를 다한 것이다. 임금에게 공경과 충성을 극진히 한 신하의 표상이었다.

비씨의 별궁생활

별궁은 비씨가 입궁하기 전까지 편안한 생활을 할 수 있도록 모든 채비를 마쳤다. 건물 및 시설을 수리하고, 생필품 비치에 소홀함이 없었다. 비씨는 왕비에 준하는 지위로 대해야 하므로 별궁을 수호하는 시위와 경루更漏, 주시奏時, 공상供上도 준비되었다. 경루는 밤 동안 시간을 알려주는 물시계이며, 주시는 시간을 보고하는 것을 말한다. 공상은 각 도에서 물품을 진상하는 삭선朔膳이다.

비씨가 입궁한 날부터 별궁의 파수는 삼엄하게 전개되었다. 수호군은 분병조分兵曹 당상과 낭청 각 2원, 분도총부分都摠府 당상과 낭청 각 2원, 가위장假衛將 2원, 부장部將 2원, 군사 40명으로 구성되었다. 이들은 입직해서 순경巡更(야간 순찰을 돌다)하고 잡인을 막는 등의 일을 담당했다. 군사들은 담장 밖 4개소에 군보軍堡를 설치하여 군보마다 2명씩 파견하고, 4명은 별궁 대문을 지키며, 나머지 28명은 부장이 거느리고서 순찰했다. 이들이 밤에 순찰할 때에는 시어소(임금이 현재 머물면서 생활하는 곳)에서 군호軍號(암구호)를 받아와서 서로 수하에 답해야 하는 등 궁궐의 파수와 같았다. 당상 이하와 부장은 3일마다 교대 근무했다. 직숙 장소는 별궁 대문 밖의 여염집을 임시로 사용하다가, 승지를 파견하면서부터 문의 개폐 등의 문제로 대문 안에서 입직하는 것으로 변경했다.

분승정원의 설치는 숙종 7년 4월에 처음 시작된 것으로 보인다. 왕비 책봉례 직전에 설치했다. 책봉례는 비씨의 지위를 정식 왕비로 공인하는 의식이었다. 그 직후에는 비씨가 아니라 왕비로 예우해야 했으므로 정무를 담당할 관속이 필요했을 것이다. 이는 전례가 없었던 일이기는 하지만, 승정원에서 그 필요성을 계품하여 허락을 받았다. 분승정원은 왕비를 친영하는 날까지 별궁에 머물면서 왕비를 보좌하는 제 역할을 다했을 것이다. 그 첫째가 새로 제수된 관료들의 별궁에서의 사은숙배였다.

신부.

통부.

비씨의 별궁생활은 친영하는 날까지 계속되었다. 역대 왕비들의 별궁생활 기간을 살펴보면, 인현왕후 48일, 인원왕후 40일, 정순왕후 12일, 효정왕후 41일, 철인왕후 34일이었다. 정순왕후가 상대적으로 매우 짧은 기간이었고, 나머지 왕비들은 한 달 이상을 별궁에 갇혀 지내야 했다. 순조는 으레 석 달을 머물렀다고 했지만, 그렇게 오랜 기간을 머문 왕비는 사실상 없었다. 그렇더라도 석 달이라는 기간이 근거 없이 나온 말은 아닌 듯하다.

비씨의 별궁생활은 바깥출입을 전혀 할 수 없는 또 하나의 금궁禁宮이었다. 별궁 내외의 환경은 비씨를 위협하는 어떠한 여건도 허락하지 않았다. 무단출입이 불가능한 위수처衛戍處였던 별궁은 파수꾼들의 검문검색이 철저하여 출입패를 소지한 자에 한해 출입을 허용했다. 친인척이라 해도 예외를 두지 않아, 비씨는 그들을 보고 싶어도 마음대로 할 수 없었다. 별궁과 신부의 본가 주변에도 특별 조치가 취해졌는데, 여염집에 상중이거나 질병을 앓는 자가 있으면 가차 없이 내쫓았다. 금궁을 둘러싼 주택들의 주인이 고귀한 신분들로서 왕실을 수호하는 종친과 고관대작들이어야 하듯이, 그렇지 못한 여염집들의 존재는 장차 위해를 끼칠 가능성이 있는 예비 모의자로 간주될 수 있었다. 흉액이 닥쳐 좋은 일에 해를 끼칠까 염려하여 불길한 구기拘忌를 피하는 일종의 액막이이기도 했다. 이를 이행하지 않고 숨겼다가 발각되면 해당 부의 관원은 처벌을 받았다.

비씨의 일상은 왕실에서 파견된 상궁과 나인 및 환관들로 둘러싸여 그들의 보호와 시중을 받았다. 특히 상궁들에게서 궁중에서 지키고 갖추어야 할 각종의 예법과 법도를 선체험을 통해 익혀나갔다. 당장 육례의 예법을 비롯해 왕비의 지위와 역할 및 일상생활에 대한 사전 교육, 말씨(궁중언어), 몸가짐 등 한두 가지가 아니었을 것이다. 큰절을 하는 격식을 배울 때에는 윗목에 백자동도百子童圖 병풍을 쳐놓고 노상궁의 지도로 수없이 연습했다고 한다.

국모로서의 교양과 수련은 『소학』을 기본으로 했다. 비씨와 빈씨 등의 별궁에서 『소학』교육은 하나의 규례로 정해져 있지 않았나 생각된다. 인현왕후의 행록에는 "간선되고 별궁에 있으면서 부원군에게 공손히 『소학』을 배웠다"고 했으며, 숙종 44년에 승하한 세자빈(경종 즉위 후 왕비 추

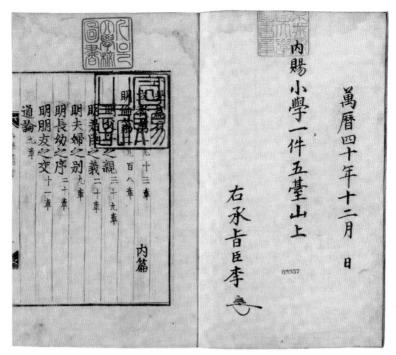

국모로서 교양과 수련을 하는 데는 『소학』이 기본 교재가 되었다. 별궁에서의 교육 과정 중 하나로 정해져 있었을 것으로 짐작된다.

책 단의왕후)에 대해 당시 세자였던 경종이 지은 행장을 보면, 세자빈 심씨
는 별궁에 들어와 거처하게 되자 하루 종일 단정하게 앉아서 잠시라도 함
부로 기대거나 나태한 모양을 짓지 않았고, 시녀들이 혹시 유관遊觀하기
를 청하더라도 선선히 따르지 않았으며, 『소학』을 가져다가 책상 위에 두
고 항상 애독했다고 했다. 선의왕후도 문학을 좋아하여 별궁에 있을 때
『소학』을 부원군에게 배웠는데, 쉽게 외우기를 평소에 익힌 것처럼 했다
고 한다. 『한중록』에서는 영조가 세자빈을 보내면서 "『소학』을 보낼 것이
니 아비에게 배우고 잘 지내다가 돌아오라"고 했다. 별궁에 도착한 그 이
튿날이 되니 정말로 『소학』을 보내왔다.

　『소학』은 충효의 도리와 가언嘉言·선행善行을 고루 갖춘 교화서이자 수
신서다. 주자가 저술한 것으로 알려진 『소학』은 어른 아이 할 것 없이 평생
토록 읽혔다. 조선시대 내내 국가에서 권장되고, 국왕뿐 아니라 양반 사
대부들의 수신서로서 가장 중시된 실천 이념서였다. 사림파의 한 명인 한
훤당 김굉필은 평생 『소학』을 끼고 살면서 이를 실천하여 자칭 소학동자
라 했으며, 국왕들도 예악사회의 교화 실현에 꼭 필요한 교재임을 깨달아
자신은 물론 왕세자 교육에도 이를 충실히 활용했다. 별궁에서 비씨에게
『소학』을 교육시킨 사람은 친정아버지인 부원군이었다. 아마도 남성을 비
씨의 사부로 삼을 수 없는 남녀유별한 사회에서 국왕은 장인에게 그 역할
을 맡긴 것으로 보인다.

　『한중록』을 보면, 또 "날마다 선인께 배우고 당숙도 한가지로 들어오시
며 중부와 선형이 또 들어오시고 숙계부께서는 동몽으로 들어오시더라.
선대왕께서 또 훈서를 보내오셔서 『소학』을 배운 뒤의 여가에 보라 하시니
그 훈서는 효순왕후 들어오신 후 지어주신 어제러라" 하였다. 혜경궁에게

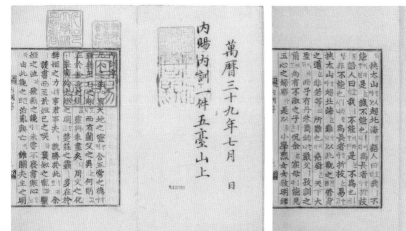
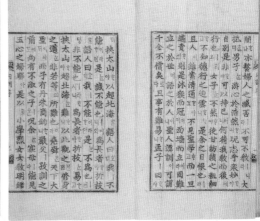

『내훈』, 규장각한국학연구원. 세조의 맏며느리이자 성종의 어머니인 소혜왕후가 부녀자의 훈육에 필요한 부분을 가려 뽑아 쓴 책이다.

『소학』을 가르친 스승은 부원군뿐만이 아니었으며 당숙·중부·선형·숙계부 등이 교대로 방문하여 담당했다. 혜경궁의 지문誌文에서는 "계해년에 영묘英廟께서 장헌莊獻의 배필을 간택했는데, 빈嬪이 아홉 살로 삼간택에 뽑혔다. 영묘께서 익정공을 명하여 『소학』 『내훈內訓』 『어제훈서御製訓書』 등의 책을 별궁에서 가르치게 했는데, 빈이 한 번 들으면 그 뜻을 이해하고 하나도 빠뜨리지 않고 외우셨다" 하였다. 혜경궁은 『소학』 외에 영조의 명에 의해 『내훈』과 『어제훈서』 등을 역시 부친인 익정공 홍봉한을 통해 배우기도 했다.

『어제훈서』는 혜경궁의 가례 이전에 영조가 직접 지은 교훈서를 가리킨다. 여기서는 구체적으로 어떤 책을 말하는지 모르겠으나, 이 시기의 훈서로는 『조감祖鑑』과 『어제대훈御製大訓』이 있었다. 『조감』은 효장세자가 조문명의 딸을 빈으로 맞이한 이듬해인 영조 4년(1728)에 세자의 교육을 위

「곽분양행락도」(12폭), 비단에 채색, 153.2×458.0cm, 19세기 후반, 국립고궁박물관.

해 편찬한 것이며, 『어제대훈』은 영조 17년(1741)에 임인옥안壬寅獄案의 소
각의 정당성, 곧 임인옥사가 무옥誣獄임을 천명하고 김용택 등을 역안逆案
에 남겨둔다는 판결을 담은 글이다. 따라서 혜경궁에게 읽힌 훈서는 『조
감』일 가능성이 크다. 효장세자에게 가례 이듬해에 『조감』을 편찬해주었
듯이, 사도세자에게도 가례 이듬해인 영조 21년(1745) 6월에 편찬해준 책
이 있다. 그것이 경천, 법조法祖, 돈친惇親, 애민, 거당袪黨, 숭검, 여정勵精,
근학勤學 등의 편목으로 구성된 『어제상훈御製常訓』이다. 영조의 정치 이념

을 잘 반영하고 있는 이 훈서는 하늘의 공경을 터잡아 조상을 본받고 친한 이를 돈목히 하며 백성을 사랑하고 편당을 물리쳐야 한다는, 경천에 의한 종법과 탕평의 통섭을 인식시키고자 한 글이다.

『내훈』은 성종 6년(1475)에 인수대비가 지어서 편찬한 여훈서다. 이 책은 『소학』 『고금열녀전』 『여교』 『명감』 등에서 중요한 사항을 뽑아 왕실 부녀자들의 덕성과 절의를 가르치기 위해 편찬했다. 발문에서는 "여항閻巷의 어리석은 부녀자들도 여공女功의 여가에 아침저녁으로 익히고 외워 마음으로 깨우치면 점차 집안을 다스리는 도리를 알게 될 것이니 풍속을 교화하는 데 어찌 도움이 적다고 할 수 있겠는가"라고 했듯이, 일반 부녀자들도 보급 대상으로 삼았다. 비씨는 짧은 기간이기는 하지만 적어도 이러한 책들을 읽음으로써 당시 여성의 기본 소양과 덕성 및 절의를 배워나갔다.

비씨가 머무르는 안방에는 순조 2년(1802)부터 「곽분양행락도郭汾陽行樂圖」를 그린 병풍을 쳐놓았다. 주인공은 중국 당나라 때 사람인 곽자의다. 8남7녀의 자녀를 둔 그는 손자와 증손자가 꽤 많아 일일이 알아볼 수 없을 정도였으며, 85세까지 장수했다고 한다. 영화롭고 다복한 생애를 그린 이 그림은 소설 『곽분양전』과 함께 19세기 조선 사회 상류층에 크게 유행했던 것으로 보인다.

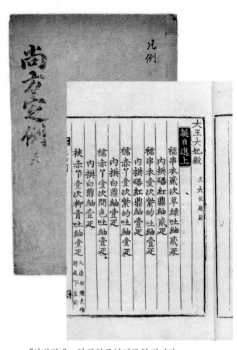

이렇게 다산을 기원하는 그림으로 또 「백자동도百子童圖」가 있다. 많은 어린아이가 정원에서 뛰노는 장면을 그린 것이다. 비씨는 이 그림들을 보면서 왕실에서 자신에게 바라는 가장 큰 소망이 실현되기를 허구한 날 빌고 또 빌었을 것이다. 아울러 아들의 생산과 양육에 대해 태사太姒를 모범으로 하여 태교 등 관련 지식을 터득하는 데에도 열중했을 것으로 보인다.

별궁에 든 이튿날에 국왕은 비씨의 친정에 선물을 보냈다. 이를 빙재聘財라고 한다.

『상방정례』, 한국학중앙연구원 장서각.

처를 맞게 된 대가로 재화를 보내는 것인데, 『국혼정례』와 『상방정례』에서 볼 수 있듯이 법정 규모가 정해져 있었다. 그 규모는 정포正布와 정목正木이 각 250필이며, 백미白米와 황두黃豆가 각 200석이었다. 이 예물은 비씨 집안에서 준비해야 할 혼수에 사용하도록 지원해주는 물자였다. 선초부터 왕비뿐 아니라 왕실혼에서는 당연시해오던 관행이었다. 태종이 동왕 2년에 전 성균악정 권홍의 딸을 궁주로 맞아들이면서 단자段子 9필, 견絹 20필, 정5승포正五升布 250필, 쌀과 콩 각 100석을 내려 가례의 혼수를 갖추도록 한 데서 이를 알 수 있다. 단종 때에는 면포 600필, 쌀 300석, 황두 100석이었다. 삼간택 후 3일째에는 별궁에 예물을 보냈는데, 이 규정 또한 마련되어 있었다. 별궁 예물의 종류를 보면, 대홍정주大紅鼎紬·남藍정주·초록草綠정주·백白정주·연초록토주軟草綠吐紬·백白토주 각 10필, 상면자常綿子(솜) 30근, 흑칠대함 1부였다. 모두 명주로서, 육례에 착용할 의복을 짓는 데 사용할 옷감들이었다. 정순왕후 가례 때에는 문양이 있는 의대衣襨(의복의 경칭)는 일체 거행치 말고 광적廣的으로 대신하라고 한 바 있다.

길흉을 점치며 육례를 준비하다

국왕의 가례는 고례의 형식을 따랐다. 고례는 육례六禮로서, 『의례』에서 규정한 여섯 절차의 혼례다. 곧 납채納采, 문명問名, 납길納吉, 납징納徵, 청기請期, 친영親迎이다. 사실 이 절차는 사대부의 예다. 율곡은 관례와 혼례에 있어 사대부의 예만 있고 천자와 제후의 예는 없다고 했다. 삼대 이래로 천자와 제후의 혼례는 오직 사대부의 예인 육례 절차를 따랐는데, 다만 지위에 맞게 규모 면에서 차이를 둔 예제가 만들어졌을 뿐이다. 육례 절차를 신분에 관계없이 따른 것은 사람의 부부관계가 천자로부터 사대부에 이르기까지 다 같기 때문이었다. 그런데 주자는 사대부 사회의 실현을 위해 이 육례를 간소화하여 네 가지 절차로 줄였으니, 의혼議婚, 납채, 납폐納幣, 친영이다. 이것을 사례四禮라고 한다.

조선 국왕의 육례는 고례의 절차와 달리 문명과 납길, 청기를 독립된 절차로 거행하지 않았다. 문명은 본래 여자의 생모의 성씨를 묻는 예이지만, 당나라 때 납채와 문명을 합쳐서 한 명의 사신을 보내는 형식으로 바뀌었다. 조선에서는 이를 채용한 셈이기는 하나, 문명을 겸행하지 않았다. 간택단자에 이미 사주를 기재토록 했으므로 불필요하기도 했을 것이다. 납길은 납채 후 사당 앞에서 점을 쳐 길조吉兆를 얻으면 이를 여자 집에 알려 혼사를 결정하는 예절이다. 청기는 추택한 성혼 기일을 여자 집에서 받아들이기를 청하는 절차인데, 훗날 기일을 통보하는 고기告期로 바뀌었다. 『예기』를 보면, '청請'은 신랑 집에서 성혼 기일을 마음대로 정할 수 없기 때문에 겸손하고 공경하는 말을 쓴 것이라 했다. 받아들이기를 청하는 것이지 통보하는 게 아니라는 말이다. 그런데 중국 송 태조 개보 연간에 청기를 고쳐서 고기를 사용하기 시작했다. 그리고 조선에서는 친영에 포함되어 있는 동뢰연을 독립된 절차로 인식했다. 따라서 조선 국왕의 육례는 『세종실록』「오례」와 『국조오례의』에 납채, 납징, 고기, 책봉, 명사봉영命使奉迎, 동뢰연으로 규정되었다. 그 후 중종 12년에 친영 의주儀註가 제정되어 시행함으로써 납채·납징·고기·책봉·친영·동뢰연으로 정형화되었다.

정부에서는 육례를 담당할 가례도감을 초간택 직후에 구성하여 사전 준비에 만전을 기했다. 먼저 도청과 낭청을 차출하고, 정사와 부사 이하 제집사를 차출했다. 구성 인원을 살펴보면, 정사(정1품), 부사(정2품), 전교관傳敎官(교서와 답전을 전달하는 역할을 담당한 관리, 승지), 전의典儀(통례원 관원), 협률랑協律郎(장악원 관원), 거안자擧案者 2명(참외), 거집자擧執事者 2명(충찬위), 알자謁者(참외), 장축자掌畜者(장원서 관원), 빈자儐者(참외), 장차자掌次者(전설사 관원) 등이었다. 이 중에서 거안자와 집사자는 납징과 책비 때 각각 4명과 8명으로 늘어났다. 빈자는 신부 본가의 친속으로 임명했는데, 현직에 있지 않은 사람에게는 군직軍職을 임시로 붙여주어 역할을 담당하게 했다. 가례도감 소속은 공무를 담임하는 자였기 때문이다.

도감의 업무 중 무엇보다 시급한 것은 신부의 본가를 별궁에서 가까운 곳에 마련하는 일이었다. 별궁과의 거리에 관계없이 실제 본가는 육례를 거행하는 데 많은 불편이 뒤따랐으므로 한성부에 명하여 사가私家를 임대해 신부의 본가로 삼도록 했다. 인조 16년 장렬왕후(인천 부사 조창원趙昌遠의 딸) 가례 때에는 별궁인 봉림대군의 집 남쪽 담장 밖인 고판서 박정현朴鼎賢의 집으로 정했다. 그리고 인현왕후 가례 때에는 그전에 쓰였던 전현감 박세웅의 집이나 유학 박세만의 집이 행례하기에 좁고 불편하다고 하여 어의동 홍중보洪重普 정승댁으로 정했다.

별궁에는 비씨가 생활하는 동안 사용할 기명과 생필품을 갖추어놓았다. 길면 한 달 보름, 짧으면 2주일이 채 안 되는 기간에 사용할 살림살이들이었다. 기명과 생필품 준비는 가례도감에서 담당했다. 본가로 쓸 집과 별궁은 미리 보수 공사를 했다. 여기에 들어가는 비용은 만만치 않았다. 일례로, 복온공주가 시집가면서 공주방과 부마방을 수리하는 데 따른 인력과 인건비 현황을 살펴보면, 양궁 수리에 필요한 역군은 각 40명이었다. 이들이 40일간 매일 공사에 참여하는 것으로 계획했으니, 1600명 분의 역군가를 마련해 지급해야 했다. 그런데 그 공사 규모가 예상외로 커지자 추가 대금의 지급을 요구할 정도였다.

기명 중에는 은기銀器 5종이 포함되었다. 도감이나 상의원에서 반드시 새로 만든 것을 사용토록 한 이 은기는 모두 왕비가 직접 사용하는 식기들이었다. 그 종류는 은발리개구銀鉢里盖具(은제 주발과 뚜껑), 은완개구銀椀盖具(은제 대접과 뚜껑), 은시첩개구銀匙貼盖具(은수저를 넣는 뚜껑 달린 통), 은시銀匙(은수저), 은저銀筋(은젓가락) 등이다. 왜 이것만은 새로 만들어야 했을까? 그리고 왜 은을 재질로 삼았을까? 물론 당시에 은제품은 가장 비싼 고급 사치품으로 왕실과 상류층이 주된 수요자였다. 한편으로는 은의 성질이 여러 이유에서 그 필요성을 더했을 것으로 보인다. 『본초강목』을 보면, 은銀은 몸에 지니고 있으면 오장이 편안하고, 심신이 안정되며, 사특한 기운을 내쫓고, 몸을 가볍게 하여 수명을 길게 한다고 했으며, 『동의보감』에서는 간질 및 경기 등 정신질환과 냉대하 같은 부인병 예방 및 치료에 효험이 있다고 했다. 이러한 건강상의 효능이 은의 사용을 귀하게 여겼을 테지만, 또 다른 이유로는 은이 독으로 인해 변색된다는 속설 때문이 아니었나 싶다.

도감에서는 또 육례를 거행할 장소와 육례의 모든 거행 날짜를 미리 정해놓았다. 그날은 길일이어야 하며, 날을 점치는 일은 관상감의 일관이 담당했다. 관상감의 일상 업무는 매일 천문을 관측하여 그 결과를 국왕에게 보고하는 것이며, 국가의 모든 행사에 점복卜으로 길일시를 정하는 것도 주된 일이었다. 육례의 길일을 정하는 순서는 친영을 가장 먼저 했으

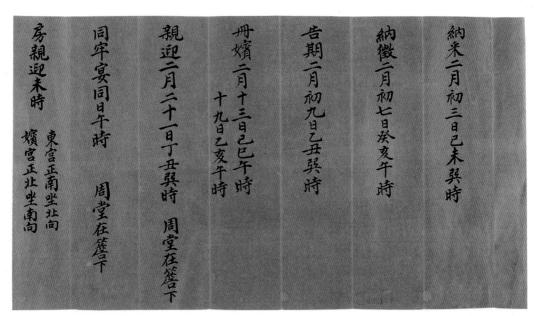

임오가례 택일기.

며, 이를 정한 뒤에 그 나머지 절차의 길일을 택했다. 심지어 예행연습인 습의習儀도 길한 날짜와 시간을 점쳤다. 국왕이 지정하는 달로 정하는 것이 일반적이었는데, 길일이 없어 변경하는 경우가 잦았다. 아주 드물지만, 한 달 동안 순길純吉한 날짜가 없었던 적도 있다. 연잉군 가례 때가 그러했다. 숙종은 동왕 30년(1704) 정월부터 시작된 가례를 준비하면서 그 길일을 2월로 택하라고 명했다. 그런데 일관이 점을 쳐보니, 2월에는 모두 구기拘忌만 있고 순전하게 길한 날이 없다고 보고했다. 이에 숙종은 그 근거를 써서 들이라고 명했다. 그 길흉점의 근거를 살펴보면 아래와 같다.

2월 1일(신미) 국기國忌

2일(임신) 십악十惡

3일(계유) 천적天敵 · 월파月破

4일(갑술) 주당재옹周堂在翁

5일(을해) 월기月忌 · 해불가취亥不嫁娶

6일(병자) 주당재고周堂在姑

7일(정축) 주당재부周堂在夫

8일(무인) 불의어부인不宜於夫人

9일(기묘) 주당재부周堂在婦

10일(경진) 수사受死

11일(신사) 십악

12일(임오) 불의어왕자不宜於王子

13일(계미) 뇌정雷霆 · 백호입중궁白虎入中宮

14일(갑신) 월기月忌

15일(을유) 천적 · 월파

16일(병술) 국기재계國忌齋戒

17일(정해) 국기정일國忌正日

18일(무자) 이과살離窠殺

19일(기축) 십악 · 불의어부인不宜於夫人

20일(경인) 불의어부인

21일(신묘) 염대厭對

22일(임진) 수사

23일(계사) 월기 · 국기재계

24일(갑오) 국기정일

25일(을미) 주당재부周堂在婦

26일(병신) 십악

27일(정유) 천적

28일(무술) 십악

29일(기해) 해불가취亥不嫁娶

이 29일 중에서 국기國忌나 그와 관련된 날이 5일이며, 주당살周堂煞이
든 날이 5일, 십악十惡이 든 날이 3일, 천적天敵이 3일, 월파月破가 2일, 월
기月忌가 3일, 해일亥日이 2일, 부인이나 왕자에게 좋지 않은 날이 4일, 수
사受死가 2일, 뇌정雷霆과 백호대살白虎大殺·이과살離窠殺·염대厭對가 각 1일
등이었다.

국기는 국왕이나 왕후 등 나라의 기일이다. 십악은 대패하는 날인 열흘
중 하나다. 십악은 몸身業과 입口業과 마음意業이 세 가지 업으로 짓는 열 가
지 죄악으로, 살생·투도偸盜·사음邪淫·망어妄語·기어綺語·악구惡口·양설兩
舌·탐욕·진에瞋恚·사견邪見을 이르는 말이다. 갑자甲子의 열흘에서 짝이 없
는 술戌과 해亥가 든 날은 공망空亡의 하나로서 흉하다. 천적은 날치기, 도
난, 사기 등을 유도하는 흉신이 작용하므로 불길하다. 월파는 효亥가 월령
月令과 충沖이 되는 것을 말한다. 주당살은 혼사에서 발생하는 살로서, 이
살이 시부모와 신랑, 신부에게 있는 날은 불길하다고 보았다. 민간에서는
옹翁이 없을 때 간혹 사용하기도 했다.

월기는 흉신이 작용하는 날로서, 매월 음력 5일과 14일, 23일이 이에
해당된다. 해불가취亥不可娶는 해일이 결혼하기에 흉한 날이다. 불의어부인
不宜於夫人은 신부에게 마땅하지 않은 날이다. 그 이유는 신부의 사주와 관

련 있을 듯하다. 혼례의 길한 달은 반드시 여자의 운명을 위주로 해서 추택하기 때문이다. 수사는 2월의 진일辰日이 그날에 해당돼 불길하다. 백호입중궁白虎入中宮은 백호의 대살大殺이 중궁에게 들어 있어서 흉하다. 염대는 흉신이 작용하는 날이다.

이처럼 길흉을 분간하여 길일을 택하는 데에는 구애되거나 피해야 할 날이 많은 법이었다. 그리하여 순수하게 길한 날인 순길純吉이나 길시를 택하기에는 사실상 매우 어려운 점들이 뒤따랐다. 길과 흉의 비중을 비교하여 길의 비중이 큰 날을 택하는 예가 없지는 않았지만, 대혼에는 순길을 사용하는 것이 원칙이었고 평길平吉도 거의 사용하지 않았다.

월일뿐 아니라 시간도 길흉을 점쳤다. 날을 먼저 점쳐 확정하고 난 뒤 시간을 점쳤다. 그런데 그 시간이 지금과는 달라 12개의 방위신인 짐승들을 결부시켜 두 시간씩 배당한 십이지로 시칭時稱한다는 데 문제가 있다. 길시를 자·축·인·묘·진·사·오·미·신·유·술·해시 등으로 표현했으니, 길다고도 볼 수 있는 두 시간 중 어느 시점을 가리키는지 모르겠다는 것이다. 예컨대 자시 하면 밤 11시부터 이튿날 1시까지인데, 이렇게 정해진 시간이 밤 11시인지, 자정인지, 아니면 1시를 가리키는지 도무지 알 수 없다. 간혹 계癸·간艮·갑甲·을乙·손巽·병丙·정丁·곤坤·경庚·신辛·건乾·임壬 등 간시間時로 점쳐 정하기도 했다. 이 간시는 십이지의 정시正時의 시작 시간이다. 정시가 군자의 시간이라 했지만, 이를 가리킨 것도 아니다. 십이지와 간시를 합쳐 24시로 편성하면 정시로 정해지는 경우도 극히 드물기 때문이다.

길시의 추택은 임술년(숙종 8, 1682) 이후부터 현종 때의 사례에 의거하여 24시간의 추이를 봐가면서 마련했다. 24시간의 추이라 함은 십이지와 간시를 합친 시간 배열을 나타낸다. 곧 자·계·축·간·인·갑·묘·을·진·손·사·병·오·정·미·곤·신·경·유·신·술·건·해·임의 순서로 한 시간씩 배당되는 것이다. 따라서 자시의 한 시간은 정시인 자정 12시를 기준으로 전후 30분씩이니, 자시는 11시 30분부터 12시 30분까지 해당된다.

그러면 사례 하나를 통해 24시의 추이에 따라 길시의 실제를 검토해보자. 인원왕후 가례 때인 숙종 28년(1702) 10월 13일 "묘시卯時에 임금이 어의동별궁에 나아가서 진시辰時에 친영례를 거행하고, 사시巳時 초에 임금이 대궐로 돌아왔다. 사시 정각에 중궁이 대궐로 들어와서, 동뢰연을 거행했다." 이를 24시간의 추이에 따라 재구성해보면, 오전 5시 30분부터 6시 30분 사이에 숙종이 출궁하여 어의동별궁으로 향해 가서, 오전 7시 30분부터 8시 30분 사이에 친영례를 거행하고, 오전 9시 30분 즈음 환궁하며 그 뒤를 따라 왕비가 입궁하는데, 그 시각이 사시 정각인 10시였다. 그러니까 동뢰연은 10시에 시작한 셈이다. 이렇게 따져봐도 모든 절차의 시작 시간이 모호한 것은 여전하다.

그렇다면 이 길시의 때를 어떻게 이해해야 할까? 이것은 의례의 시작 단계를 나타내는 삼엄三嚴의 시간을 통해 해명해야 할 것 같다. 인현왕후의 육례 길일시는 납채가 4월 13일 사시, 납징이 20일 오시, 고기가 25일 사시, 책비가 5월 2일 사시, 친영이 13일 사시, 동뢰연이 같은 날 신시로 정해졌다. 이 중에서 삼엄 시각을 알 수 있는 절차는 고기례인데, 초엄이 진초삼각辰初三刻, 이엄이 진정이각辰正二刻, 삼엄이 사초일각巳初一刻이었다. 이 삼엄 시각은 고기례 전날 재가를 받았다. 이를 고기의 길시인 사시와 비교해보면, 점쳐 얻은 길시는 삼엄의 시각을 가리킨다는 것을 알 수 있다. 그 시간은 삼엄의 시작 시간보다 15분 늦은 사시 1각이었다. 따라서 초엄과 이엄은 삼엄 때의 국왕 거둥을 준비하는 단계였다.

이번에는 정순왕후의 사례로서 삼엄의 시각을 알 수 있는 책비 때의 삼엄은 묘초초각이며, 친영 때는 인정초각이다. 이미 채택된 길시는 각각 진시와 묘시였다. 영조는 이 길시가 왜 그리 늦느냐면서 진시를 묘시, 묘시를 인시로 한 시진씩 앞당겨서 거행할 것을 지시했다. 그 시간이 묘시의 시작점에서 15분 늦은 묘초초각과 인시의 시작점에서 1시간 15분 늦은 인정초각이었다. 이렇듯 삼엄은 길흉을 점쳐 정한 길시 내에서 또다시 정해진 시각에 행하는 국왕 거둥의 단계였다. 삼엄 시간을 먼저 정하고 그에 맞춰 초엄과 이엄 시간을 정하거나, 초엄을 내린 후에 이엄과 삼엄이 정해지는 등 상황에 따라 가변적으로 활용했다. 행례 당일에 예기치 않은 일이 발생하면 이전에 정한 삼엄은 놔두고 추이를 봐가면서 정하기도 했다. 그리고 길시와 삼엄은 임금의 재량에 의해 변경 가능했으나, 대체로 점쳐서 나온 길일시를 따르는 편이었다. 때로는 삼엄을 단엄으로 하기도 했다. 모든 육례는 국왕이 입장해야 시작되므로 점쳐진 길시는 삼엄을 정할 시간 범주였다고 하겠다.

삼엄은 국왕의 거둥 단계로서 행사 당일 전날에 보고하도록 되어 있었다. 삼엄의 배정은 국왕의 친림 행사에 적용하고자 한 것이었으므로 그 외의 행사에는 시간의 모호성이 여전히 남아 있었다. 길시 초가 행사 시작 시각으로 보이나, 어쨌든 당시에는 수천 년의 역사를 지닌 점복이 지시하는 길흉의 운명론이 일상을 지배하고 있었으니 『주례』에서 국가의 대사는 먼저 점을 친다고 한 고례에 의거하여 시간의 모호성에도 불구하고 그 신령함에 기대는 전통은 간과할 수 없었다.

육례의 거행에 앞서서는 예행연습인 습의가 철저히 거행되었다. 국가의 예법은 한 치의 실수도 용납되지 않아 최고 권위의 예를 위반할 땐 법적 제재를 받았기 때문에 "독례서이협사讀禮書而協事"라 한 바와 같이, 예서를 익히고 예의를 연습하는 것이었다. 또 국가 의례의 행사장에는 반드시 대간이 참석하여 제대로 이행하는지를 감찰했다. 예행연습에는 또 예방승지가 참석토록 되어 있었으나, 내명부의 예행연습에는 참석하지 않았다. 습의는 궁궐에서 행하는 외습의와 별궁에서 행하는 내습의로 나뉘었다. 예모관禮貌官이 각 해당 기관의 관원과 함께 사약司鑰을 안동하고서 거행했다. 세 차례가 기본 횟수인데, 여러 사유로 한두 차례 거행하거나 겸행하는 것이 보통이었다. 백관과 정·부사 이하 제집사 그리고 주인 및 대사간 이하 대간도 참석했다. 주인도 반드시 참석시켜 사전에 예법을 익히도록 했으며, 사헌부 감찰의 참석은 세 번째 습의 때였다. 최종 리허설에서 각 반열의 행례의 시종을 감독하는 임무를 맡은 것으로 보인다. 습의 때의 백관 복식은 인조 때 5품 이하에게 융복戎服을 입도록 하기도 했으나 그 이후로는 모두 흑단령을 착용했으며, 정·부사 이하도 흑단령 차림이었다. 소용되는 제 도구는 실제 사용하는 도구를 본떠 만들어서 모두 배설하고, 행례와 반차를 익혔다. 반차는 의정부에서 남별궁 혹은 한성부, 공조까지 행진하도록 했다. 내습의는 별궁에서 행하거나 궁궐 내에서 행하기도 했는데, 각 차비와 의녀 등 여성 참가자를 중심으로 이루어졌다.

4장

납채에서
고기까지

朝　鮮　國　王　　嘉　禮

국왕의 혼수 비용

국왕의 혼수 비용은 얼마나 되었을까? 국혼의 운용 예산은 영조 25년 (1749)에 편찬된 『국혼정례國婚定例』에 상세히 규정되어 있다. 그중에서 국혼의 기본 예산이라 할 항목으로는 '본방수송本房輸送'과 '내수사수송內需司輸送'을 들 수 있다. 본방수송과 내수사수송은 각각 가례도감과 내수사에 호조 및 공조에서 수송하는 예산 내역을 말한다.

○ **본방수송**

호조: 은자銀子 500냥, 전문錢文 75관貫, 면주綿紬 2동同, 포자布子 3동, 미米 100석, 태太 10석

병조: 전문 75관, 목면木棉 15동

○ **내수사수송**

호조: 전문 150관, 유철鍮鐵 300근, 주철鑄鐵 800근, 동철銅鐵 300근, 유납鍮鑞 200근

병조: 전문 150관, 목면 30동

이들 각각의 내역을 당시의 쌀로 환산하여 오늘날의 쌀 가격을 기준 삼아 혼수 비용을 산출해보자. 쌀과 콩·베·은자의 가격은 『속대전』을 통해 동전으로 환산할 수 있다. 이 가격은 당시 시장에서의 물가나 교환가를 어느 정도 반영했을 것으로 여겨지나, 실거래와는 약간 차이가 있을 수 있다. 조선시대의 쌀값은 풍흉에 따라 두 배 이상의 격차를 나타내고, 춘궁기와 추수기의 시세 또한 큰 차이를 보였다. 은자 1냥도 이 시기에 동전 2~3냥으로 산출 근거에 따라 다르게 정해질 수 있었다. 시장경제가 안정되어 있지 않은 당시에 있어서 어느 시기의 어떤 가격을 기준으로 할 것이냐는 문제는 심각한 오류의 반복이 될 수도 있다.

이처럼 당시 시장 가격의 불확실성에도 불구하고 국왕의 혼수 비용 산출의 기준을 제시하는 데는 국가 예산 편성의 공공성을 고려할 때 관련 법규정이 가장 신뢰할 만할 것이다. 이와 관련된 규정이 수록되어 있는 『속대전』은 1746년에 인쇄하여 반포된 법전으로서 『국혼정례』보다 3년 정도 이른 시기에 제정되었다. 두 자료는 시기상의 간격이 매우 짧고 당시 물가의 변동 폭도 완만했다. 따라서 『속대전』의 규정을 적용하는 데에는 큰 무리가 없어 보인다.

그러면 『속대전』의 환가 규정을 살펴보자. 먼저 쌀 가격은 1석을 황두(콩) 2석과 같은 가격으로 쳤다. 베 5승포 1필은 2냥5전으로 대납할 수 있고, 정은丁銀 1냥은 전문 2냥의 가치라고 했다. 쌀 1석이 5냥이었으니, 쌀과 콩의 1 대 2 비율에 따라 콩 1석은 2.5냥이 된다. 물품의 단위는 1관이 10냥이며, 1동은 50필이다.

이러한 환가 기준을 적용하여 가례도감에 수송한 돈과 물품을 쌀로 환산해보자. 이를 셈해보면, 호조와 병조에서 보낸 예산은 각각 쌀 600석과 525석이다. 당시에는 쌀 1석을 15말로 쳤다. 현재의 단위로 한 가마는 80킬로그램이니, 15말은 120킬로그램이다. 2016년 10월 초의 산지 쌀 가격이 80킬로그램짜리 1가마가 13만4076원이었다.(『한국농어민신문』 2856호, 2016년 10월 14일자) 이것은 1995년의 13만2680원과 비슷한 수준이다. 따라서 현재의 쌀 가격은 폭락 상황임을 알 수 있으나, 오늘날의 가격 기준의 시점 또한 임의적일 수밖에 없어 이 가격으로 산출해보고자 한다. 이 가격에 앞서의 600석과 525석을 곱해보면 각각 1억2067만 원과 1억558만 원이다. 따라서 호조와 병조에서 가례도감에 보낸 예산은 2억2625만 원이었다.

내수사에 보낸 예산은 각종 철의 가격을 알 수 없어 호조에서 보낸 예산은 산출할 수 없다. 다행히 병조에서 내수사에 보낸 예산은 전문과 목면이므로 위와 같은 기준으로 쌀로 환산해보면, 쌀 1050석이다. 이것의 현재 가격은 2억1117만 원이다. 가례도감에 보낸 예산의 거의 두 배다. 그렇다면 호조에서 보낸 예산도 그에 버금간다고 볼 때 약 2억4000만 원에 해당된다.

『국혼정례』의 편찬은 쓸데없는 비용을 줄이고 절약하려는 데 목적이 있었다. 그럼에도 불구하고 가례도감과 내수사에서 사용하는 국왕의 국혼 예산은 각각 2억2000만 원과 4억5000만 원이었다. 이 두 기관에서만 자그마치 6억8000여 만 원을 국혼 예산으로 사용했다는 것이다. 호조에서 양 기관에 보낸 예산을 쌀 1800석으로 어림잡았을 때, 1년 예산의 약 2퍼센트에 해당된다. 호조의 1년 운용 예산은 영조 22년(1746)에 9만 석이라 한 것을 기준으로 삼았다.

영조 35년 정순왕후 가례 때에는 내수사에 보내는 비용을 감액토록 하여 전문 100관, 목면 10동, 유철 200근을 줄이고, 동철과 유납을 반으로 줄이도록 했다. 또 혼사 비용에 대해 영조 40년에 언급한 내용을 보면 왕자녀의 가례가 겹쳐서 그 비용을 줄이고자 지나친 사치를 없애도록 했다. 그리하여 준촉樽燭·향화香花·조각·옻칠·도금鍍金 등의 제도를 없애거나 줄였으며, 식품도 다섯 그릇에 그치도록 했다. 그렇게 했어도 한 번의 혼사를 치르는 비용이 1만 냥을 넘었다고 했다. 쌀 1석이 5냥이었으니, 1만 냥은 쌀 2000석이었다. 위의 금액으로는 요즘의 4억200만 원 정도가 된다.

국혼에 소요되는 비용은 이 기본 예산 외에 각 기관에서 자체 예산으로 처리하거나 시전의 상인들이 공납하는 등 그 수입 출처가 다양했다. 국혼에 참여하는 정부 기관은 화순옹주 부마 간택 때 23개였다. 관련 자료에는 「각사소장물목질各司所掌物目秩」이라 하여, 참여 기관에서 담당했던 물품의 목록을 기관별로 분류하여 정리해놓았다. 예를 들면, 호조는 빙재 면포聘財綿布 50필을 담당한 것으로 나와 있다. 호조에서는 가례도감과 내수사에 보내는 예산 외에 빙재로 보내는 면포 50필을 자체 예산으로 감당해야 했던 것이다. 공조와 상의원 등에서는 부마방駙馬房 안자鞍子와 저고리 등 수십 가지 물건을 제작하여 공급했다. 그러기 위해서는 재료 구입 비용이라든가 인건비 등이 적잖이 지출되었을 것이다.

육례의 거행을 명하다

육례는 기일 전에 사직과 종묘에 고유告由하는 것으로 시작했다. 육례를 거행할 궁전도 미리 정했는데, 인현왕후와 정성왕후 때는 창경궁 명정전이었다. 납채와 납징·고기·책비의를 궁전에서 친행하는 것은 본가인 국왕의 가家에서 행해야 하기 때문이었다.

마침내 육례의 첫 절차인 납채를 행하는 날이 도래했다. 납채는 채택하는 예를 받아들인다는 말이다. 여자 집에서 혼인하기로 상호 약속은 했으나 공식 절차를 거쳐 혼인을 허락하지 않았기 때문에 남자 집에서 혼인을 채택하는 예를 먼저 행하고는 여자 집에서 이를 받아들이도록 하는 것이다. 그러므로 납채는 처음으로 양가에서 혼인을 채택한 사실을 대내외에 공표하는 예라고 할 수 있다.

각종 행사에서 국왕의 거둥은 미리 정한 시각에 맞춰 이뤄졌다. 국왕의 거둥은 가장 존엄한 존재의 행차였으므로 삼엄한 경계 속에서 북소리의 신호에 따라 엄숙하고 차분하게 진행되었다. 이것이 소위 '엄嚴'이며, 초엄·이엄·삼엄의 세 단계로 나뉘었다. 군대의 신호 체계에서 연원한 이 삼엄은 국왕과 참석자의 동작 및 정렬이 완결되기까지의 점진성을 나타냈다. 삼엄은 행사 전날에 시간을 미리 정해 국왕의 재가를 받아서 조보朝報를 내어 모든 관서에 통지했다.

엄의 신호는 큰북을 이용했다. 북을 쳐서 초엄하면, 가장 먼저 군사들이 정전 안으로 들어가 경계 태세를 갖추었으며, 여러 집사는 의장을 배치했다. 종친과 문무백관 등은 조당朝堂에 모여서 조복으로 갈아입었다. 이엄하면, 종친 이하가 자리를 이동해 문밖의 자리로 가 서서 기다리고, 국

보안.

『보인소의궤』에 실린 국새.

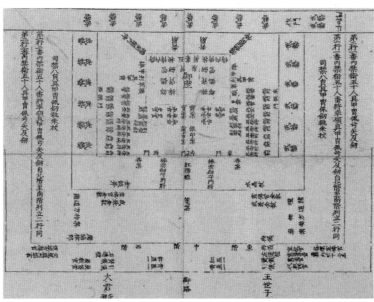

「정아조회지도正衙朝會之圖」 정전 부분. 어좌 앞에 보안이 놓여 있다.

왕을 호위할 관원 및 사금司禁이 병장기와 군복을 갖추고서 합문 밖으로 가서 대기했다. 이때 좌통례가 국왕에게 중엄中嚴을 아뢴다. 그러면 국왕은 면복을 갖추어 입고 내전에서 편전으로 거동했다. 마지막으로 삼엄하면, 집사관과 종친 및 문무백관이 정전 안으로 들어가 제자리로 가서 정렬했다. 북소리가 그치면 합문 등 모든 궐문을 활짝 열어젖혔다. 좌통례는 국왕에게 외판外辦을 아뢰는데, 외판은 밖에 준비가 다 되었다는 말이다. 이 보고를 들은 국왕은 그제야 비로소 여를 타고서 정전으로 나온다.

국왕은 면류관을 쓰고 곤복을 입고서 어좌에 올랐다. 근정전 밖의 향로에서는 향이 피어오르고, 어보가 상(보안)에 놓였다. 의식의 시작을 알리는 신호였다. 종친과 문무백관은 상중喪中 혹은 식가式暇(휴가) 중이거나 추고推考 중인 인원 및 무록관無祿官을 제외하고는 모두 참석하는 것이 원칙이었다. 참석한 신하들과 사자使者 이하는 선후로 국왕에게 몸을 굽혔다가 네 번 절하고 일어나 몸을 펴는 예, 곧 국궁사배흥평신鞠躬四拜興平身을 행했다. 인사를 받은 국왕은 이 의식의 거행 목적인 국혼을 대내외에 공식적으로 선포하고, 이를 행할 것을 명했다. 교서의 선포는 전교관傳敎官이 대신했다.

아무개의 딸을 맞이하여 왕비로 삼으려 한다. 경들은 납채의 예를 행하도록 명하노라.

이 전교는 선포문이면서 명령문이었다. 사자 이하는 무릎 꿇고 이 명을 받들었다. 납채의 예를 행하러 비씨가로 향하는 일행은 왕명을 받은 사신 이하다. 정사와 부사는 정전의 행사장에 조복朝服을 입고서 참석했다. 조복은 조정에서 의식을 행할 때 입는 예복이다. 그런데 비씨의 집으로 향할 때에는 궐문 밖으로 나가 공복으로 갈아입었다. 이들의 공복은 도감에서 준비했다. 공복으로 갈아입는 이유는 임금의 명으로 공무를 수행하는 데 다 비씨가에서의 수납채의受納采儀가 국왕이 친림하고 문무백관이 모두 참석한 납채의보다 위격이 낮은 의례이기 때문이기도 했다.

국왕의 복색은 납채와 고기·친영·동뢰연에 면복, 납징과 책봉에 원유관과 강사포를 갖추어 구별했다. 신하들은 의례의 크기에 따라 조복과 공복으로 나누었으나, 국왕은 육례의 크기를 구분하는 기준이 없는 상태에서 복색을 달리한 이유를 알 수 없다. 『대명집례大明集禮』「납후納后」를 보면, 당나라에서는 황제가 임헌견사臨軒遣使(정전에 나와서 사신에게 명하여 그를 파견하는 절차)에 곤면, 합근合졸에 통천관과 강사포를 착용하고, 송나라에서는 곤면으로 통일했으며, 명나라에서는 당나라의 제도를 따랐다고 했다. 따라서 조선의 국왕이 조복과 공복을 구분한 것은 육례 규모의 크고 작음에 의거한 것은 아닌 듯하다.

정사 이하 사신단 일행은 교서함을 실은 채여와 세장, 고취를 앞세우고 비씨 집으로 출발했다. 주인에게 전할 교문지는 홍초紅綃 겹보로 싸서 흑칠중함에 넣고 홍주紅紬 홑보로 싸서 당주홍칠한 안상案床에 올리고 역시 홍주의 상건으로 덮어 채여에 실었다. 사신이 가지고 가야 할 물건은 이 교서와 교문지 그리고 기러기였으며, 봉명사신에게 내려야 할 부절符節에 관한 규정은 없었다. 중국 명나라와 그 이전 왕조에서는 부절을 내렸지만, 조선에서는 임금의 명으로 파견된 사신임을 증명하는 신표인 부절을 사용하는 제도를 만들지 않았다.

비씨 집에서의 육례는 별궁에서 수책례와 친영을 거행하고, 그 나머지

　雍正四年午十月　日　冊禮都監都廳儀軌

中宮殿冊禮正日丙午十月二十九日午時慶所則養和堂
外習儀初二度十月十六日善行於議政府
　　　三度十月十七日行於　仁政殿
內習儀初二度十月十九日善行於議政府
　　　三度十月二十二日行於　道明殿
丙午五月初二日
吏曹別單
都提調議政府左議政洪致中　丙午五月初二日啓下　丙午十月二十九日至
提調四員
行戶曹判書申思喆　丙午五月初二日啓下　丙午十月二十九日至
兵曹判書金興慶　丙午五月初二日啓下　丙午十月二十九日至

禮曹判書沈宅賢　丙午五月初二日啓下
工曹判書黃一夏　丙午五月初二日啓下
行承政院都承旨黃龜河　丙午六月二十二日辭遞

都廳二員
議政府檢詳李瑜　丙午五月初二日啓下
吏曹佐郎權補　丙午五月初二日啓下
司諫院司諫李端章　丙午十月二十四日啓下

郎廳六員
禮曹正郎陳翼漢　丙午五月十八日外任遞歸
禮曹佐郎李挺橝　丙午七月二十二日意惠遞歸
司宰監主簿鄭彥恢　丙午七月十五日啓下
兵曹正郎鄭彥燮　丙午五月初二日啓下　丙午七月二十八日喬遷

『정성왕후책례도감의궤』, 47.0×37.0cm, 1726, 국립중앙박물관. 달성 서씨 서종제의 딸로 연잉군과 가례를 올렸던 세제빈 서씨를 왕비로 책봉한 과정을 기록했다.

　납채와 납징·고기는 세낸 본가에서 치러졌다. 집에 도착한 정사는 장차자掌次者(사신이 머물 천막을 담당한 사람)의 안내를 받아 대문 밖에 설치한 차次(일종의 천막)로 들어가고, 교서를 그 안에 진설했다.

　비씨가의 주인과 빈 및 집사자의 복색은 각각 공복과 흑단령이었다. 공복을 입는 사람은 본래 정사와 부사, 주인, 빈자 및 집사 등 17인이었다. 이 옷은 모두 관에서 준비하여 지급했다. 그런데 양 난을 거치면서 정부 재정이 열악해지자, 무인년(숙종 24)부터 지급 대상자를 대폭 축소해 정사 이하 빈자까지로 한정하고 그 나머지는 흑단령을 입도록 했다. 이 복식은 납폐, 납징, 고기 때에도 마찬가지였다. 정전의 행사장에서 조복을 입었던 제집사의 경우에는 조복을 그대로 입고 행례해도 무방하겠다는 의견이 제기되기도 했으나, 조복과 공복 사이에는 경중과 등차가 있는 의장儀章이었다. 따라서 공복을 입어야 할 자리에 조복을 입는 것은 예법에 어긋나며, 왕명을 받든 사신은 공무 집행자로서 예복이 아닌 공복을 입어야 함이 당연했다.

비씨 집에서 납채를 받아들이다

비씨 집에서는 사신 일행을 맞아 납채를 받아들이는 절차를 진행했다. 비씨의 부친은 국왕이 내린 교지와 기러기를 차례로 받고 나서 참석자들에게 선온과 예례를 베풀었다.

천막으로 들어가 있던 사신과 그 일행은 곧 나와서 알자謁者의 인도로 대문 밖의 동쪽에 서향하고 섰다. 대기해 있던 주인은 대문 안의 서쪽에 동향하고 서서 사신 일행을 맞이했다. 대문 안팎에 서 있는 주인과 정사는 방문 사유에 대한 문답을 주고받는데, 전달자 역할은 빈자儐者가 했다. 빈자는 먼저 주인의 명을 받아 정사에게 "감히 행사하시기를 청합니다"라고 한다. 그러면 정사는 "아무개가 왕명을 받들어 납채합니다"라고 한다. 이를 주인에게 고하면, 주인은 "신 아무개의 딸이 남들 같기는 하나 이미 왕명으로 찾아주셨으니 신 아무개는 감히 사양하지 못하겠습니다" 하고는 대문 밖으로 나가 사자를 맞이하고, 북향하여 네 번 절했다. 국왕의 사은賜恩에 대한 사례로 행하는 망궐례이므로 사자는 답배하지 않았다.

사자와 주인은 함께 행사장인 정당正堂으로 걸어 들어갔다. 각각 오른

「전안하는 모양」, 김준근, 17.0×13.0cm, 2002, 서울역사박물관. 민간에서 혼례 때 신랑이 기러기를 가지고 신부 집에 가서 상 위에 놓고 절하는 모습을 그렸다.

쪽과 왼쪽으로 나뉘어서 문을 들어가 세 번의 읍양례揖讓禮를 행하면서 당 앞으로 갔다. 사자는 동쪽 계단으로 올라가 당 가운데에 서는데, 정사는 남향하여 서고 부사는 정사의 동남쪽에 선다. 주인은 뜰 가운데로 가서 다시 북향하여 네 번 절했다. 정사와 주인이 이렇게 제자리를 잡고 나면, 정사는 교서인 납채서를 받아서 이를 읽어내려갔다. 주인은 부복했다가 일어나 네 번 절하고 서쪽 계단으로 올라가 정사 앞으로 가서 교서를 받았다. 그다음으로 정사는 집안자執雁者가 바치는 기러기를 받아서 주인에게 주었다. 주인은 기러기를 받아서 상에 놓고, 주모가 이 상을 들고 나갔다. 이어서 주인은 교서에 대한 답장인 복서復書(전문箋文)를 넣은 함을 들고 있는 거전함자擧箋函者가 복서를 바치면 이를 정사에게 주고, 곧 내려가서 자리로 돌아가 또 네 번 절했다.

이렇게 비씨 집에서 납채를 받아들이는 예는 교서 하사와 기러기 전달, 복서의 수령이라는 세 절차로 구성되어 있다. 예를 마친 사자와 봉전함자捧箋函者(전문, 곧 복서를 넣은 함을 받든 관원)는 차례로 당을 내려가 나갔다. 주인은 뜰 서쪽에 서서 지나가는 사자에게 국궁하여 예를 표하고 역시 나가서 주인은 중문 안에 서고 사신은 밖에 섰다. 빈자가 "행사하시기를 청한다" 하고 정사는 "예가 끝났다"고 말한다.

납채례가 끝나자, 주인은 사자 이하를 접대하고 그들을 전송한 뒤에 사당으로 가서 고유를 했다. 그리고 사자 일행은 전함을 실은 채여를 앞세우고 입궐하여 다시 조복으로 갈아입고 인정전 뜰에서 복명했다. 정사는 "왕명을 받들어 납채례를 마쳤습니다" 하고는 전함을 전교관에게 주고서 물러가고, 전교관은 임금에게 보고했다.

그러면 납채서에는 어떤 내용을 담고 있었을까?

모관 아무개에게 교지를 내린다. 왕은 말하노라. 우주가 생기면서 인륜이 세워지고 부부에게 미쳐 사직과 종묘를 받들게 했는데, 이 일을 경상卿相에게 의논하니 모두 마땅하다고 하므로 옛날의 법도에 따라 이제 모관 모와 모관 모에게 예대로 납채하게 했다. 그러므로 이에 교시하는 터이니 이를 상세히 알도록 하라. 모년 월일

이 교지는 국왕 명령문의 격식을 갖춘 매우 간명한 글이기는 하지만, 『역경』에서 언급했듯이, 국왕 가례의 유교 이념을 명료하게 표현하고 있다. 국왕은 이 이념을 실현해야 하는 자로서, 이번 가례는 재상들과 상의하여 결정한 국가의 대업임을 상기시켰다. 또 그 절차는 옛 법도를 따르는 것이 도리이므로 그에 의거해 납채한다는 점을 밝혔다. 국왕 가례가 유교 이념을 구현하고 온 백성과 함께하며 조상이 일으켜 세운 법도를 준수하는 의례라는 의미를 담고 있는 것이다. 가례의 본래 뜻인 가회와 친민의 근본에 충실한 옛 법도의 준수는 임금이 모범을 보여 교화의 책임을 다하는 예교의 수호자임을 나타냈다.

납채서를 받은 주인은 납채를 수락하는 답전答箋을 올렸다.

구관 신 아무개는 머리를 조아리고 조아리면서 말씀을 올립니다. 삼가 주상 전하께서 경사스런 명령으로 혼인을 구하시는데, 누족 가운데서 신의 딸을 채택하시니 교훈에 익숙하지 못하오나 옷을 입고 신을 신으면 남들과 같기는 합니다. 삼가 옛 법도에 따라 엄숙히 전교를 받듭니다. 신은 감격을 이기지 못하고 삼가 전문箋文을 받들어 아룁니다. 모년 모월일에 모관 신 아무개는 삼가 전문을 올립니다.

전문은 신하가 국왕에게 올리는 글이다. 납채서에 대한 답장이므로 복서라 했다. 그 내용은 임금이 보잘것없는 자신의 족속에서 혼인자를 구한 것에 대해, 역시 옛 법도에 따라 이를 받아들인다는 수락 의사를 담은 것이다.

납채서와 복서는 사가에서는 양 집안의 주인이 작성하는 것이나, 국가 의례에서는 예문관이 담당했다. 특별히 서사관을 임명하여 썼는데, 그는 승문원 소속으로서, 아들을 많이 낳고 복이 있으며 착하고 글씨를 잘 쓰는 사람으로 골라 정했다. 서사관뿐 아니라 납채서와 복서를 넣은 함을 지고 가는 사람도 아들을 많이 낳은 자를 택했다. 『서경』에서 말하는 오복五福도 중요하지만, 왕실이든 민간이든 자손을 많이 두는 것 또한 큰 복이라 여겼으므로 그 복의 기운이 전해지기를 바랐던 모양이다. 그 마음이 얼마나 간절했으면 다산의 경험이 있는 사람의 기운을 받고자 했을까.

국가례에서는 혼서婚書도 교지였다. 납채서가 교명문 형식을 갖추고 있기는 하나, 가례의 측면에서 보면 혼서라 할 수도 있다. 복서는 상식적으로 비씨가에서 알아서 준비했을 것 같지만, 실제로는 정부에서 써서 보냈다. 가례도감에서 도청 등 책임자가 참석한 가운데 정해진 날 아침 일찍 조식 후에 도감에 나온 서사관이 이 납채서와 복서를 정서했다. 양 글은 때마다 새로 짓는 것이 아니라, 『국조오례의』에 이미 그 서식이 정해져 있기에 정서하기만 하면 되었다. 겉봉투에 쓰는 서식은 다음과 같다.

채서, 姓(신부의 아버지) 직함 宅 上狀 (押) 謹封

봉작명(신랑의 주인) 이름

복서, 君名(신랑의 주인) 댁 上復狀 (압) 근봉

직함(신부의 아버지) 성명 奉

완성한 정서본은 붉은 보자기로 싸서 가함假函에 넣고 승정원에 올렸다. 승정원에서는 국왕에게 열람하게 하고는 재결을 받아서 보인寶印을 찍었다. 복서는 승문원에서 도감에 보내고, 도감에서는 비씨가에 파견되는 중사中使를 통해 전달했다. 사신과 함께 비씨 집에 도착한 중사는 대문을 들어가기 전에 미리 이 복서를 비씨 집에 전해주었다.

전안례奠雁禮는 가례家禮에서는 친영 때만 행했다. 반면 국왕 가례에서는 납채와 더불어 고기·책봉·친영의 4례에 걸쳐 이를 행했다. 고례에서는 납채·문명·납길·청기·친영의 5례에 기러기를 사용하고, 납징에 현훈속백玄纁束帛을 사용했다. 이렇게 기러기와 속백을 신부의 부친에게 드리는 이유는 뭘까? 기러기는 음이 양을 따르는 자연의 순환 원리에 순응하는 새라고 한다. 어떤 이는 짝을 바꾸지 않는 습성이 있다고 해서 기러기를 정조 혹은 일편단심의 상징으로 보았다. 이 두 견해를 종합하면, 기러기는 신의와 음양의 조화를 상징하는 동물이라고 하겠다. 기러기의 이러한 성향은 음이 양을 따르는 형식인 친영의 의미뿐 아니라, 음양의 두 성姓이 하나로 결합한다는 뜻을 갖는 것으로 보고 가례에서 그 상징을 취한 것이다. 그런데 납징에서는 기러기를 사용하지 않고 대신 속백을 사용했다. 이로써 보면 기러기도 속백처럼 폐백의 하나이기도 했다. 공자가 "폐백 없이는 서로 만나지 않는다"고 한 것과 같다.

기러기는 살아 있는 것을 사용했다. 혼가에서의 지贄(폐백)는 죽은 치雉(꿩)를 사용하지 않았다. 이를 포획하여 바칠 책임은 경기감영에 있었으며, 주무 기관은 장원서였다. 그래서 장원서 별제를 생안차비生雁差備, 곧 생기러기의 담당관으로 삼았다. 기러기는 상의원에 보내져서 예쁘게 장식되었는데, 목에는 붉은색 명주인 홍주紅紬로 얽어서 묶고 붉은색 비단실

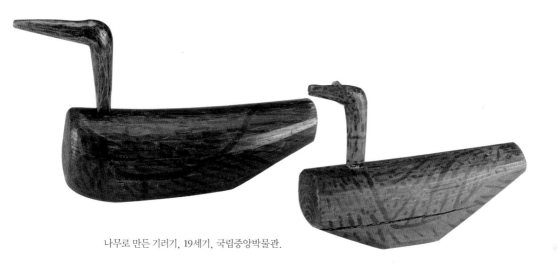

나무로 만든 기러기, 19세기, 국립중앙박물관.

인 홍진사紅眞絲를 코에 꿰어 늘어뜨렸다. 붉은색 명주 2폭의 홑보로 싼 생기러기를 궁궐에서 비씨 집으로 들고 가는 역할은 충찬위가 담당했다. 충찬위는 아들을 많이 낳고 풍채가 좋으며 복이 있는 사람으로 선발했다. 명복을 담은 함을 지고 가는 사람도 마찬가지였다. 숙명공주 길례 때 차출된 두 명은 서울 남부와 서부에 사는 이들로서, 각각 5남1녀와 3남1녀를 두었다. 화순옹주 때에는 아들 여섯을 낳은 80세의 김시감金時鑑과 아들 넷을 낳은 63세의 정효달鄭孝達이 선발되었다.

창졸간에 영감이 된 충찬위는 당상관의 풍모를 갖추도록 겉치레를 했다. 장인에게 기러기를 드리는 신랑이 임금이므로 그 기러기를 들고 가는 사람은 그 위신에 맞는 고위직이어야 했다. 그리하여 생안충찬위는 흑단령을 입고 가슴에는 당상관의 흉배를 달아 국왕 사신으로서의 위엄을 과시했다. 당상관 흉배는 사각 모양의 문관 흉배로서, 오색찬란한 구름 속에서 두 마리 학이 마주하여 날갯짓하고 하단에는 산과 바다, 꽃을 표현하여 태평성대의 고고한 군자를 상징했다. 망건의 양옆에는 옥관자玉貫子를 달아 부귀와 영화를 나타냈으며, 검은 사피斜皮(담비 가죽)로 만든 가죽신을 신었다. 그는 위세 좋게 안장을 갖춘 말을 타고 양옆에는 두 견마잡이가 고삐를 쥐고서 끌고 갔다.

선온 잔치와 그 후의 납징, 고기

납채를 끝낸 주인은 문밖으로 나가서 다시 사자를 맞이해 들어와 읍양하면서 당으로 올라갔다. 이곳에서는 매우 중요한 궁궐 행사의 하나가 벌어졌는데, 곧 외선온外宣醞이다. 찬품으로는 세 가지를 넘지 않는 삼과상三果床이 차려졌다. 내자시에서 준비하여 보내온 것이다. 사자는 시복時服으로 갈아입고 승지는 흑단령 차림으로 이 행사에 참여했다. 외선온은 사신 일행의 노고를 치하하고자 국왕이 궁궐 밖으로 술과 음식을 보내 베푼 잔치다. 그래서 선온은 선로宣勞와 그 뜻이 같다. 궁궐 안에서 행하는 선온은 내선온이라 한다. 태조나 태종 연간에는 궁온宮醞이라는 용어를 더 많이 사용했다. 인원왕후의 『가례등록』에서는 이를 '외선례外宣醴'라고 했다. '온醞'은 빚은 술을 가리키지만, '예醴'는 단술을 말한다.

선온 절차는 의궤에서는 찾아보기 어렵다. 국왕 이하의 가례라고 해서 그 선온 절차가 다르지 않으므로 『숙의가례청등록淑儀嘉禮廳謄錄』을 통해 알아보자. 숙의 가례에서는 독뢰연이 끝나자마자 별궁에서 행하는 내선온內宣醞이 행해졌다. 이 자리에는 예조 당상 이하가 참석했다. 주정酒亭이 정북에서 남향으로 놓이고, 당상 이하는 홍단령으로 참석했다. 그들은 먼저 북향하여 사배례를 행하고, 중사中使가 따라주는 술잔을 차례로 무릎 꿇고 받아서 마셨다. 일순배가 끝나면 반수班首가 따라주는 술을 같은 절차대로 마셨다. 마지막으로 묘배례卯盃禮를 행하고 당상 이하는 흑단령으로 고쳐 입었다. 묘배례는 흔치 않은 주례酒禮의 하나로서, 오전 7시 전인 묘시에 술을 마시기 때문에 이런 용어를 쓴 듯하다.

선온이 끝난 다음에는 주인이 주관하는 예례禮禮를 행했다. 예찬禮饌 곧 술과 고기 음식으로 대접하고 폐백을 주어 사신 이하의 노고에 사례했다. "빈객에게 폐백을 사용하는 것은 의리의 지극함이고, 군자가 인의仁義의 행해짐을 보고자 하는 데 있어서 예가 그 근본이다" 했으니, 빈객을 맞은 주인이 폐백을 사용하는 데서 의리의 도를 볼 수 있고, 폐백을 사용하는 의리의 도가 예라는 것이다. 폐백은 사신에게 비단을 주었다. 예찬과 비단은 비씨 집에서 준비한 것이 아니라 도감에서 알아서 준비했다. 뿐만 아니라 비씨의 별궁생활과 비씨 본가의 혼사에 관한 모든 비용도 국가와 왕실에서 부담했다. 사례용 폐백은 토산물의 옷감으로 2필을 넘지 않도록 했으며, 음식에는 유밀과를 사용하지 못하도록 했다. 태종 18년에는 민간의 혼인하는 집에서 3일 동안 유밀과상을 차리고 이를 대탁大卓이라 하는 것이 유행이었는데, 이 대탁이 거의 사방 1장丈이나 되어 이를 금하도록 했다. 그러나 유밀과상을 차리는 풍습은 쉽게 고쳐지질 않아 영조 연간에 이를 다시 금하도록 한 바 있다. 아울러 음식 가짓수를 제한하기도 했다.

예례를 마치고 나서 사신 일행을 전송한 주인은 납채를 무사히 마쳤음을 사당에 고했다. 그런데 주인의 본가는 임대한 남의 집이어서 고유하려면 매번 본래의 본가로 돌아가야 했다. 납채 전후에 즉시 행해야 할 일을 본래의 본가로 돌아가서 행하기에는 어려운 게 당장의 현실이었다. 이 고유는 종법사회에서 빼먹을 수 없는 종자의 의무이며, 어떤 경우라도 예외가 있을 수 없었다. 왕실이든 사가든 모든 일을 감히 멋대로 행하지 못한다는 이념에 근거한 것인데, 이는 현실의 권위를 조상의 권위에서 빌려왔기 때문이다. 그러므로 남의 집에서 혼사를 치른다고 하더라도 본가의 조상 신주를 모셔와 봉안해야 하는 것은 당연했으며, 그 당시에는 실제 그렇게 한 것으로 보인다. 그 과정은 매우 중시되었을 것이나, 국왕 가례를 중심으로 기록된 관찬 자료에서는 이를 주목하지 않아 그 사실을 확인할 수 없다. 어쨌든 실제 본가에서 모셔온 신주는 남의 사당을 사용할 수 없었으므로 청사 안의 동쪽에 마련된 임시 처소에 봉안했을 것이다. 그렇지 않으면 지방紙榜을 써서 모셨을 수도 있다. 『송사』에서는 친영으로 신랑의 아버지가 사당에 고할 때, 사당이 없으면 신위를 청사의 동쪽에 진설한다고 했다. 이 의절이 참고가 되었는지 모르지만, 사당 고유를 생략한다는 것은 당시에는 상상할 수도 없는 일이었다.

납채 후 3일째가 되면, 비씨의 본가에서는 정친定親예물을 받았다. 이날은 납징 전날이다. 정친은 '친함을 정했다'는 말이다. 곧 정혼하여 사돈이 됨으로써 친친親親의 관계가 성립되었음을 나타낸다. 친친은 친한 이를 친히 한다는 뜻이다. 『예기』에서 "인仁이라는 것은 사람이니, 친함이 중요하다" 했으며, 영조는 "친친의 효과는 제부諸父와 형제가 원망하지 아니하며 친친의 일에는 그 지위를 높이고 그 녹봉을 무겁게 하며 그 호오好惡를 똑같게 하는 것이다" 하였다. 가내의 혈연관계로 일가를 이룸으로써 근친으로서의 이성친족에 편입된 것이며, 따라서 그 우의를 맺게 된 감사의 예로서 예물을 보냈다. 그 품목과 수량은 정해져 있었으니, 현색과 훈색 운문 대단雲紋大緞 각 2필 및 현색 화단華緞과 훈색 초綃 각 2필이었다. 모두 폐백임을 나타내는 현색과 훈색의 비단들이었다.

이 의절은 『국조오례의』에 관련 조문이 없으며, 선조 연간에 이르러 시작되었다. 선조 이전에는 왕세자의 혼례 때에만 정친예물을 보냈다. 그렇다보니 왕비 가례에 이것을 행하지 않는다는 사실이 오히려 의문을 자아냈다. 그리하여 선조 35년 인목왕후 가례 때에 이 문제가 제기되어 그에 관한 조사가 진행되었다. 먼저 중국의 전례를 검토했다. 『대명회전大明會典』에는 "비妃의 집에 보낸다"라거나 "빈嬪의 부모 앞으로 보내는 예물"이라는 기록이 있으나, 그 이전 시기에는 모두 정친에 관한 예문이 없었다. 조선이나 중국이나 육례 외에는 행하지 않던 의절인 게 확실해 보였으며, 이때에 이를 행했는지 여부는 분명치 않다. 이후 인조 16년의 가례에서 정친예물은 납징 전날에 보내며 이는 이전의 등록에 근거한 것이라고 언급한 바 있어, 조선에서 납채 후 왕비의 부모에게 정친예물을 보내는 예는 선조 35년부터 시작된 것으로 볼 수 있다.

납징 하루 전에는 또 '본방예물本房禮物'이라 하여 비씨의 부모 앞으로 빙재聘財를 수송했다. 여기서 본방은 가례도감을 가리킨다. 품목과 수량은 홍·황염주 각 5필, 백면주 10필, 생저生猪와 생양生羊 각 4구, 예주醴酒 50병, 초주지 25권, 저주지 25권, 구승홍면포욕 1건, 당주홍칠대함 1부, 배위채화단석 2건 등이었다. 빙재로 음식이 포함된 것은 '주식酒食으로 모이는 것은 인姻이 있어 친함을 잃지 않는다'는 가례의 순수성을 나타낸다.

이러한 빙재나 가례에 소용되는 각종 잡물은 가례도감의 검사를 통과한 것이라야 사용할 수 있었다. 모든 물건은 최상품으로서 어떠한 하자도 없어야 했기 때문이다. 그리하여 검사를 통과했다는 증빙으로 일종의 검사필증인 표를 만들어서 줬는데, 이 표에는 투서套書를 답인했다. 그 도장은 '가례도감嘉禮都監'이란 네 글자를 새긴 것이었다.

비씨 집에서 납채의 예를 받아들였으면, 이제는 이 혼사를 성립시키는 예를 거행할 필요가 있었다. 이에 행하는 의절이 납징納徵이다. 납징례 이하 육례 절차는 납채의와 대동소이하다. 납징은 납폐納幣라고도 한다. '징'은 '성成'의 의미를 담고 있는 글자다. 신랑 집에서 혼인의 예가 이루어졌음을 신부 집에 고하는 의례가 납징이다. 교문敎文과 답문答文을 보면, "국모의 의범儀範으로 종묘를 받들어 하늘의 복을 계승할 만하다" 하고, "엄숙히 전교를 받들겠습니다"라고 한 데서도 이를 알 수 있다. 이때 국왕은 폐백(속백함)과 승마乘馬 곧 선물을 준비하여 편지와 함께 보냈다. 속백함에 들어 있는 선물은 현색玄色 모단冒緞 6필과 훈색纁色 광적廣的 4필이었다. 현은 흑색이며 훈은 옅은 진홍색으로, 하늘과 땅의 색을 취했다. 따라서 현훈은 천지와 음양을 상징하는 색이다. 음양을 갖춤으로써 혼례가 성립되었음을 뜻한다. 현이 훈보다 많은 것은 하늘과 땅을 본받아 양도陽道의 큼을 밝힌 것이며, 그런 까닭에 3과 2다. 국왕의 가례는 대례이므로 사례士禮의 두 배인 6과 4를 채용했다. 속백함은 왜주홍칠한 것이며, 흑칠중함을 사용하기도 했다. 승마는 말 네 필을 가리킨다. 천자는 6마리, 제후는 4마리의 말이 끄는 수레를 탄다고 했으니, 왕비는 제후의 4마리에 해당되어 승마를 납폐로 보내는 것이다. 이외에 화은花銀 50냥, 백릉白綾 4필, 조라皂羅 4필, 대홍주 16필, 초록주 16필, 백면자 10근, 당주홍칠함 1부, 당주홍칠상 1좌를 같이 보냈다.

이날 비씨의 부친은 상경上卿으로 관작을 높여주었다. 경은 2품 이상의 관직이며, 상경은 그중에서 가장 높은 정1품의 관직이다. 관작을 높여주는 것은 비씨의 부친뿐 아니라 4세世(부, 조, 증조, 외조)가 모두 해당되었다. 주량례舟梁禮(혼례를 가리키는 말)가 정해지면 이렇게 4세 추증을 단행하는 것이 예법이었는데, 이는 국왕의 사돈가가 낮은 신분의 가문이어서는 격에 맞지 않으므로 최고위직을 하사하는 것이다. 시호는 시일이 촉박하여 부대장不待狀(절차를 기다리지 않고 즉시 시호장을 올리는 일)으로 의논해서 내려주었다.

납징이 끝나면 혼인이 성사된 것으로 보았다. 이제는 혼인할 날짜만 남았다. 고기告期는 길일을 점쳐 정해진 혼인 날짜를 알려주는 절차다. 역시 교문지를 보냈으며, 이는 당주홍칠중함에 넣었다.

5장

왕비 책봉은
혼례의 한 절차인가

국왕은 동등한 지위의
여성과 혼인해야

요즈음의 결혼식은 옛날로 치면 동뢰연同牢宴이다. 동뢰연을 행하려면 신부를 초청해야 하는데, 그전에 행해야 할 일로 일찍이 두 가지 문제가 제기되어 있었다. 하나는 최고 통치권자인 국왕의 혼인 상대가 되려면 당사자인 여성은 어떠한 지위여야 하는가의 문제다. 다른 하나는 국왕이 친영해야 하느냐의 여부였다. 전자는 『예기』 「혼의」에서 그 단서를 찾을 수 있다. 임금이 지존으로 대적할 사람이 없다고 하지만 종묘를 섬기고 후세를 잇는 것에서는 부부가 일체이니, 임금이 대적할 만한 사람으로 신부를 그와 동등한 지위로 올려놓아야 한다는 것이다.

왕비 책봉은 앞서 살펴본 바와 같이 고례의 육례에 포함된 절차가 아니었다. 넓은 범주의 가례에 속하기는 하겠으나, 혼례 절차가 아닌 왕비 책봉을 거행하는 것은 국왕이 동등한 지위의 여성과 혼인해야 하는 명분 때문이었다. 이것이 후대에 상례화되어 육례의 한 절차로 『국조오례의』에 수록되었다.

책봉례에 앞질러 반드시 행해야 할 일은 종묘·사직 고유였다. 이는 국왕이 왕실의 일을 감히 오로지하지 못한다는 뜻이었다. 왕비의 선택은 국왕이나 왕실의 현실적인 권리이기는 하지만, 왕실의 어떤 일이건 사전에 조상들을 모신 사당을 찾아가서 그 사실을 고해야 했다. 왕실의 일을 조상에게 고유하여 그 권위 아래 승인받음으로써 그 일의 정당성과 합법성을 확보하게 된다는 신념을 가지고 있었다. 이때의 고유 방식은 상향上香과 전폐奠幣, 주포酒脯를 진설하고서 술을 한 잔만 올리는 일헌례一獻禮였다.

책비冊妃는 정전에서 행했다. 그 지위에 걸맞게 화려하고 장엄한 의식 절차에 따라 왕비에 봉해졌다. 정전 뜰에서 국왕 친림하에 책봉례를 거행하라고 명령하는 의식은 납채의 절차와 유사하다. 국왕은 원유관과 강사포를 갖추고서 정전에 임하여, "모씨를 책봉하여 왕비로 삼고자 하니, 경 등은 예를 행할 것을 명하노라" 하는 전교를 내렸다. 그러고는 교명함教命函과 책함冊函, 보수寶綬를 정사에게 차례로 전해주었다. 이렇게 책문을 별궁으로 보낸다고 하여, 이 절차를 '발책發冊'이라 하기도 했다.

교명과 책보는 책봉 당일 동틀 무렵에 대내로 들였다. 정전 안에 임시로 봉안했다가 보인을 찍을 것을 임금에게 아뢰어 허락받고서 승정원의 승지가 안보安寶했다. 이를 다시 보자기로 쌀 때 내전에서는 명복함命服函과 석말함舄襪函을 내주었다. 이것을 정전 안에 배설한 뒤에야 삼엄의 북을 쳐서 왕비를 책봉하는 의식을 거행할 수 있었다.

이 왕비 책봉에는 전후의 육례와 다른 점이 있다. 음악 연주다. 왕비 책봉은 물론 가례이며, 혼례에 포함된 절차로서의 책봉과 세자빈의 왕비 책봉으로 나뉜다. 그런데 왕비 책봉 자체는 본래 혼례의 절차가 아니었으므

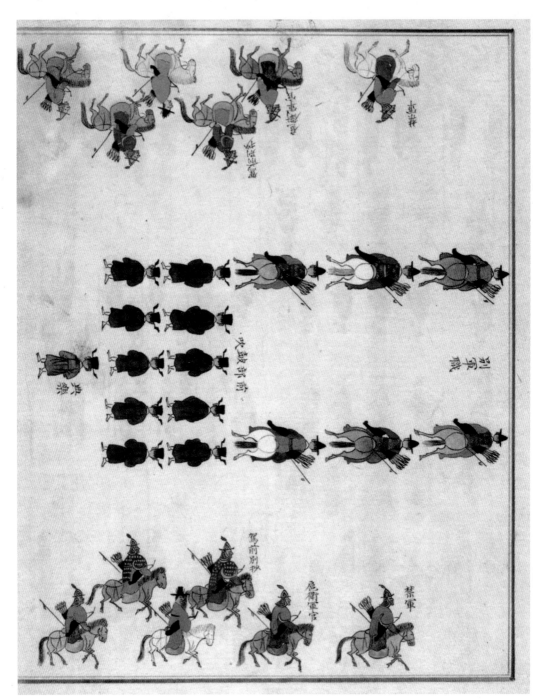

친영 때의 전부고취(가례도감의궤).

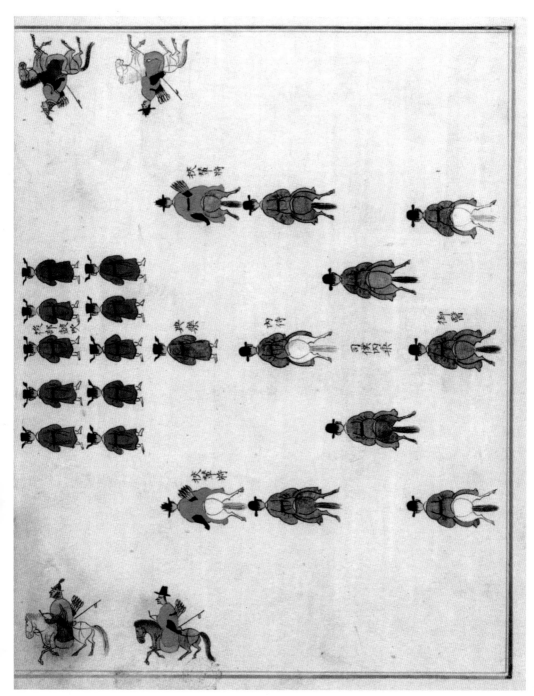

후부고취.

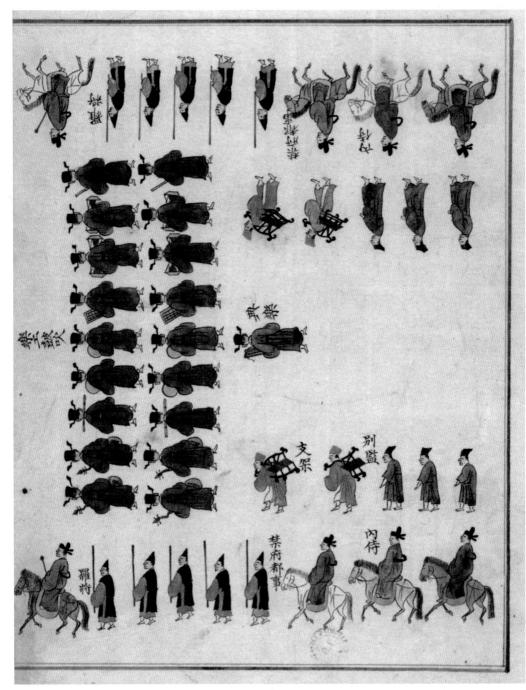

악공고취.

명복채여(철종 가례 때의 반차도에서 명복을 실은 채여의 모습이다).

로 그 성격이 다르다. 육례에 포함된 책봉이라 해서 다른 절차 때와 같이 음악을 연주하지 않는 것이 아니라는 얘기다. 여느 가례와 같이 악기를 벌여놓고서 연주했다. 육례에서는 장악원에서 헌현軒懸을 전정殿庭의 남쪽 가까이에 북향해서 설치하고 고취도 근정문 밖에 진설했다. 진이부작陳而不作으로, 진설하되 연주하지는 않았다. 이에 반해 책비례에서는 삼엄 때 외판을 아뢰고 국왕이 편전에서 여를 타고 나오면 고취가 진작하고, 행사의 시작과 끝에 종친과 문무백관이 국궁사배할 때에는 헌현이 음악을 연주했다. 또 별궁으로 가는 행진에 고취가 앞서 가면서 연주했다. 다만 비씨가 책봉을 받는 수책례에서는 음악을 사용하지 않았다.

책비의를 통해 사신에게 전해준 교명함 등은 일단 월대 위에 놓았다가

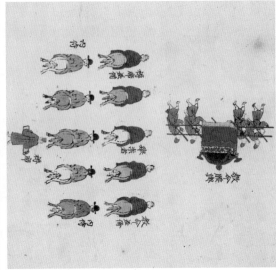

교명채여.

연.

금보채여.

옥책채여.

요채여腰彩輿에 실었다. 요여와 채여는 일정한 규례가 없었으나, 영조 때부터 교명·교서·옥책은 요여, 명복·속백·금보는 채여에 싣는 것이 관례가 되었다. 금보는 말에 실어 가기도 했다. 사신 일단은 세장과 고취를 앞세우고 별궁을 향해 차례로 행진했다. 교명과 책, 보, 명복을 각각 실은 요채여가 줄지어 가고, 그 뒤를 이어서 연輦과 의장, 사자 이하가 따라갔다.

이때 정사로는 특별한 자격을 갖춘 사람을 선발했다. 그 역할은 대를 이어서 불행한 일 없이 복록을 누려온 완복完福한 대신이 맡아줄 것이 요구됐다. 조복 차림의 정사 이하는 공복으로 갈아입지 않고 그대로 별궁으로 향했다. 앞서 가는 연은 왕비가 입궐할 때 탈 가마였으므로 비어 있었다. 이 연여輦輿는 용과 봉황의 머리장식을 하고 그 위를 도금했다. 노부는 법가法駕였는데, 영조 때 소가小駕 의장으로 낮추었다. 순조 2년(1802)에는 도금을 삼보三甫로 바꾸고, 역시 법가도 소가로 낮추어 시행했다.

별궁에 도착한 사신 일행은 새 왕비를 책봉한 임금의 명을 전하고, 비씨는 수책례를 거행했다.

교명과 책보를 막차 안에 진설한다. 연을 막차 남쪽에, 의장을 연 앞의 좌우에 벌여놓는다. 명복은 사자가 상전에게 주어 먼저 바친다. 상궁 이하는 내문을 들어가 차례로 서서 북향한다. 빈자가 행사하시기를 청한다고 하고, 정사는 아무개가 왕명을 받들어 왕비께 비물備物과 전책典冊을 드리겠다고 한다. 정사가 교명책함과 보수寶綬를 상전에게 준다. 상전이 받들고서 내문 밖에 이르러 무릎 꿇고 상에 놓는다. 내시는 의장을 받들고 내문 밖에서 북향하여 선다.

왕비가 적의를 갖추고 수식을 얹는다. 전모傳姆가 나오시라고 말한다. 상궁이 인도하여, 당의 뜰 가운데에 마련된 책봉 받는 자리로 간다. 상궁이 무릎 꿇고서 교명책함을 취하고, 상복이 무릎 꿇고서 보수를 취하여 왕비의 오른쪽에 선다. 상침이 그 속료들을 거느리고서 의장을 전해 받들어 책보 뒤에 진설한다. 시위자가 시위한다. 왕비께서는 네 번 절한다. 상궁은 왕명이 있다고 말한다. 왕비께서는 무릎 꿇는다. 상궁은 함을 열고서 책봉을 선포한다. 왕비께서는 부복했다가 일어나서 네 번 절한다. 상궁은 교명 및 책함을 차례로 왕비께 드린다. 상복은 보수를 받들어 왕비께 드린다. 왕비께서는 부복했다가 일어나서 네 번 절한다.

상침은 그 속료를 거느리고서 왕비 자리를 당 위의 북벽에 남향하여 설치한다. 상궁이 인도하여, 왕비께서는 가운데 계단으로 올라가 자리에 오른다. 전찬은 동계 아래에 서향하여 선다. 전찬이 네 번 절하라고 창한다. 상궁 이하는 네 번 절한다. 상궁이 왕비 앞으로 가서 부복했다가 무릎 꿇고, 예를 마쳤음을 아뢰고 부복했다가 일어나 물러간다. 왕비께서는 자리에서 내려와 안으로 들어간다. 사자는 복명한다.

사신의 역할은 왕비 책봉을 증명하는 귀중품인 비물과 전책을 비씨에게 전달하는 일이다. 『명집례』에서는 "황제의 명을 받들어 황후께 책보冊寶를 드립니다" 하여 구체적으로 물품을 적시했다. 그러나 조선에서는 비물과 전책이라 하여 그 물품이 무엇을 가리키는지 구체적으로 밝히지 않았다. 이는 당나라 제도를 받아들인 것으로 보인다.

비씨는 교명문과 책보, 보수 등을 차례로 받음으로써 명실공히 왕비의 지위에 올랐다. 국왕이 정전 뜰에서 '모씨를 왕비로 삼노라' 하여 왕비 책

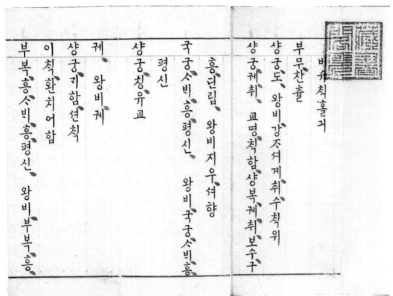

「비수책홀기」, 한국학중앙연구원 장서각.

봉을 대내외에 선포하고, 사신을 별궁에 파견해 왕비 임명장과 그의 권위를 나타내는 상징물을 왕비에게 전해주는 의식이 책봉례였다. 수책 전에 행하는 왕비의 사배는 군신관계로서의 망궐례이며, 수책 후의 사배는 사은하는 예절이다. 이로써 비씨는 국왕과 가례를 치를 수 있는 동등한 자격을 갖추게 되었다.

책비의에는 상당수의 의녀가 참여했다. 그 수가 모자라면 각사의 비婢를 차출하여 미리 충분한 연습을 시켰다. 연습은 형조와 통례원, 혜민서의 담당 관원이 직접 단속하여 행했으며, 도감에서는 사습의私習儀를 거행하기도 했다. 사습의는 규정 외에 이들만을 별도로 연습시키는 것을 말한다. 의녀의 필요 인원수는 책비에는 54명, 친영에는 33명, 동뢰에는 34명

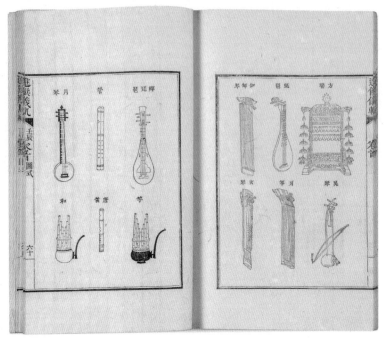

『진찬의궤』, 36.8×24.2cm, 1892, 국립고궁박물관. 궁중 연향에서 쓰인 악기들이 실려 있다.

이었다.

책비가 끝난 다음엔 내외명부의 하례가 거행되었다. "전하께서 덕이 밝고 두터이 실으셔서 궁곤宮壼에 정위正位하시니, 신첩은 경사의 기쁨을 이기지 못하겠습니다" 하여, 내외명부의 신임 최고 권력자에게 칭신하면서 축하했다. 정비定妃는 모든 신민이 축하해야 하는 경사로서, 서울과 지방에서 전문을 올리고 외방에서는 방물과 물선을 올렸다. 문무백관은 조복을 입고 별궁 문밖에서 진하했다. 이튿날에는 경외의 관원들이 올린 사전謝箋을 예조에서 준비해두었다가 왕비에게 전문 목록이 들어 있는 전함箋函을 바쳤다.

이 하례는 정월 초하루와 동지 및 임금의 생일에 행하는 조하례와 같았다. 하례 후에 회례會禮를 행하는 것도 마찬가지였다. 회례는 국왕이 백관에게, 왕비가 명부에게 베푸는 잔치다. 국왕과 왕비의 장수를 기원하는 상수사上壽詞 및 그 화답인 치사와 교지가 주를 이루나, 이 잔치에서 음식과 술, 음악과 춤이 빠질 수 없었다. 이것이 앞서 말한 가례의 본의가 이상적으로 실현된 모습이다. 국가의 경사를 온 백성이 축하하고 음식을 나누어 먹는 화친을 나타냄으로써 평화롭고 태평한 사회임을 연출할 수 있었다.

왕비의 권위와 상징

책비 때 하사하는 물건들은 왕비의 지위와 권위를 상징했다. 그 물건들은 앞서 언급한 바와 같이 교명문과 옥책, 금보, 명복 등이었다. 이 상징물들은 책봉 하루 전 대내에 들여서 국왕이 어람한 뒤 내가도록 했다. 도감에서 보관하고 있던 이 상징물들이 궐에 이를 때에는 도감 당상 이하와 각 차비관이 조복을 입고서 모시고 가며, 고취와 세장이 앞에서 인도하고 여러 집사와 각 차비군인이 시위했다.

교명문은 왕비로 책봉한다는 명령문으로서 일종의 고신告身(임명장)이다. 그 취지와 의미 및 왕비의 덕과 인품을 칭송한 글이다. 비단으로 만든 두루마리 형태다. 글을 쓴 부분은 적황청백현의 오방색으로 나누어 이어 붙였으며, 사방 둘레는 옥색 바탕에 오방색의 비봉飛鳳을 직조했다. 오방색은 동양의 우주관과 인간관이 담긴 가장 아름답고 화려한 색깔로서 완

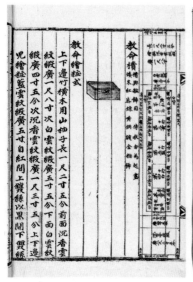
교명궤 도설.

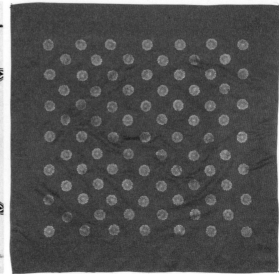
교명함보(정순왕후).

벽한 조화를 이루었다. 처음의 적색 바탕에는 올라가고 내려오는 용 문양을 수놓았으며 그 사이에 교명敎命 두 글자를 황진사黃眞絲로 직조했다. 흑색 바탕에도 승강하는 용 문양이 있으며, 그 사이에 연월일을 쓰고 보인寶印을 찍었다. 글을 쓸 때에 극항極行은 10자, 평항平行은 8자를 기준으로 했다. 극항은 영묘英廟 등과 같이 임금을 상징하는 글자를 한 자나 두 자 올려서 쓰는 줄을 말한다. 임금의 상징 글자는 다른 경우에 줄을 바꾸지 않고 한 칸을 띄우기도 했다.

교명축의 제작은 상의원에서 담당했다. 상의원에서 임금에게 계청하여 체재를 검토받은 뒤 내려준 견본대로 짰다. 교명은 대홍운문단 겹보로 싸서 왜주홍칠한 궤에 넣고 홍주 홑보로 쌌다. 이 교명함은 왜주홍칠한 내 안상의 아래에 욕석을 깔고서 그 위에 올려놓고 홍주로 만든 복건으로 덮

고종왕비 어보, 국립고궁박물관.

어놓았다.

　책과 보는 옥책과 금보다. 옥책은 책문을 옥에 새긴 기물이다. '군자는 옥으로 그 덕을 비교한다'는 심미 관념에서, 군자는 옥을 좋아하고 이를 패용했다. 왕비 또한 여성 군자에 비견되기 때문에 옥을 가장 귀하게 여겼다. 책문은 왕비 책봉의 취지와 그의 인품을 칭송하는 글이다. 언서諺書와 진서眞書 두 종을 만들기도 했다. 옥책은 숙종 때 각 편을 고리를 달아 연결하지 않고 첩貼으로 이어 붙여 접을 수 있게 했다. 1첩은 5간簡 내지 6간이었으며, 첩수는 글자 수에 따라 달랐다. 1간의 글자 수는 극항 12자, 중항 11자, 평항 10자다. 새긴 곳은 이금泥金으로 칠했다. 옥책을 넣는 궤는 숙동으로 장식했다. 금화金畵로 장식하고 그림도 그렸는데, 영조는 이를 금하라고 한 바 있다. 이에 신하들이 숙동熟銅은 도금을 하지 않으면 그 색깔이 붉어지기 때문에 두석豆錫으로 만들어 삼보수三甫水로

史書列書盤壽愷惇惇
蒲禮毋爾徘徐幼樂堂
子闡陽德徘徐幼樂堂

男教非婦順不章梅是
象服間不在爾承我
宗事輔我元良在孝敬在
和順爾忱念茲毋以侈
減義毋以逸敗禮惟勤
惟儉終始惟一回伴俔
天之妹專美有周於戲
思齊思媚捄無窮之間
惟爾賢本支百世俾我
邦家無斁惟爾休敬哉

兩靡憪龍樓鶯禁鵾瑜珮
之承歡麟趾螽斯琦寶籙
之延祚於茲是有佳孫佳
婦庶閭裕昆之謨惟其思
媚思齊益勉嗣徽之道
令猷故勗教示想宜知悉
須欽體於至意期永播於

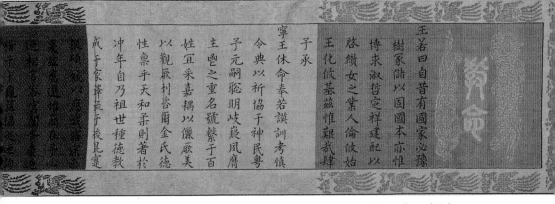

「숙종비 인경왕후 왕세자빈 책봉 교명」, 비단에 먹, 31.0×193.5cm, 1671, 국립고궁박물관.

教命

王若曰自昔有國家必豫
樹家儲以固國本亦惟
博求淑哲定祥建配以
啓纘女之業人倫攸始
王化攸基茲惟爲盛肆
子承
寧王休命奉若謨訓考愼
令典以祈協于神民粤
子元嗣聰明岐嶷鳳腐
主鬯之重名號繫于百
姓宜采嘉耦爾金氏德
以範厥利咨爾儀歟美
性禀乎天和柔則著於
冲年自乃祖世種德教
成于家...

「정조비 효의왕후 왕세손빈 책봉 죽책」, 25.2×105.5cm, 1762, 국립고궁박물관.

維歲次壬午正月乙未朔
初八日壬寅
王若曰建統王政之所當先務
爰封家孫正家風化之所
由以興必資良耦簡在心
而惠問采著文定祥而寵
章載須咨爾世孫嬪金氏
喬木遺芬觀津礦秀忠謹
篤世推之閨範貞嘉福祿
萃門驗于德性凝厚惟茲
婉嫕之美宣合寤寐之求
三善播空室之譽人謀旣
協五代趾纘女之慶
天意可徵肆蠲吉辰誕擧
縟典茲遣臣行吏曹判書
韓翼暮戶曹參判洪麟漢
持節備禮冊命爲王世孫

물들이는 방법을 건의했다. 그러자 영조는 그림만 그리지 말도록 했다.

옥책문은 책비 때 읽도록 하는 의절이 있었는데 의식 절차를 규정한 의주에는 이 의절이 규정되어 있지 않다. 그러나 실제로는 그 내용이 길어서 특별히 잘 읽는 여령女伶을 선발하여 이를 연습시킨 뒤 거행토록 한 것으로 보인다.

금보는 도금한 어보御寶다. 인면에는 '왕비지보王妃之寶'라 새겼는데, 그 글씨는 최고의 명필가에게 맡겼다. 숙동으로 주조해 만들고 황금으로 도금했다. 어보의 인끈인 보수寶綬는 유紐에 매달았는데, 유는 거북이 모양이다. 글자는 전자篆字로 새겼다. 이 전자는 서사관이 쓴 것을 국왕이 재결한 다음 화원이 이를 모사하여 본을 뜬 뒤 새길 수 있었다. 금보를 넣는 통으로는 보통寶筒과 주통朱筒이 있는데, 재질은 숙동이며 도금을 했다. 보록寶盝과 주록朱盝은 잣나무 판자로 만들며 숙동으로 장식하여 그림을 그리고 도금했다. 도금한 뒤에는 따뜻한 방에다 두어야 변색되지 않는다고 한다. 보통은 금보를 넣는 통이며, 보록은 이 보통을 담는 상자다. 주통에는 인주를 담았다. 양 녹은 다시 호갑護匣에 넣어 보관했다.

왕비의 명복, 적의

왕비의 명복命服은 적의翟衣다. 상의원에서 미리 제작한 것을 중사가 왕비 책봉일에 사신 행렬을 따라 가지고 가서 먼저 바쳤다. 이때 명복은 왜주홍칠함에 넣었으며, 당주홍칠한 안상案床을 사용했다. 그런데 흔히 명복이라는 용어를 쓰면서도 구체적으로 그것이 어떤 옷인지 그리고 '명命'은 무슨 뜻으로 쓰였는지를 잘 알지 못한다. '명'이라는 글자는 내명부內命婦 또는 외명부外命婦라는 명칭에서도 확인된다.

먼저 내·외명부에서 내외는 궁궐과 그 밖을 구분하는 말이다. 작위를 받은 왕실 여성들이 내명부이며, 작위를 받은 관료 부인들이 외명부다. 내명부는 정1품 빈에서부터 종4품 숙원까지는 후궁, 정5품부터 종9품까지는 궁녀의 관품으로 구성되어 있다. 외명부는 정1품인 정경부인부터 종9품인 유인까지로 남편의 관품을 따르도록 되어 있었다. 그렇지만 왕비는 내명부에 속하지 않는 무품無品으로서 내외명부를 아우르는 최고 지위에 있는 존재였다. 그런데도 명복을 칭할 때에는 왕비의 복식 또한 포함되어 있었다. '명'이 무슨 뜻이기에 그럴까?

명복의 '명'은 천자로부터 명을 받았다는 뜻의 글자다. 천자로부터 내려진 명은 일명一命부터 구명九命까지로 나뉘어 있었다. 일명은 천자의 하사下士이며, 구명은 상공上公이다. 그중에서 후侯는 칠명이니, 제후인 조선의 왕은 여기에 해당된다. 왕비의 작위는 남편인 국왕의 명수를 따라야 하므로 그의 명복은 칠명복에 해당된다. 그러나 조선에서는 칠명복이라 칭한 예가 없으며, 보통 명복이라 했다.

명복은 어쨌든 신분의 표지다. "상하를 구분하고 귀천의 등급을 매긴다"는 등급제의 복식이 명복이며, 책명에는 해당 명복을 내려주는 사복賜服을 수반했다. 왕비 책봉에 있어서 그 명수에 맞게 내려준 명복이 적의라는 것이다. 따라서 왕비의 적의는 가장 높고 존귀한 복식이었다. 이렇게 명복이 작위의 계급을 나타낸다면, 왕비의 적의는 남편의 명수에 준한다는 원칙에 따르면 칠명복에 해당된다. 그렇다면 이 칠명복은 국왕의 어떤 옷에 비견될까? 국왕과 왕세자는 의례 때 각각 구장복九章服과 칠장복을

구장복.

입었다. 구장은 아홉 가지 수繡라는 뜻이며, 그것은 용龍, 산山, 화충華蟲, 종이宗彝, 화火, 보黼, 불黻, 조藻, 분미粉米 등이다. 칠장복은 이 중에서 용과 산을 뺀 것이다. 왕비와 왕세자빈도 이 장복에 해당되는 예복을 갖추었을 텐데, 그것이 바로 명복이다. 명복은 이 장복과 관계가 깊다. 왕비의 적의가 구장복에 비견된다면, 그 사실은 꿩무늬가 위아래로 아홉 줄이라는 데서 찾을 수 있다. 세자빈은 두 줄이 적은 일곱 줄일 것으로 보인다. 줄 수를 알 수 있는 실물은 확인하기 어렵지만, 예수禮數와 왕세자의 명수에 따른 인식을 고려한다면 줄 수의 7은 충분히 예상할 수 있다. 또 영조가 왕후의 복은 적치赤雉를 본뜨고 빈의 복은 적계赤鷄를 본떴다고 언급했듯이 장복의 무늬가 적치와 적계로 구분되었던 것으로 보인다. 그런데 이치와 계의 구분이 애매모호하며, 색깔은 둘 다 적赤이라 했지만 『국혼정

대한제국 황후의 적의, 국립고궁박물
관. 심청색 바탕에 꿩무늬가 열두 줄이
며 사이사이에 소륜화를 직조하고 옷깃
등에 용무늬를 넣었다.

영친왕비 적의, 국립고궁박물관. 영친왕비
는 황태자비에 준하여 청색 바탕에 꿩무늬
가 아홉 줄이며 옷깃 등에 봉황 무늬를 넣
었다.

례』에서는 각각 대홍색과 아청색으로 구분했다.

그러면 고대 중국의 황후 이하의 예복에 대해 살펴보자. 『주례』에서는 왕후의 육복六服에 대해 언급하고 있는데, 곧 위의褘衣, 유적褕翟, 궐적闕翟, 국의鞠衣, 전의展衣, 단의褖衣다. 위의는 황후의 예복으로 현색이었으나 당나라 때 와서 심청색으로 바뀌고 열두 줄의 오채五彩 휘적문翬翟紋을 장식했다. 이것은 황제의 12장복에 상당하는 것이다. 유적은 황태자비의 예복으로, 청색 바탕에 아홉 줄의 오채 요적문搖翟紋을 장식했다. 이것은 황태자의 구장복에 상당하는 것으로서, 조선 왕비는 이 황태자비에 준하는 적의에 비견할 수 있다. 황후와 황태자비는 예복의 명칭 및 바탕색과 줄 수, 적문의 모양으로 그 지위를 구분했는데, 휘적문은 날갯짓하는 꿩의 모습이며 요적문은 걸어 오르는 모습이다.

명나라에 이르러서는 영락 3년에 황후의 예복제도를 새로 제정했다. 황후의 적의는 심청색으로 12등의 적문을 직조하며 그 사이에 소륜화小輪花를 넣는다고 했다. 옷깃은 홍령紅領이다. 소매 입구인 표襟, 의금의 측변인 선襈과 저변인 거裾에는 금색 운룡문雲龍文을 직조했다. 『대명집례』를 보면, 내명부를 책봉할 때 당나라에서는 머리장식과 적의를 갖추고 두 개의 박빈博鬢을 달았는데, 1품은 화차花釵가 9수樹이며 보전寶鈿이 꽃의 숫자에 준하고 적翟이 9등이며, 2품은 화차가 8수이고 적이 8등이며, 3품은 화차가 7수이고 적이 7등이었다. 따라서 당나라 이래로 적문에 의한 구별은 없애고 화차와 보전 그 이후의 소륜화를 추가했으며, 줄 수와 바탕색으로 신분 간에 차별을 가했음을 알 수 있다.

조선 왕비의 적의는 명나라의 제도를 모방했다. 적의는 꿩무늬를 직조해 넣은 포袍다. 고려 공민왕 19년(1370)에 명 태조가 왕의 면복冕服과 원유

중국 송나라 인종 황후의 적의.

관복遠遊冠服을 내려주고, 효자황후가 왕비에게 관복을 내려주어 사용되기 시작했다. 이때 사여받은 왕비의 관복은 관冠, 적의, 중단, 폐슬, 상, 대대, 패옥, 청석, 청말이었다. 관은 구적관九翟冠이었을 것으로 보이나, 조선에서는 당시의 풍속에 따라 머리장식을 얹었다. 그런데 적의는 임진왜란을 겪으면서 망실되었다. 그것을 선조 35년에 중국에서 보내와 효경전孝敬殿에 봉안해 놓은 적의를 모방하여 새로 제작하고자 했다. 그러나 대대大帶가 갖추어져 있질 않아 『대명회전』의 친왕비 예복조를 근거로 만들도록 했다.

구룡사봉관을 쓴 명나라 황후.

영조 연간에 편찬된 『국조속오례의보』에서는 왕비의 예복을 설명하고 있으며, 『국혼정례』에는 치적제도를 정해놓았다. 적의를 착용할 때는 머리에 각종 비녀와 금란대(마리삭금댕기)로 장식한 대수大首를 장식하고, 속에는 중단中單을 착용하며, 겉에는 상裳, 대대, 후수, 폐슬, 패옥, 하피, 옥대 등으로 치장하고 청석을 신었다.

조선 왕비의 적의는 1897년 대한제국이 탄생하면서 황후의 심청색 적의로 격상되었다. 꿩무늬의 줄 수는 세 줄이 늘어난 열두 줄이며, 황태자비는 아홉 줄이다. 열두 줄은 양인 1과 음인 2를 합친 하늘의 수로서, 황제를 상징한다. 그래서 황제의 법복은 12장복이며 면류관은 12류다. 조선 국왕이 사용한 9는 가장 큰 수이기 때문이다. 그다음 신분부터는 보통 둘씩 차등을 두어 숫자상의 등급 차별을 나타냈다. 황후가 쓰는 관은 『대한예전』에 보이듯이 구룡사봉관九龍四鳳冠인데, 실제 사용한 것 같지는 않다. 용과 봉황이 각각 아홉 마리와 네 마리가 새겨진 매우 화려한 관이었다. 이 상상의 짐승들은 황제와 황후의 권위를 상징하고 있다.

6장

존비가 같아져서
친해지다

음이 양을 따르는 친영이
자연의 법칙

요즘 사람들이 혼인 풍속에서 가장 흥미롭게 기억하는 모습이 몇 가지 있다. 사모관대를 한 꼬마신랑이 말을 타고 신부를 가마에 태워 데리고 오는 모습이 그중 하나다. 이 절차를 유교 의례에서는 친영親迎이라고 한다. 친영은 신랑이 신부 집으로 가서 신부를 친히 맞이하여 돌아와 초례를 올리는 절차를 가리킨다. 이 친영이 국왕 가례에 적용되기 시작한 때는 조선 중기 이후다. 그 이전에는 고려의 혼속이 유제로 강고하게 남아 있어 그 시행을 놓고 많은 갈등을 겪었다.

조선 초기의 혼속은 남귀여가혼男歸女家婚 혹은 서류부가제壻留婦家制였다. 이때에는 신랑이 신부 집으로 가서 혼례를 치르고 자식들이 장성할 때까지 처갓집에서 살았다. 당시 개혁 세력들은 이러한 관습을 용납할 수 없었다. 유교 이념에 입각하여 예치사회를 건설하고자 하는 그들의 입장에서 남귀여가혼은 국가의 질서 체계 재편에 방해되는 모순된 생활 양식이었다.

조선은 예에 의해 다스려지는 국가, 곧 예치국가의 건설을 정치 이상으로 삼았다. 태조는 즉위하면서 선포한 교서에 그 의지를 실어 대내외에 천명했다. 첫 번째 강령인 좌묘우사左廟右社(경복궁을 중심으로 왼쪽에 종묘, 오른쪽에 사직을 건설하는 예제)의 건설과 함께 네 번째 강령이 이를 말해준다. 곧 나라의 큰 법인 관혼상제의 실시로 인륜을 후하게 하고 풍속을 바로잡겠다고 한 것이다. 아마도 이것은 『조선경국전』에서 "관혼상제가 풍속을 한결같이 하는바, 이 모두 정사政事로 베풀어서 그 질서를 얻는다"고 한 정도전의 사회의식이 그대로 반영된 듯 보인다. 사례四禮인 관혼상제를 나라의 큰 법으로 인식하고 이를 생활화하여 사회를 개혁하려는 실천운동을 전개하고자 한 것이다. 이것은 관행적으로 내려온 고려의 사회 관습을 일신하여 새로운 유교적 사회질서로의 개편과 재통합을 추구하려는 신왕조 건설 방향의 상징이었다.

조선의 국가 통치질서 확립을 위한 노력은 다방면으로 추진되었다. 천명天命과 교화敎化를 중심으로 유교 이념에 입각하여 군신 간의 질서도 체계를 잡아나갔다. 군신관계는 상하의 예의가 이미 형성되어 있었으므로 의례의 제도화는 반드시 요구되는 조건이었다. 일정한 의식을 거행함으로써 이를 매개로 인위적인 군신관계의 상하질서를 재생산 혹은 유지할 수 있기 때문이다. 이는 정도전이 언급한 바와 같이 신분에 따른 질서를 얻는 수단이었다.

의례의 제도화는 두 방향에서 이뤄졌다. 국가적으로는 오례의 전례서 편찬과 실천이며, 사회적으로는 『주자가례』에 근거한 사례의 보급이었다. 조선 정부에서는 『주자가례』를 적극적으로 수용하여 유교 윤리를 널리 보급하고자 노력했다. 정도전은 제사법에 있어서 "『경제육전』의 한 조목에,

가묘.

'공경대부에서 서인庶人에 이르기까지 가묘를 세워 때때로 제사지낸다. 어기는 자는 불효로 논죄한다'고 했다" 하여, 가례에 의한 예적 사회질서를 확립하고자 했다.

종묘와 가묘를 설립하여 이곳에서 치르는 신성한 의례는 종자宗子의 일원적 지배관계를 상징적이면서 구체적으로 실현하는 기제였다. 종자는 혈연적 계승관계에 있는 적장자이며, 국가와 왕실에서는 국왕이 종자가 된다. 왕의 권위와 권력을 진작시키는 공간인 종묘에서 공경대부로부터 서인에 이르기까지 이 의례에 공동 참여함으로써 국왕과 신하 혹은 민은 주종적 종법宗法 질서관계를 형성할 수 있었다.

따라서 국가와 왕실 그리고 각 가문에서는 사당을 가장 먼저 건립하는 것이 원칙이었다. 가옥이나 궁궐보다 먼저 종묘를 축조하려는 계획은 『예기』 「곡례」뿐 아니라 『주자가례』에서 "군자가 장차 궁실을 지을 때는 먼저

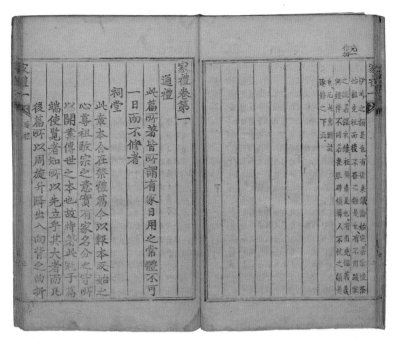

『가례』.

사당을 정침의 동쪽에 세운다"고 한 바와 같이, 이러한 선사당건설론에 근거한 것이다. 주자가 『주자가례』에서 「통례通禮」 편을 사례 앞에 두어 사당을 논한 것은 집안에서의 예를 행하기 위한 첫째 조건으로 사당의 설립이 전제되어야 가능하기 때문이었다. 『예기』 「상복소기」와 「대전」에 언급된 별자종법別子宗法에서도 볼 수 있듯이, 종통宗統의 계승과 체계가 사당의 존재 여부에 달려 있기도 했다. 조선 건국 초에 가묘의 설치가 제도화된 것도 이를 배경으로 한다. 가묘의 설치는 국가질서를 확립하는 규범 체계의 기본 형태로서 교화의 일환으로 추진되었다고 하겠다.

그렇다면 가묘는 혼례와 무슨 관계이기에 이를 앞서 언급하는가? 『주자가례』 「혼례」 편을 보면, 정해진 절차를 거행하기 전에 사당에 아뢰는 고유告由를 행하도록 되어 있다. 혼처가 정해지면 먼저 사당에 고하고, 납채 때에도 신부 집의 허락을 얻었음을 아뢰었다. 청기 때에는 혼인의 기일을 사당 앞에서 점쳤으며, 친영 때에는 사당에 아뢰고 출발한 신랑이 신부 집에 도착할 때 신부 아버지가 자신의 딸을 시집보내게 되었음을 고했다. 초례를 행한 지 사흘째에는 시아버지가 새 며느리를 데리고 사당을 알현했는데, 이를 행하지 않으면 며느리가 되지 않은 것으로 본다고 할 정도였다.

이처럼 조상과 나의 혈연관계는 하나의 가家를 형성했다. 사당에 모셔진 조상은 가내의 종족 집단과 공동체 생활을 영위하는 존재이며, 지위가 가장 높은 어른으로서의 대접을 받았다. 조상과 나의 혈연관계는 기운이 같아서 서로 통하는 동기간으로 칭해졌으며, 이것은 생명의 원천인 조상의 권위를 존숭해야 하는 당위에 근거했다. 그런데 신랑이 신부 집에서 혼인하고 생활하는 남귀여가혼에서는 사위가 장인의 제사를 받든다든가 외손이 외조부모의 제사를 받드는 외손봉사外孫奉祀가 관행처럼 행해졌다. 사위와 장인은 혈연관계에 있어서 전혀 무관하며, 외손은 모계 혈통의 계승자다. 따라서 성리학 이념으로 무장된 당시 유교 지식인들은 자신들의 이념과 배치되는 이러한 폐해를 도저히 받아들일 수 없었다.

조선 정부에서는 유교 이념에 바탕한 사회질서를 확립하기 위해 남귀여가혼으로 인해 발생하는 사회의 여러 폐해를 극복할 필요가 있었다. 이를 위해서는 기존의 혼속을 바꾸는 것이 가장 확실한 방법이었다. 사회 관습의 일신 혹은 개혁 방향에 관한 제반 시나리오가 『주자가례』에 있음을 인식한 개혁 세력은 혼례 절차 가운데 친영을 관건으로 여겼다.

『주자가례』에 수록된 혼례에서 가장 중요한 절차는 친영이었다. 친히 맞이한다는 뜻의 친영은 신랑이 직접 신부를 맞아와서 합근례를 행하는 의례 절차다. 남귀여가혼에서는 양(신랑)이 음(신부)을 따라가는 방식이었으므로 이는 자연 법칙에 어긋난다고 보았다. 그리하여 이를 친영으로 대체해야 하는데, 이미 관습으로 정착되어 있는 혼속을 하루아침에 바꿀 수는 없는 노릇이었다. 역사의 전통이 고대로까지 거슬러 올라가는 생명력 있는 혼인 형태인 데다 남성의 경제적 이해관계까지 긴밀하게 얽혀 있어 이 풍습을 일시에 고친다는 것은 무모한 일로 비쳤다.

친영은 유교 이념을 실현하고자 가례의 시행을 적극 권장하는 정부 입장에서 가장 민감하게 대응한 혼례 절차였다. 건국자의 한 사람인 정도전은 기존 풍습을 퇴폐 문화로 간주하고 이를 척결하고자 적극적인 개혁 정책을 추진해나갔다. 『삼봉집』에서 그는 서류부가제의 폐해를 강하게 지적하고 나섰다. "부인은 무지한 데다 부모의 사랑을 믿고 자기 남편을 가볍게 생각하니, 교만하고 시샘하는 마음이 날마다 커져 마침내 반목하기에 이른다. 가정의 도가 무너진 것은 모두 처음을 삼가지 않았기 때문이다"라는 것이다. 『불씨잡변』을 통해서도 "아들은 아버지를 아버지로 여기지 않고, 신하는 임금을 임금으로 여기지 않아, 마침내 은혜와 의리가 강쇄되고 각박하여 지친을 보기를 길 가는 사람같이 하고, 공경해야 할 어른을 어린아이 대하듯 하여 그 근본과 원류를 잃어버렸다"고 비판했다.

기존 질서에 대한 비판과 동시에 새로운 질서를 창출하기 위해 혼신의 노력을 기울이던 정도전이 '처음을 삼가지 않았다'고 한 것은 양이 음을 따르는 서류부가혼의 모순을 지적한 것이다. 가례는 음양이 서로 만나는 의식으로서, 음이 양을 따르는 것을 자연의 이치요 순리라고 보았다. 그러기 위해서는 남귀여가혼을 폐기하고 친영을 시행해야 했다.

조선 왕실에서 친영례를 처음으로 거행한 사람은 태종의 아들 양녕대군이었다. 태종은 이날 비가 내린다는 이유로 초례醮禮의 거행을 중지시켰다. 공복公服 차림으로 연을 탄 세자 일행은 내시가 기러기를 가지고 앞에서 인도했으며, 서연관書筵官과 숙위사宿衛司의 관리들이 모두 공복 차림으로 뒤를 따랐다. 세자는 김한로金漢老의 집에 이르러 연에서 내려 악차幄次로 들어갔다가 정시丁時에 빈을 맞이하여 돌아왔다.

이렇게 친영을 하긴 했지만, 그 논의와 시행에 대한 소문으로 양반가에서는 연소한 처녀들을 지레 혼인시키는 소동을 벌였다. 친영에는 여간한 어려움이 뒤따랐기 때문이다. 세종 12년의 관련 논의를 보면, 여자가 남자 집으로 시집갈 때 노비와 의복, 기명器皿을 모두 여자 집에서 준비해야 하므로 경제적 부담이 크다는 것이다. 남자 집이 가난하다면 더욱 꺼려질 수 있었다. 그리하여 딸 가진 집안에서는 심지어 어린애를 사위로 삼는 일까지 벌어졌다. 이 같은 소동에 시기상조라고 판단한 세종은 먼저 왕실에서 친영의 모범을 보이겠으니 사대부들은 이를 본받아서 행할 것을 주문했다. 이것이 위에서 행하고 아래에서 본받는다는 것이다.

세종은 왕자녀의 혼인을 일체 옛 제도에 따라 행할 것을 공표했다. 그에 따라 옛것을 참작하여 시의에 맞게 친영의주親迎儀註를 상세히 정하고, 아울러 사대부가에서도 행할 의례를 정하도록 했다. 친영 절차가 포함된 왕자녀의 혼례의가 제정되고, 1품부터 서인까지 해당되는 혼례의를 제정하여 친영할 것을 권장했다. 세종 17년에 올린 혼례의를 보면, "처가가 먼 데 예를 행하고자 한다면 처가가 가까운 곳에다가 사위의 관소를 마련하게 하고 사위가 여자 집으로 가서 맞이하여 관소로 돌아와 예를 행한다"고 하여, 신부 집이 멀 경우의 변례도 제정해놓았다. 왕자녀들 중에서는 숙신옹주의 혼례 때 친영례를 처음으로 거행했다.

그러나 국왕 가례의 친영은 거의 논의되지 않았다. 『세종실록』「오례」나 성종 5년에 편찬된 『국조오례의』에는 명사봉영命使奉迎의 절차가 수록되었다. 국왕의 명을 받은 사신이 신부를 맞이해오는 방식을 채택한 것이다. 그 후 국왕의 친영례가 본격적으로 논의되기 시작한 것은 중종대였다. 중앙 정계에 진출한 신진 사림들이 친영의 예를 회복하여 인륜의 시초를 바르게 할 것을 주장한 것이다. 이에 중종은 먼저 경대부 집에서 이를 행하여 사서士庶의 모범이 될 것을 요구했으나, 삼사三司에서도 거듭 친영 시행의 불가피성을 강조했다. 반면 대신들은 조선의 습속을 갑자기 고칠 수 없다면서 반대 입장을 나타냈다. 중종 10년에 중전의 승하로 새 왕비를 맞이하게 되자 친영례의 실시를 검토했다. 그러나 선왕의 예법이 아니라는 이유로 유보되었다. 조종의 성헌인 『국조오례의』에도 실리지 않은 예법을 실시하자는 것은 말도 안 된다는 의견이었다.

신진 사림들은 대신들의 반대에도 아랑곳하지 않고 계속해서 중종을 압박했다. 신진 사림들에게 호의적이었던 중종은 결국 여러 차례 번복한 끝에 이 요구를 수용하는 방향으로 선회했다. 그런데 임금이 친히 왕비를 맞으러 사가私家로 가는 게 옳으냐는 것이 친영 시행을 가로막는 가장 큰 장벽으로 논란되면서 중종은 다시 친영 의사를 철회했다. "인군이 신하의 집에서 친영하기란 사세가 곤란한 바 있다"는 입장이었다. 이것도 결국 유교 이념에 충실한 친영의 정당한 논리에 밀려 또다시 번복하기에 이르렀다.

친영 장소가 신하의 집이어서는 곤란하다는 점을 놓고 그 방식에 관한 열띤 논의가 오간 끝에, 임금이 처가로 가지 않고 처가에서 관소館所로 나와 있으면 봉영해오는 것으로 정해졌다. 이것은 주자가 언급한, '멀면 객사에서 맞이한다'는 것과도 다른 방식이었다. 임금의 우월한 지위를 감안하여 객사에서의 친영으로 절충한 것이다. 그리하여 친영 장소로는 조선의 객사인 태평관을 수리하여 사용하도록 했다. 그리고 친영의주를 마련하여 시행할 것을 명하는 한편, 이 예를 『국조오례의』 의주에 포함시켜 후세에도 준행하도록 조치했다.

중종이 드디어 동왕 12년 7월에 면복을 갖추고서 태평관으로 행차하여 직접 왕비를 맞이해오는 친영례를 거행했다. 국왕의 친영례는 고례의 절차를 따르는 것으로 조선 건국 이래 꾸준히 추진해온 국가 개혁의 부분적인 성공을 보여주는 사건이었다. 『세종실록』 「오례」와 『국조오례의』의 명사봉영을 친영으로 바꿈으로써 양이 음을 따르는 반유교의 혼인 형태를 개혁해 사회질서를 교정하게 된 것이다. 이것은 국왕의 예가 유교 원리를 초월하는 지위에서 벗어나 예의 원칙과 정신에 순응하는 단계로 진일보하는 변화를 이룬 것이기도 하다. 그리하여 왕비는 국왕의 외치에 대해 내치를 책임지는 외형상의 동등한 권위를 갖게 되었으며, 이것은 예치의 이상 사회를 건설하고자 하는 신진 사림의 합리적 요구에 양보하려는 노력이기도 했다.

관소에서 친영하다

친영은 국왕이 신민에게 배필을 중시하는 마음을 보여주는 의례였다. 임금은 지극히 존귀한 존재로 천하에 필적할 상대가 없어서 친영하는 예가 없다고도 했지만, 왕비만큼은 함께 종묘와 사직의 주인이 되므로 친영하는 것이 고례의 순리였다. 이것은 공자와 애공哀公의 문답에서 그 정당성을 찾았다. 곧 애공이 명복 차림으로 친영하는 것은 너무 무겁지 않느냐고 질문하자, 공자는 두 성씨가 사랑하여 결합해서 선성의 뒤를 계승하고 천지와 종사의 주인이 되는 일인데 임금께서는 어찌 너무 무겁다고 하시느냐고 했다는 것이다. 중종은 이를 정례正禮로 보고, 위에서 행해야 아래에서 본받는다는 교화의 이념에 따라 처음으로 이를 실행에 옮겼다.

친영은 태평관이나 별궁에서 거행했다. 태평관으로 관소館所를 정한 것은 중종 12년 문정왕후와의 가례가 처음이었다. 친영은 '관소에서 맞이한다'고 했고, 주자도 "옛날에는 천자가 친히 후비后妃의 집에 가는 일은 필연코 없었다"고 했다. 이때에도 "왕비의 집으로 가는 것은 미안하니 먼저 관소를 정하고 친히 나가시어 맞이함이 예에 맞을 듯합니다"라고 건의한 바에 따라 관소를 태평관으로 지정한 것이다.

따라서 태평관은 친영 장소였다. 그렇다면 육례는 어디에서 거행했을까? 중종의 둘째 계비 문정왕후가 "태평관에서 가례를 행했다"는 구절을 접할 때, 이는 태평관에서 육례를 거행한 것으로 오해할 여지를 준다. 왕비의 육례 장소가 비씨 집이어야 하므로 친영을 태평관에서 행하는 것 외의 나머지 절차는 비씨 집에서 행해야 하는 것이다. 그런데 비씨 집이 궁궐에서 멀다면 많은 번거로움과 곤란함이 뒤따랐다. 이에 관한 논의는 보이질 않아 알 수 없지만, 단종 2년의 가례에서는 효령대군의 집을 비씨 집으로 삼았다. 선조 35년의 가례에서는 납채례를 별궁에서 거행하고, 관소인 태평관에서 친영했다. 따라서 선조 때까지만 해도 육례를 거행하는 비씨 집은 궁궐 인근의 대군의 집을 임시로 사용하고, 왕비가 태평관으로 거둥하여 그곳에서 임금이 친영했다고 하겠다. 그 후 이 제도는 인조대에 이르러 변화를 맞았다. 인조가 장렬왕후와의 가례에서 태평관 수리에 폐단이 많다고 하여 별궁에서 친영을 거행하도록 한 것이다. 별궁은 어의동 본궁으로 지정했다. 따라서 어의동본궁은 친영 장소인 관소이기도 하면서 비씨의 별궁이기도 했다.

그런데 장렬왕후를 친영할 때가 되자 임란과 호란을 겪은 후라서 친영례의 전승이 단절되다시피 한 상태였다. 그리하여 인조는 전라도 무주의 적상산성 사각으로 검열을 내려보내 실록을 조사하여 보고하게 하고, 왕세자 친영의와 『통전』 『대명회전』 등을 참조하여 빈주賓主의 예와 전안奠雁 후 주혼자의 사배에 관한 의절 등을 정했다. 가장 염려가 된 것은 군신의 존비상의 예에 실수가 있지나 않을까 하는 점이었다. 이러한 조사로도 불분명한 의절은 선조 35년 당시의 늙은 궁인이나 전안례에 참석했던 김주金珠의 처에게 물어보도록 하기도 했다. 숙종 연간의 인현왕후 친영 때에도 참조할 만한 의주가 실록에 수록되어 있지 않아 선조와 인조 연간의 사례를 조사하여 정하도록 했다. 이렇게 해서 새로 제정된 친영 의주는 영조 때에 이르러 『국조속오례의』에 수록되었다.

그러면 친영 절차를 구체적으로 살펴보자. 태평관에서 친영할 경우 왕비는 왕명을 받들고 온 사자가 별궁에서부터 수종하여 태평관으로 이동했다. 정사는 상경上卿이어야 했으므로 영의정이 담당했다. 이제는 비씨에서 왕비로 바뀐 지위에 걸맞게 시위도 최고 수준으로 격상시켰다. 시위에는 문무백관이 참여하는데, 백관은 각 사에서 한 명씩 차출되었다. 이렇게 제한된 인원수를 차출하는 것은 왕비가 별궁에서 태평관으로 가고 국왕이 면복을 갖추고서 태평관을 향해 행차하므로 수종하는 백관을 양쪽으로 나누어야 했기 때문이다. 이는 입궐할 때에도 마찬가지였다.

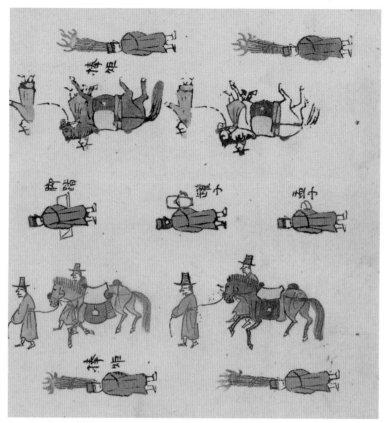

『영조정순왕후가례도감의궤』 중 '봉거', 규장각한국학연구원.

봉촉.

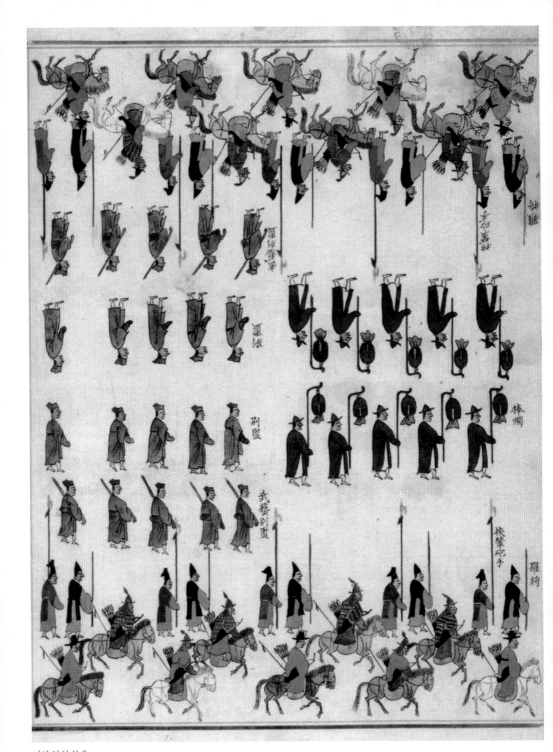

어련 앞의 봉촉.

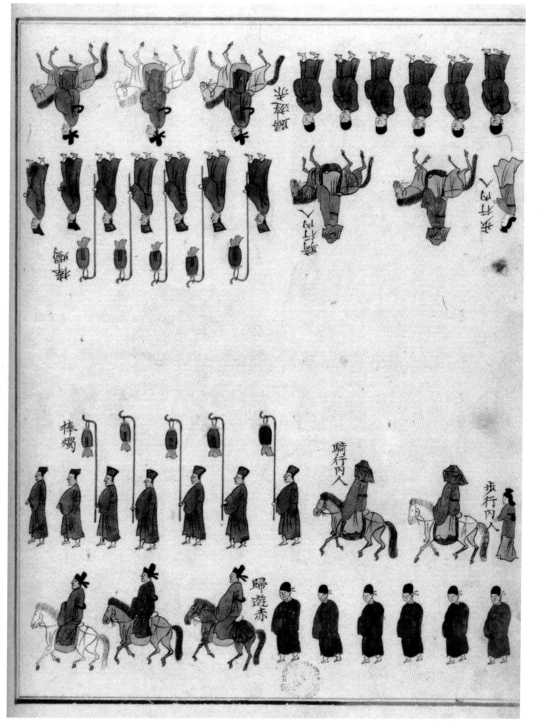

왕비 연 앞의 봉촉.

면복을 갖춘 국왕은 홍화문을 거쳐 궁궐 밖으로 나와 장엄한 행렬을 펼쳤다. 국왕의 출궁에는 전후 고취鼓吹가 앞뒤에서 인도하고, 촉촉燭을 든 자가 앞서 갔다. 종친과 문무백관은 4품 이상이 조복, 5품 이하가 흑단령으로 초엄 전에 홍화문 밖에 일제히 모여 동서로 나누어 차례로 서 있다가, 대가가 이르면 국궁하여 공경히 맞아 차례로 태평관으로 향했다. 대가 전후에는 상군廂軍이 배치되고 백관이 1위衛 내에서 수가했다. 행차가 오전 중에 벌어지더라도 초혼에 행차하는 고례의 관습대로 연여輦輿 앞에서는 촉롱 5쌍과 봉거捧炬 2쌍이 앞길을 밝혔다.

영조가 정순왕후를 맞을 때 국왕이 탄 연을 시위하는 군인은 포수와 살수 60명이었다. 이들은 훈련도감 장관이 거느리고 좌우에서 시위했다. 앞뒤에는 사대射隊가 배치되는데, 훈련도감 군병 400명이 동원되어 200명씩을 각 장관이 거느렸다. 전사대의 장관과 군사는 한성부 앞길에 좌우로 나누어 진을 치고, 후사대의 장관과 군사는 의정부 대문 밖에 좌우로 나뉘어 일렬로 서서 문門을 만들었다. 문을 만든다는 작문作門은 군사들이 좌우로 정렬하여 가운데에 생긴 통로의 입구가 곧 문의 기능을 하도록 진을 치는 것이다. 국왕이 연을 타고 출궁하여 군사들의 작문을 거쳐 들어와 제자리를 잡으면 군사들은 순서대로 시위에 들어가게 되는 것이다.

별궁(혹은 태평관)에 도착한 국왕은 왕비를 직접 맞이하기 전에 행해야 할 절차가 있었다. 그것이 전안례다. 그리고 왕비는 집을 떠나기 전 부모로부터 당부의 말을 듣는 계례戒禮를 행했다. 친영례가 펼쳐지는 당에는 자리가 배설되었는데, 가운데 북벽에 고족상高足床을 놓고, 동서에 욕위褥位를 진설한 다음 그 위에 단석單席을 마련했다. 별궁에 도착해 막차에 들어가 있던 국왕이 시간이 되어 나와서 정청에 오르면, 상궁이 인도하여

어막차

『원행정리의궤도』 중 '봉수당진찬도'의 어막차, 종이에 채색, 62.2×47.3cm, 19세기, 국립중앙박물관.

왕비가 방에서 나왔다. 이때 촉을 잡은 자가 불을 밝히고 앞서 갔다. 왕비가 서벽의 욕위 남쪽 끝에 서면, 국왕은 왕비에게 읍하고서 각각 동쪽과 서쪽에 있는 욕위로 갔다. 국왕이 동쪽, 왕비가 서쪽에 서는데, 이는 남녀의 음양상의 방위에 따른 것이다. 국왕이 어떤 장소든 남면하는 것과는 달리, 동서에서 마주하여 국왕과 왕비의 신랑 및 신부로서의 동등한 지위를 나타냈다. 왕비의 부친인 주인은 조복을 갖추어 입고서 국왕 뒤에서 조금 물러나 서고, 주모主母(부부인府夫人)는 예의禮衣를 갖추어 입고서 왕비 뒤에서 조금 물러나 섰다.

이렇게 친영례의 주요 당사자인 국왕과 왕비, 주인, 주모 등이 제자리를 잡고 서면, 바로 전안례를 거행했다. 전안례는 상궁의 주관하에 거행되었다. 기러기를 들고 있던 장축자掌畜者가 기러기를 상전尚傳에게 주고 내문에 이르러 상궁에게 전해주면, 상궁은 이를 받들고서 국왕을 따라 들어온다. 상궁이 전안례를 행하라는 말에 따라 무릎 꿇고 국왕의 오른쪽에 기러기를 바치면, 국왕이 이를 받아서 북벽에 놓인 상 위에 놓는다. 그러고 나서 가례에서는 신랑이 주인에게 재배하나, 국왕과 주인의 관계에서는 이를 생략했다. 기러기를 상 위에 놓음으로써 이를 받은 셈이 되는 것이다. 기러기를 받은 주인은 정청에서 내려가 계단 아래에서 북향하여 서고, 기러기상은 주모가 거두었다. 주인은 국왕에게 사배례를 행했다. 이렇게 해서 전안례가 끝나면 국왕은 계단을 내려가 대문 밖의 소차로 돌아갔다.

전안례를 마친 직후에는 주인과 주모의 계례가 행해졌다. 계례 장소는 정당의 서쪽 계단 위다. 부모는 이를 통해 시부모에게 자나 깨나 효경孝敬을 다할 것을 당부했다. 이것이 끝나자마자 상궁이 연을 타는 자리로 왕비

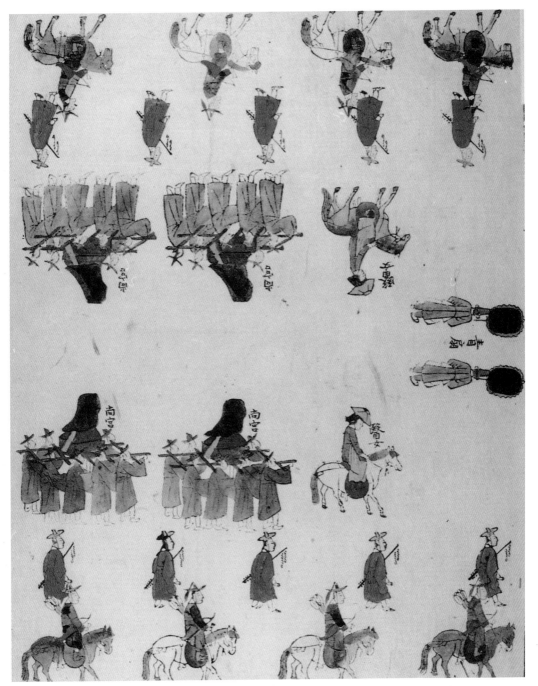

『헌종효정후가례도감의궤』 중 반차도 속에 그려진 상궁과 의녀의 모습, 1844.

를 인도했다. 국왕은 차에서 나와 왕비를 맞아 읍을 하고 먼저 연을 타고서 환궁하며, 왕비의 연은 그 뒤를 따라서 입궐했다. 왕비 입궐 때의 시위는 각 사에서 1원씩, 당상아문은 당상과 낭청 각 1원, 종친은 품계마다 각 2원씩이었다. 국왕을 시위하여 먼저 도착한 백관은 홍화문 밖에서 동서로 나뉘어 차례로 서 있다가 왕비가 이르면 국궁하고서 공경히 맞이했다. 삼간택 후 별궁으로 갈 때 궁궐 정문의 동협문을 이용했던 왕비는 국왕과 동등한 지위의 신분으로서 이제 떳떳하게 돈화문 정문을 이용해 들어갔다. 정순왕후는 홍화문을 거쳐 가응문嘉應門으로 들어갔다.

친영에서는 전후의 육례와는 달리 국왕이 정전에서 친영의 거행을 선포하는 의식을 거행하지 않고 정해진 시각에 별궁을 향해 출궁했다. 마침내 왕비를 맞이한 국왕은 항상 읍으로 예를 표하여 빈주賓主의 예로 대했다. 그러나 국왕과 주인의 상호 관계는 그렇지 않아, 전안례 직후에 주인이 계단 아래로 내려와 북향하여 서는 것은 국왕과 나란히 자리를 같이할 수 없는 군신의 관계를 나타냈다. 장인과 사위의 관계이지만, 만인지상인 국왕의 권위에 압존되어 주인은 사배례로 군신의 예를 표한 것이다.

가례家禮의 친영에는 신랑과 신부에게 행하는 초계례醮戒禮가 있다. 그러나 국왕과 왕비에게는 초례가 없고, 다만 왕비에게 계례가 있을 뿐이다. 국왕과 왕비는 이미 국가의 종자이며 종부의 지위에 있기 때문이기도 하지만, 국왕은 선왕을 여의어 고아이기 때문이기도 했다. 가례에서 종자가 고아라면 이러한 예를 쓰지 않는다고 한 바 있다.

동뢰연으로 한 몸 되다

왕비가 드디어 별궁생활을 청산하고 국왕의 인도를 받아 입궐했다. 신하들의 환영을 받으면서 궐문을 들어선 왕비는 동뢰연을 거행할 처소로 갔다. 인현왕후는 저승전, 인원왕후는 광명전, 정순왕후는 통명전, 철인왕후는 대조전으로 향했다. 그곳에서 국왕과 왕비는 서로 마주하여 동뢰同牢라는 의식을 행했다. 동뢰는 '하나의 희생을 함께 먹는다'는 뜻이다. 희생을 함께 먹음으로써 몸을 합하고 존비를 같게 하여 친해진다는 의미를 담고 있다. 이 의식은 남녀가 부부로 공인받는 육례의 마지막 절차다. 그런데 이 자리에는 신부 측 부모와 친인척 이하가 참석할 수 없었다. 친영으로 친정을 떠나 신랑의 가계에 편입된 신부는 이제 친정 가문에서 출계된 출가외인이었다. 친정 가문과 단절되어 인생의 전환점에 선 신부를 신랑 측에서는 자신의 가계에 공식적으로 통합시키는 의식을 행할 필요가 있었으니, 그것이 동뢰연이다. 동뢰연은 통과의례의 성격을 지닌다고 하겠다.

이 동뢰연에는 축하 세리머니가 없는 것이 특징이다. 길례인 제사에도 음악과 춤이 있는데 혼례에 음악과 춤이 없다니 왠지 낯선 느낌이다. 육례의 행사장에는 헌가軒架와 고취가 진설되기는 했지만 음악을 연주하진 않았다. 왜란과 호란을 겪은 후에는 대소의 거둥에 악부樂部를 폐지하여 설치하지 않았다고 해서 인조 때에는 아예 이를 진설하지 말도록 한 적이 있었다. 그러다가 인현왕후 가례 때에 와서 오례의대로 진이부작陳而不作, 곧 악기들을 진설해놓되 연주하지 말도록 했다.

혼례는 음양으로 따지면 음에 속한다. 정자는 "혼례에 음악을 쓰지 않는 것이 유음幽陰한 뜻이라 했는데, 이 말은 옳지 않다. 혼례가 어찌 유음한 것인가? 다만 옛사람이 이 대례를 중시하여 그 일을 엄숙히 하고자 음악을 사용하지 않은 것이다. 혼례를 축하하지 않는 것은 사람의 차서次序라고 했는데, 이 말이 옳다"라고 했다. 혼례에 음악을 사용하지 않는 것은 음악이 음기이기 때문이 아니라 사람의 차서인 혼례를 엄숙히 하고자 축하하지 않는다는 것이다. 사람의 차서는 사람이 가계를 계승하는 차례를 말한다. 가계 계승의 순서상 당연한 도리를 행하는 것을 축하할 일은 아니라는 얘기이며, 생명의 근원인 조상의 뜻을 이어갈 것을 맹세하는 혼례의 자리는 매우 엄숙해야 한다는 것이다.

그래서 공자는 "며느리를 맞이한 집에서는 사흘 동안 음악을 연주하지 않으니, 며느리로 하여금 대를 잇도록 했음을 생각해서다" 하고는, 사흘이 지나서 거문고를 연주했다고 한다. 여자가 시집와서 대를 이어야 하는 책임과 의무를 짊어지고 조상에게 향을 피우는 일은 새로운 생명의 태동을 기억하고자 하는 나와 조상의 약속이므로 개인의 사랑이나 감성 혹은 쾌락이 끼어들 여지가 없었다.

또 혼례는 어두운 시간에 거행하는 것이 전통이었다. 혼인婚姻에서의 '혼' 자는 처음에 어두울 혼昏을 썼다. 『의례』에서 "사士가 장가드는 예는 혼昏을 시간으로 하며, 이것은 양이 가고 음이 오는 것이다"라고 했다. 이 시간의 선택은 음양 관념에서 나온 것으로, 그런 까닭에 혼인昏姻이고 혼례昏禮였다. 『백호통白虎通』을 보면, 어두울 때 예를 행하기 때문에 혼昏이라 했으며, 인인因人 즉 사람으로 인한 까닭에 인姻이라 했다고 되어 있다. 신랑이 어두울 때 신부 집에 가고 그로 인해 오게 되었다는 데서 신랑은 혼, 신부는 인이라 했다는 해석도 있다. 어쨌든 혼昏은 남녀의 성과 시간

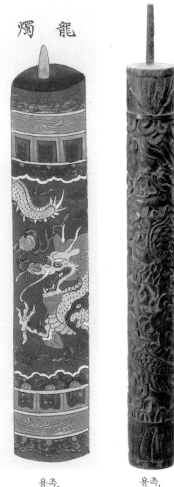

용촉,
『원행을묘정리의궤』 수록.

용촉,
국립민속박물관.

의 속성을 일치시킨 음양 관념에서 비롯된 최적의 시간이있다.

그럼에도 국왕의 동뢰연은 잔치 시간의 길흉을 더욱 중시했다. 도대체 몇 시에 행했다는 것일까? 정순왕후 가례 때에는 친영을 진시辰時(오전 7~9시), 동뢰연은 오시(오전 11시~오후 1시)로 길시를 가린 것을 고쳐서 친영 시 삼엄을 인시 정초각(오전 4시 15분), 동뢰례를 진시에 거행하도록 했다. 인현왕후의 경우에는 진시가 길시가 아니라고 하여 숙종의 출궁 시간을 사시로 정했으며, 동뢰연도 고쳐서 신시로 정했다. 인원왕후도 신시로 정했는데, 어찌 된 일인지 실제로는 환경전에서 미시에 행한 것으로 나타난다. 따라서 동뢰연 시각은 오전과 오후를 가리지 않고 길시를 택했기에 몇몇 사례로는 신시가 가장 늦은 시각에 해당되었다. 의주에는 초혼初昏에 시작하는 것으로 규정되어 있으나, 실제로는 길흉점을 중시하여 친영을 새벽이나 아침녘에 하고 오전 중이나 이른 오후에 동뢰연을 행했으니, 혼속의 본의에 맞지 않는다고 할 수 있다.

동뢰연은 다른 절차에 비해 그 외관을 화려하게 장식했다. 먼저 초혼에 행하는 전통에 따라 많은 양의 초가 동원되었다. 화룡촉畫龍燭이 2쌍, 홍사촉紅四燭이 5쌍, 홍육촉과 홍팔촉이 각 40자루였다. 모두 94자루의 촛불이 사방을 휘황하게 밝혔다. 홍촉은 미리 만들어서 오래 보관하면 색이 변하는 탓에 행사가 있기 4~5일 전에 만들었다. 홍대촉인 홍촉은 5승포升布를 붉게 물들여서 밀납을 먹여, 길이가 한 자 넘게 끊어 만든 것으로서 불을 켜는 용도로 공급되었다. 길례와 흉례에도 사용하던 것을 태종 15년에 금한 적이 있다. 그 이전인 태종 11년에는 촉밀燭蜜을 다투어 써서 사치하는 것을 공상供上·제향祭享·조신朝臣 접대 외에는 공사를 막론하고 금하라는 청이 있기도 했다.

연석 입구 양옆에는 준화상樽花床이 놓였다. 준화는 여러 종류의 장식용 꽃들로서, 준화樽花, 중봉中鳳, 향화초충香花草蟲, 대봉大鳳, 공작孔雀 등이 있다. 이 꽃들은 종이로 만든 지화紙花이거나 청홍주와 홍진사 등 천과 실을 이용해 만든 것들이다. 견사로 만들던 것은 영조 20년경부터

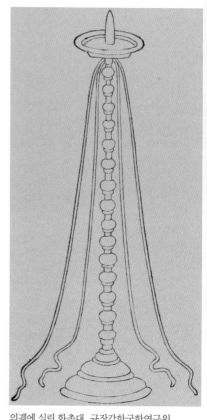

의궤에 실린 화촉대, 규장각한국학연구원.

모두 예산 절감을 위해 지화로 바꾸었다. 이 꽃들은 장소를 화려하고 예쁘게 꾸미는 장식용이지만, 한편으로는 여성의 상징이면서 또 자식을 많이 낳으라는 다산의 상징이기도 했다. 이 꽃들은 준화상 외에 각 상에도 장식되었다. 상화는 왼쪽 좌협상과 연상, 우협상에 놓였다. 또 미수상에는 채화가 놓였다. 이외에 화룡화준畫龍花樽과 백주준白酒樽 등이 놓이는데, 화룡화준은 쌀과 콩을 넣는 용기다. 화룡화준은 백준白樽을 대신 사용하기도 했다. 그리고 신랑과 신부 자리 뒤에는 병풍이 놓였다. 보통 4

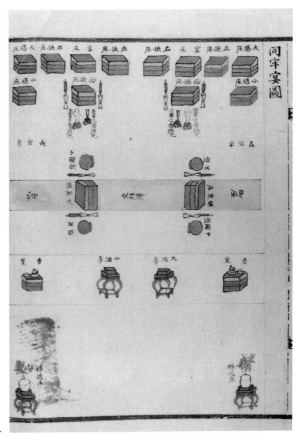

'동뢰연도'(순종·순정효황후 가례).

'헌종과 경빈의 동뢰연 배설도', 『경빈가례시가례청등록』, 1847, 한국학중앙연구원 장서각.

좌坐가 놓이는데, 2좌는 모란이며, 2좌는 십장생과 화초다. 모란, 십장생, 연꽃, 화초가 각 10첩씩이었다.

또 향좌아香座兒라고 하는 향을 놓는 대 2쌍이 놓였다. 향좌아는 납채 등 각 의례를 행하는 곳에서 늘 사용되는 물품이다. 그 위에는 큰 쟁반 안에 향동자香童子 그리고 향꽂이에다 꽂는 부용향芙蓉香을 놓은 것으로 보인다. 부용향은 내의원에서 준비한 것으로, 초와 비슷한 모양이다.

음식상은 미리 조검단자照檢單子를 작성하여 임금에게 보고하고 재결을 받은 뒤 준비한 것으로 보인다. 이 자리에 차려지는 음식상은 대선상大膳床과 연상宴床, 소선상이 각 둘이며 각 연상의 양옆과 앞에는 좌우협상 및 면협상이 놓였다. 또 중원반中圓盤과 과반果盤이 각 둘이다. 대선상 등 여섯 상床이 둘씩 차려진 것은 『의례』 「사혼례」에서 말하는 12두豆다. 대·소 선상에는 희생인 생저牲猪와 생양牲羊 및 오리, 우후각牛後脚이 오른다. 연상은 동뢰연상인데, 네 줄의 사항탁四行卓으로서 맨 앞 1항에는 중박계中朴桂 4기, 2항에는 백산자白散子와 홍산자 각 2기, 3항에는 홍마조紅亇條 3기와 유사 마조油沙亇條 2기, 4항에는 실백자·실진자· 실비자·건시자·황률·대추 각 1기가 차려진다. 고임은 항마다 높이에 차등을 두어 1척부터 4촌까지 쌓았다. 『대전후속록大典後續錄』에서 동뢰연에 유밀과의 사용을 허용한 바대로, 좌우 협

화룡화준.

상에는 다식·산자와 같은 유밀과가 많이 놓였다.

이 열두 상 외에 국왕과 왕비가 함께 먹고 마시는 찬안은 별도로 마련되었다. 교배석의 어좌御座와 비좌妃座 앞에 각각 찬안상이 놓이고, 좌우로 또 각각 중원반과 과반이 놓였다. 찬안상은 네모난 상을 사용하는데, 사방반四方盤 위에 다섯 그릇을 기본으로 음식을 차린다. 그 음식은 전복절全鰒折, 광어절廣魚折, 대구어절大口魚折, 문어절文魚折, 결포절抉脯折 등이다.

찬안상에는 사방반 말고도 3미味의 음식이 각각 여덟 그릇씩 함께 놓였다. 세 번에 걸쳐 동뢰하는 횟수에 맞춘 것으로서 3작爵 3미味라 할 수 있으며, 차례로 맛볼 음식들로 차려지기는 하나 실제로는 먹지 않는 간반看盤으로 보인다. 삼인 때 먹는 탕이 곧 이 삼미로서, 미는 탕이 중심이 된다. 그런데 탕은 초미의 추복탕뿐이며, 이미와 삼미에는 탕이 없다. 각 미의 음식을 보면, 초미初味는 추복탕搥鰒湯, 전복자지全鰒煮只, 생치적生雉炙, 산삼병山蔘餠, 추청追淸, 약과藥果, 백자柏子, 수정과水正果다. 이미二味는 세면細糆, 생치자지生雉煮只, 전유어煎油魚, 송고병松古餠, 추청, 행인과杏仁果, 생률, 수정과다. 삼미三味는 장육자지獐肉煮只, 어만두魚饅頭, 생치전체소生雉全體燒, 자박병自朴餠, 추청, 전은정과煎銀正果, 대조大棗, 수정과다.

중원반은 네 그릇의 음식이 놓이는 둥근 상으로 전복절, 인복절引鰒折, 건치절乾雉折, 전유어煎油魚 등이다. 과반은 열 그릇이 놓이는 둥근 상으로 음식은 문어절, 전복절, 건치절, 약과, 생리生梨, 생률, 백자, 생강정과生薑正果, 동과정과冬瓜正果, 천문동정과天門冬正果 등이다. 정순왕후 가례 때에는 이를 없애도록 한 적이 있다. 어쨌든 찬안상 외의 음식상들은 실제 먹을 목적으로 차려지는 것이 아니라, 고임의 형식을 최고 높이로 갖춰 국왕의 권위를 나타내고자 하는 상징용 간반이었다. 따라서 동뢰연석의 음식상은 간반과 찬안상으로 구성되었다고 하겠다. 이렇게 화려하고 격조 있는 장식과 맛있는 음식이 진설될 때에는 도감의 당상과 낭청이 참석해 일일이 점검했다.

시간이 되면 국왕과 왕비의 동뢰연이 거행되었다. 동뢰연 처소인 전각의 합문 밖에 도착한 왕비는 동쪽에서 서향하여 섰다. 국왕은 규圭를 들고 어좌에서 내려와 합문 안의 동쪽에서 서향하고는 왕비에게 읍揖하고서 인도하여 전각 안으로 들어갔다. 뒤를 따라 들어간 왕비는 중앙 계단을 거쳐 자리에 올랐다. 동서 계단 사이에는 등불을 든 자들이 정렬했다. 국왕이 다시 왕비에게 읍하고서 교배석交拜席의 자리로 나아가 서향해 서면, 왕비도 자리로 나아가서 동향하여 섰다.

가례에서는 신랑과 신부가 처음 만나 인사하는 교배례를 행하지만, 국왕과 왕비에게서는 이 의례가 생략되었다. 국왕은 오히려 왕비를 맞이하고 자리로 나아갈 때 읍례를 행했는데, 이 읍례는 앞서 말한 대로 주인과 빈(손님)의 관계를 나타낸다. 그리고 자리 배치는 음양론에 근거한 것으로서, 신랑은 양인 동쪽이며 신부는 음인 서쪽이다.

동서에서 마주하여 서는 그 자리에는 교배석이 깔렸다. 교배석은 보통 황해 감영의 책임하에 배천군白川郡에서 직조해 바쳤다. 빛깔이 좋은 완초莞草 곧 왕골로 빽빽하고도 세밀하게 직조하고 선명하게 무늬를 놓아, 최상의 품질로 제작했다. 후궁과 왕자녀 가례의 교배석에는 '이성지합二姓之合 복록근원福祿根源'이라는 여덟 글자가 새겨졌다. 이 글자는 서사관이 써서 국왕의 재결을 받은 다음에야 수를 놓을 수 있었다. 도감으로 올라온 교배석은 선수善手 인문장引紋匠 및 인장茵匠 등이 동원되어 무늬를 짜고 가선을 둘러 마무리 작업을 했다. 인문에 들어가는 재료는 채흑초彩黑草인데, 이는 강화에서 납품했다. 선을 두르는 감은 최상품의 자적토주紫的吐紬였다. 국왕 동뢰연에는 교배석이 실제 놓이기는 했으나 교배례를 행하지 않아 상징적인 의미만 있을 뿐이었다.

동뢰례는 보통 합근례合졸禮라고 한다. 합근례는 두 개로 나눈 표주박에 술을 따라 신랑과 신부가 마시는 예다. 이 자리에 놓이는 도구는 은시접銀匙楪(은영롱시銀玲瓏匙)과 은저구銀箸具, 은봉병銀鳳瓶, 은일월병銀日月瓶, 은잔銀盞(은도금초엽배銀鍍金草葉盃), 근배졸盃 등이다. 표주박 술잔인 근배를 제외한 나머지는 모두 은기다. 표주박은 본래 하나의 몸통이었다. 이것을 반으로 나누어 속을 긁어내고 일상에서 술잔이나 물바가지 혹은 용기로 사용했다. 왕비 가례에서 사용하는 표주박은 실제용과 예비용으로 둘씩 준비했으며, 품질은 형체가 둥글고 안팎으로 점흔點痕이 없어야 했다.

표주박 준비는 사도시, 사포서, 내자시, 내섬시 같은 공상供上 아문衙門에서 담당했다. 그러나 내자시나 내섬시처럼 위전位田이 있어도 이를 재배하지 않거나, 공상의 여가에 구하기 어렵다는 핑계로 평시서에 미루곤 했다. 사방으로 관리를 분산 파견하여 사들이도록 하기도 했으나, 시기에 따라 맞춤한 물품을 쉽게 구할 수 있는 것이 아니었다. 봉상시 등에서는 자신들의 업무가 아니라면서 발뺌하지만, 상황이 불가피한지라 평시서에 각전各廛 시민과 합력하여 진배할 수 있도록 분부하라는 조언을 하기도 했다. 혹은 도감이나 호조에서 값을 치르고 저자의 상인에게 납품할 것을 요청하기도 했다. 개수는 6개 정도로 넉넉하게 준비했다. 이를 상의원에 보내면 홍화紅花 곧 붉은 꽃물로 곱게 염색하고, 공조에서 은銀으로 장식했다. 그리고 홍진사紅眞絲의 고운 실로 끈을 만들어서 달았다. 마치면 예조에서 점검한 후에 대전으로 보내 결재를 받았다.

합근례는 신랑과 신부가 표주박으로 합환주를 마시는 주례다. 세 번에 걸쳐 술을 마신다고 해서 삼인三酳이라고도 했다. 이는 이작일근二爵一卺으로서, 두 번째까지는 술잔으로 작을 사용하고 세 번째에 표주박을 사용했다. 과반 옆에 놓인 대주정大酒亭과 소주정에 놓인 용준龍尊에 담긴 술을 은병에 담아 이를 은잔에 따라서 각각 국왕과 왕비에게 바치면, 첫 번째 술은 좨주祭酒를 하고서 마시고 탕을 먹었다. 재인부터는 좨주하지 않았고, 술을 마실 때마다 탕을 먹었다. 동뢰연과 조현례 때 사용하는 술은 청주이며, 이를 향온주香醞酒라 칭했다.

동뢰홀기.

신랑과 신부가 이처럼 술과 음식을 먹는 것을 동뢰 혹은 공뢰共牢라고 한다. 대·소선상에 올린 생저와 생양이 그 상징으로서, 희생인 돼지고기와 양고기를 함께 맛보는 것을 말하지만 실제로 먹지는 않는다. 희생을 달리하지 않는다고도 했으니, 이는 하나의 희생을 함께 먹는 것이다.

합근례는 본래 한 몸이었던 표주박으로 술을 마시고 하나의 희생을 먹어 한 몸이 됨으로써 국왕과 왕비는 존비를 함께한다는 의미를 갖고 있다. 몸을 합치면 존비가 같아지고, 존비가 같아지면 서로 친해져서 떨어지지 않는다는 것이다. 『역경』에서, 부부는 종신토록 변하지 않는데 그 소이는 근인卺酳의 예를 지키는 것이라 한 게 이것이다. 존비가 같아진다는 것은 남녀 사이에 존재하던 상하와 존비, 귀천의 차별이 없어져 한 몸으로서 부부관계가 완성되었음을 뜻했다.

동뢰연이 끝나면 국왕과 왕비는 일어나서 상궁의 인도하에 국왕은 동쪽 방으로 들어가 면복을 벗고, 왕비는 악차로 들어가 적의를 벗었다. 상복常服으로 갈아입은 국왕은 나와서 왕비가 있는 악차로 들어갔다. 찬상은 물리는데, 국왕이 먹고서 남긴 음식은 왕비의 종자가 먹고, 왕비가 남긴 음식은 국왕의 종자가 먹으니, 이를 준餕이라고 했다.

국왕과 왕비의 첫날밤

악차로 들어간 국왕은 그 자리에서 바로 왕비와 첫날밤을 보냈을까? 오전 중이나 이른 오후에 동뢰연을 행했으니, 소위 첫날밤을 보내기에는 무리였을 것으로 짐작된다.

후궁 빈 가례에는 방친영房親迎이라는 것이 있었다. 전각 안에 설치된 위악幃幄 안에서 친영을 한다는 말이다. 방으로 들어간 국왕은 정남쪽에서 북향하여 앉고, 빈은 정북쪽에서 남향하여 앉았다. 이러한 배치는 동뢰연으로 이미 존비가 같아졌기 때문에 음양론에 따라 남자가 남쪽, 여자가 북쪽에 자리한 것이다. 후궁과의 혼례에서 친영을 독립된 절차로 거행하지 않고 형식적인 의미만을 부여하는 방식으로 이 예를 행한 것으로 보인다. 이를 마치면, 국왕은 법복으로 갈아입고서 대전으로 가고 빈궁은 내빈의 하례를 받았다. 그날 밤의 동침은 내시와 상궁들이 그 이후 준비에 들어가지 않았을까 생각된다. 남녀의 성性을 금기시하다시피 한 유교 문화에서 존엄한 국왕의 성을 위한 준비와 절차는 차마 언급할 수조차 없어 기록으로 남기지 않았다.

그런데 『세종실록』 「오례」와 『국조오례의』, 단종 2년 정월에 행해진 동뢰연의 의주에서 아주 흥미로운 사실 하나를 발견할 수 있다.

내시內侍의 속료는 왕비의 대차大次를 전하가 납시는 전합殿閤 밖의 서쪽에 남향하여 설치하고, 욕석褥席을 정해진 대로 펴놓는다. 저녁 무렵에 상침尚寢은 그 속료를 거느리고 어악御幄을 납시는 전실의 안에 설치하고, 지석地席과 중인重茵을 펴놓는다. 또 욕석 둘을 펴는데, 모두 이불과 베개衾枕가 있다. 북쪽 끝에는 병장屛嶂을 친다. 초저녁에 상식尚食이 주정酒亭을 실내에서 조금 남쪽에 설치하고, 잔근盞졸 2개를 그 위에 놓는다.

동뢰연이 거행되는 전각 안의 실내에 설치된 어악에 욕석 둘을 펴는데, 모두 이불과 베개가 놓였던 것이다. 동뢰연을 마친 국왕은 상복으로 갈아입고 상궁의 인도를 받아 이불과 베개가 놓인 악차로 들어갔던 것이다. 이 의주는 후궁 빈과는 차이가 있다. 후궁 빈의 경우 금침을 펴놓는다는 의절이 없다. 그러나 이 의주에서의 동뢰연 시간은 초혼이어서 고례나 가례의 시간 인식과 같으나, 위에서 살펴본 바와 같이 실제와는 거리가 있어 금침 배설의 여부는 확인할 수 없다.

국왕의 성에 대한 언급은 금기였다. 왕비를 비롯하여 후궁과 궁녀 등 수많은 궁중 여인이 모두 국왕의 성의 대상이 될 수 있었다는 사실 자체는 커다란 호기심을 유발하는 요인이다. 음탕하고 난잡한 성생활을 즐긴 연산군과 광해군 같은 군주가 실재했으니, 다른 국왕들의 성생활은 그들과 얼마나 어떻게 달랐을까에 대한 궁금증이 꼬리를 물고 일어날 법도 하다. 그러나 그 은밀한 내면을 들여다볼 만한 흔적의 발견은 바늘구멍 찾기보다 어렵다.

영조는 마흔 살 가까이 되도록 아들이 생기지 않았다. 그러자 판중추부사 민진원은 이를 크게 우려하면서, 송시열이 현종에게 한 말을 인용했다.

선정신 송시열이 현종에게 아뢰기를, '옛날에는 궁중의 법도가 엄숙하여 매일 정궁正宮과 후궁을 나열하여 적고, 낙점을 받아서 성장한 옷차림으로 기다리게 했습니다. 그런데 중종께서는 언제나 내전에다 점을 찍었으므로, 내전에서 늘 말하기를, 나이가 젊은 후궁도 많은데 어찌하여 매일 늙은 몸에게 점을 찍으십니까? 성장한 옷차림도 감당하기 어려우니, 원하건대 이렇게 하지 마소서 했습니다' 하자, 신의 외조부인 선정신 송준길이 송시열의 말로 인하여 아뢰기를, '중종께서는 여색을 탐하는 마음이 없고 내전에서는 후궁에게 양보하는 덕이 있었으므로 규문 안이 이와 같았으며, 자손이 많고 복록이 무궁한 까닭이 되었으니 진실로 후세의 임금이 당연히 본받아야 할 바입니다' 하였습니다.

이 말에서 아주 흥미로운 점 하나를 발견할 수 있다. 저녁 수라 때 국왕을 늘 곁에서 시종하는 내시가 수라상에 명단 하나를 올려놓았다는 사실이다. 이 명단은 그날 밤 국왕의 잠자리에서 시중들 여성들이었다. 왕비를 비롯하여 후궁들의 이름을 나열했다고 하지만, 이것이 맞는 말인지에 대해선 의심의 여지가 있다. 어쨌든 그중 한 사람을 낙점하면, 내시는 이 사실을 담당 상궁에게 통보했다. 그러면 상궁들은 채비를 시켜 합방하게 하는 것이다.

송시열은 이를 '매일'이라고 표현했다. 그랬을 법도 하다. 성욕을 만족시키는 것과 자손의 생산하고는 별개일 수 있기 때문이다. 매일 명단을 올린 것은 국왕의 성욕을 만족시켜주기 위한 방식이었다. 그에 비해서 후자는 예교사회에서의 성의 의미가 후사를 위한 것이며 색을 위한 것이 아니었으므로 왕실에서 특별히 신경 쓰지 않으면 안 되는 사안이었다. 이를 위해서 합방하기에 길한 날과 시간을 점쳐 행했으며, 그 대상은 일차적으로 왕비였다. 따라서 동뢰연을 행한 날이 길일이라 하더라도 국왕의 첫날밤까지 길하다고 볼 수는 없었다.

7장

국가의 주부가
조상을 뵙다

朝　鮮　國　王　　嘉　禮

왕비가 시가 어른들을 뵙다

궁궐에서 첫날밤을 보낸 왕비는 왕실의 며느리로서 우선 어른들을 알현하는 조현례朝見禮를 행했다. 비씨로 낙점되고 인사드리지 않은 것은 아니나, 이제는 시어머니와 시할머니께 며느리로서 첫인사를 드려야 하는 것이다. 그 후에 대비가 신하들의 하례를 받고 그들을 대접하는 회례會禮를 거행했다. 『국조오례의』에는 왕비 조현례가 규정되어 있지 않다. 조현례가 처음 거행된 것은 중종 12년 문정왕후 가례 때다. 이때 시행된 친영은 유교 이념의 정례正禮이며, 조현례 또한 가례의 당연한 도리로서 수용하지 않을 수 없었다. 이 전통은 그 후 선조 35년에도 계승되어 행한 것으로 보인다.

조현례는 왕비가 대왕대비 등 왕실의 웃어른들을 차례로 알현하는 의례. 정해진 길일에 거행되는 이 의례에는 많은 의녀가 동원되었다. 여의女醫는 글을 알기 때문이었다. 임시로 뽑혀 온 가의녀假醫女는 세자빈 조현례의 경우 그 필요 인원이 240명이었다. 가의녀들은 공공 기관에 소속된 여종들 중에서 차출되었다. 육조와 사학, 봉상시 등에 소속된 여종이 이

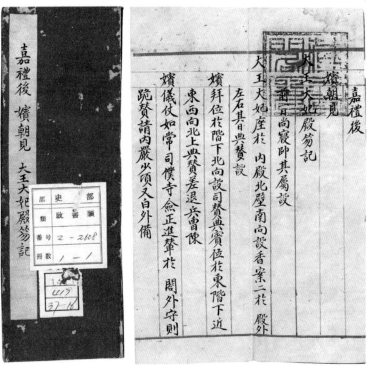

빈조현홀기(한문본).

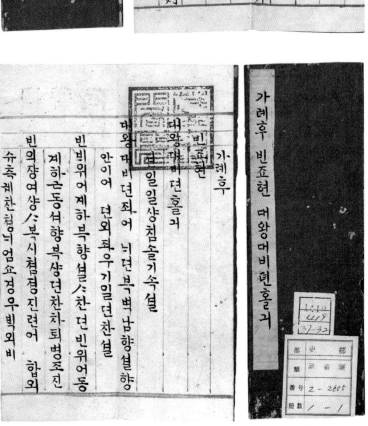

빈조현홀기(한글본).

미 다 차출되고 한 명도 남아 있지 않아서 달리 충당할 길이 없는 경우도 있었다. 그때에는 궁여지책으로 서울에 사는 현수絃首를 차출하기도 했다. 현수는 거문고나 가야금을 전문으로 연주하는 기생 혹은 무당을 따라다니면서 악기를 연주하는 무녀였다. 가의녀는 진설되는 의장을 들고 있는 역할을 주로 담당했다. 의장을 최소화해서 산선繖扇만을 진설하여 현수 무녀의 차출을 중지하기도 했다.

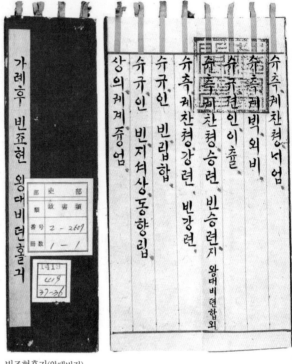

빈조현홀기(왕대비전).

조현례 장소는 대비가 머물고 있는 내전이었다. 내전 밖에는 향안 둘을 내놓고, 계단 아래에 왕비의 절하는 자리를 북향하여 진설했다. 준비가 다 끝나면, 왕비는 적의를 갖추어 입고 머리장식을 얹고서 나왔다. 상궁이 앞에서 인도하여 대왕대비전의 합문 밖에 이르러서 합閤으로 들어갔다. 대비의 좌석 앞 동쪽에 마련한 자신의 자리에 앉았다가 곧 나와서 서상西廂에서 동향하여 서 있으면, 대비가 적의를 갖추어 입고 머리장식을 얹고서 나와 자리에 올랐다.

왕비는 먼저 대왕대비에게 폐백인 단수반腶脩盤을 드리는데, 그전에 절하는 자리로 가서 조현하는 예절로서 네 번 절했다. 오른쪽에는 단수반을

영친왕비의 조현례 직후. 왼쪽부터 덕혜옹주, 영친왕비, 윤황후, 순종, 영친왕, 왕자 진, 고찬시. 순종은 원유관과 강사포를 갖추고 있으며, 윤황후는 적의에 큰머리를 올렸다.

든 장찬掌饌이 서 있었다. 동쪽 계단으로 올라가 대왕대비 앞에 이르러서 서향하여 무릎 꿇은 왕비는 단수반을 받아서 상에 놓았다. 대왕대비는 이를 어루만지고, 상식이 시늉을 했다. 상식은 이를 거두어 서쪽으로 옮겨놓았다. 왕비는 내려가서 절하는 자리로 돌아가 다시 네 번 절했다.

폐백을 받은 대왕대비는 그 답례로 왕비에게 초례醮禮를 했다. 왕비는 또 동쪽 계단으로 올라가 자리 남쪽으로 가서 서향하여 서 있다가 네 번 절하고, 자리로 가서 서향하여 무릎 꿇었다. 곧이어 상식이 주는 술잔을 받아 좨주하고, 일어나 자리의 남쪽으로 가서 서향하여 무릎 꿇고 술을 마셨다. 다 마셨으면 일어나서 부복했다가 일어나 네 번 절을 했다. 상식은 찬탁饌卓을 치웠다. 왕비는 동쪽 계단으로 내려가 나가고, 대왕대비도 자리에서 내려와 내전으로 돌아갔다.

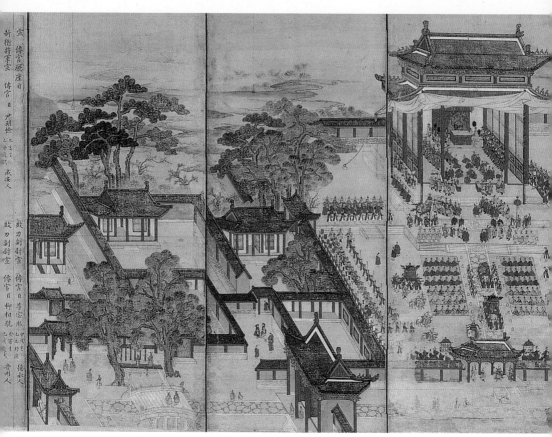

「헌종가례진하도병」, 비단에 채색, 각 115.7×51.5cm, 보물 제733호, 1844, 동아대박물관. 헌종 10년 헌종과 계비 효정왕후의 가례를 축하하기 위해 열린 진하의식이다.

조현례 의식은 이와 같았다. 왕비가 조현하는 사배례와 폐백인 단수를 바치는 의식, 대비의 초례 등으로 구성되어 있다. 단수服脩는 폐백으로서, 익혀서 생강과 계피를 가미하여 다져 말린 조금 길쭉한 모양의 건육乾肉이다. 『예기』에서는 버섯과 개암, 포, 대추, 밤을 언급했으나, 그중에 포만 사용한 것이다. 포는 음양관계에서 양에 속한다. 여성인 대비에게 양 성질인 포를 선물하여 음양의 조화를 꾀했다고 볼 수 있다. 세자빈이나 공주 등의 혼례에서는 시부모에게 각각 조율棗栗과 단수(포)를 드렸다. 조율은

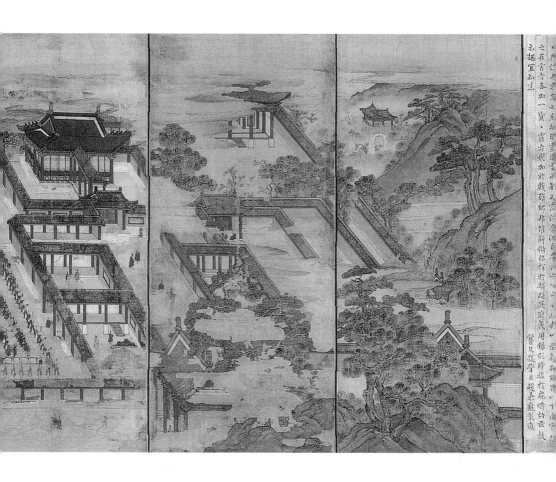

음에 속했다. 단수포는 1첩貼, 조율은 다섯 되라 하고, 이를 준비하는 데에는 넉넉히 하도록 했다. 대추와 밤은 크고 윤기 나는 가장 좋은 것으로 준비하도록 했다. 장원서에서 공인貢人을 시켜 생산지에서 직접 사와 바치면, 이를 도감에서 검사하여 통과된 것을 사용했다. 그런데 왕비는 시아버지가 유고라서 조율은 사용하지 않고 단수만을 대비에게 드렸다.

대비의 초례는 왕비에게 술을 내려주는 의식이다. 이 예는 성부례成婦禮라고 한다. 며느리가 되는 예라는 뜻이 있어 성부례다. 시집온 며느리가 웃어른들께 인사 드리는 의미보다 더 중시된 점이 며느리로서 대代를 잇게 되었음을 상징하는 절차이기 때문이었다. 그것은 며느리가 당을 오르내릴 때 서쪽 계단으로 올라갔다가 동쪽 계단으로 내려오는 것으로 표현하기도 했다. 동계인 조계阼階는 주인의 계단이다. 며느리는 장차 시어머니를 이어 안주인이 될 것이므로 동계로 내려오는 것은 대를 이었음을 나타낸다. 그러나 왕비는 책봉과 동시에 이미 종자의 주부로서의 지위를 획득했으므로 저대의 상징적인 절차를 적용하지 않고 올라갈 때 동쪽 계단을 이용했다는 점이 특징이다. 또 성부례는 부순婦順을 밝히는 것이라 했다. 부순은 시부모에게 순종하고 부인으로서 남편을 따르며 직공織工에 충실한 부녀자로서의 도리를 말한다. 이 도리를 다해야 내외가 화합하고 가정의 복록이 장구할 수 있다고 했다. 『예기』「혼의」를 보면, 며느리가 특돈特豚으로 대접하여 부순을 밝히는 등 부례婦禮와 부순, 저대著代 등 세 의절은 부순을 거듭 책임지우는 것이라 했다.

단수를 바치는 대상은 시어머니이지만, 가례에서 존장을 뵙는 절차는 왕조례와는 차별이 있었다. 세자빈의 예에서도 대전과 중궁전에는 조율단수의 예를 행하고 대비에게는 단수를 제하고서 전후 사배례만을 행하는 것이 가례의 취지에 맞는다. 그런데 존자尊者를 상견할 때에는 집지執贄, 곧 폐백을 드리는 예가 있다는 고례에 의거해야 옳다는 주장에 따라 인현왕후 가례 때 양 대비에게도 단수의 예를 거행하도록 했다. 존장을 조현하는 예에는 가례에서는 폐백이 없으나, 대왕대비와 왕대비에게 집지하도록 한 것은 왕실의 서열을 따른 것이었다. 조현의 차례도 시부모 다음에 존장이 아니라, 대왕대비전부터 시작해서 차례로 내려오는 순서를 거치도록 했다. 이러한 왕비의 조현례는 세자빈에게도 적용하도록 규례를 제

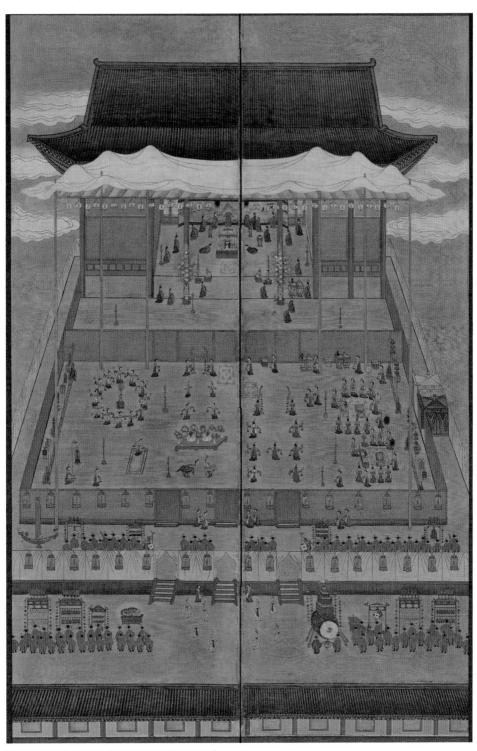

「신축진찬도병풍」, 비단에 채색, 1901, 국립고궁박물관.

정했다. 그렇지만 며느리에게 초례하는 초부醮婦에 있어서는 대왕대비가 초부했으면 높은 데 통속된다는 뜻에서 중궁전이 또 초부례를 행할 수 없는 것으로 결정했다. 그 후 왕세손빈의 조현례를 제정할 때 왕비의 조현례도 동시에 정비해, 단수를 대왕대비전에 올리고 나서 다음으로 왕대비전에 올리는 것으로 규정했다.

조현례를 행하는 자리에는 찬탁이 놓였다. 여기에는 열 그릇의 음식이 차려지는데 문어절, 전복절, 건치절, 약과, 생리, 생률, 백자, 생강정과, 동과정과, 천문동정과 등이었다. 이것은 동뢰연에서의 과반果盤과 일치한다. 『가례』에서는 시부모 대접을 부모가 딸을 초례하는 의식과 같이 한다고 했다. 그리하여 채소와 과일 등을 차려놓는데, 이 과반은 왕비가 폐백의 하나로 준비한 음식이었다. 폐백을 받은 대왕대비는 답례를 했을 것이지만, 초례를 행하는 절차 외에 별도로 음식을 차린다는 기록은 찾아볼 수 없다. 그리고 이 자리에 놓이는 은기는 은란배銀卵盃, 은병, 은시접, 은저 등이다.

조현례 직후에는 문무백관과 내외명부의 진하례가 거행되었다. 이 예도 길일을 잡아서 행했다. 기일 이전에 습의를 행했는데, 백관은 융복을 갖추고서 치사하고 표리와 전문을 바치는 절차를 연습했다. 의장과 여련輿輦을 모두 벌여놓고, 예모관이 사약司鑰을 대동하고서 지휘했다. 진하 때 신하들이 바치는 전문은 두사頭辭라고 하여 미리 기재 내용을 정해 각 기관과 지방에 전달했다. 진하하는 날 국왕이 친림한 자리에서 의정議政이 대표하여 치사하고 국왕이 교서를 반포한 뒤 신하들이 올린 전문箋文의 목록을 선포하고 예물을 유사에게 맡길 것을 청했다. 그리고 백관은 대왕대비전 이하에게도 역시 치사를 올렸다.

이렇게 진하가 끝나면 회례연을 거행했다. 국왕이 술과 음식을 내리는데, 흥청망청 즐기는 것이 아니라 일정한 절차대로 경건하게 치러졌다. 전통 시대의 회례는 국왕의 장수를 축원하는 헌수가 주목적이었다. 잔치하는 자리에는 항상 꽃이 등장했다. 이 꽃은 사화絲花와 봉황 등의 잡화雜花라고 했으니, 모두 조화造花였다. 보통 220여 타라고 했는데, 그 후 내외명부의 회례상에는 100타로 그 수량을 줄였다. 왕비에게 진하하는 내외명부는 내외 정2품 이상과 친공신, 육승지의 부인으로 제한했다.

왕실의 며느리가 되려면 종묘를 알현해야

왕비의 조현은 대비에게 하는 것만으로 그치지 않았다. 왕실, 나아가 국가의 최고 존장이라 할 수 있는 종묘의 조상에 대한 알현례가 남아 있었다. 왕실 혼례의 궁극적인 목적이 종묘를 섬기고 가계를 계승해나가는 것이라고 할 때, 왕비는 국왕의 처이기에 앞서 왕실의 며느리로서의 지위가 더 중요했다. 종법질서의 파괴가 가장 두려운 일이었던 당시 사회에서 후손을 책임져야 할 신부가 묘현례廟見禮를 거행함으로써, 며느리로서 처음 인사드린다는 의미와 동시에 왕실 내외의 여성권을 장악하는 지위를 공인받는 것이다.

묘현례 시행 논의는 중종 연간에 처음 보인다. 친영을 막 시작한 중종에게 『시경』과 『가례』 그리고 중국의 사례 보고와 함께 "이 예를 행하지 않으면 이왕에 거행한 정례正禮가 모두 허문虛文이 되어버릴 것이다"라고 하면서 언관들의 권유가 매우 적극적이었다. 종묘와 사직의 주인이 되려면 이를 행하지 않을 수 없다는 것이다. 당·송의 고례를 들면서 이를 거듭 청하자 중종은 못 이기는 척하면서 수락하는 듯했다. 그러나 선왕의 옛 제도를 버리고 억지로 중국 고대의 옛 제도를 따를 필요가 없다는 주장에 막혀 사실상 거부되고 말았다.

그 후 선조대에 이 문제가 재론되었다. 예조판서 유근은 "이미 혼례를 치렀어도 사당에 배알하지 않았으면 이를 불성부不成婦라 한다"면서 그 시행을 요구했다. 혼례는 선조의 후사를 위한 것이니, 조상을 모신 사당을 배알하지 않으면 며느리로 인정할 수 없다는 게 고래의 가르침이라는 것이다. 이에 대해 사관도 "친영을 하고서 묘현을 하지 않는다면 더욱 크게 예를 잃는 것이니, 어찌 종묘의 계통을 중히 여기는 뜻이 있다고 하겠는가"라며 묘현의 시행은 시초를 바르게 하는 급선무라고 평가했다.

그러나 이때에도 이 정도 논의로 그쳤다가 숙종대에 이르러 세자의 가례를 복원하는 과정에서 재논의가 이루어졌다. 세자 가례의 복원을 위해 『대명회전』을 검토하는 과정에서 황후와 태자비가 묘현하는 예를 확인한 것이다. 안 그래도 숙종은 그렇게 할 뜻이 있어 세자빈의 영소전 전알에 대한 견해를 먼저 묻는 것으로 신중하게 접근하면서 종묘의 묘현을 논의에 부쳤다. 의견은 분분했다. 숙종은 묘현이 오례의에 실려 있지 않지만 지금 창시한다면 친영을 중간에 창시한 것과 같다는 인식 아래, 묘현이 친영만큼 위중한 예임을 강조했다. 그러나 그 결말은 뒤로 미뤄졌.

그 후 묘현이 숙종 28년 인원왕후 가례 후에 종묘와 영녕전에서 거행되었다. 그 합의과정은 불분명하지만, 오랜 세월 논의를 거쳐 이때에 이르러서야 비로소 명나라의 전례에 의거하여 묘현례가 가례 중 한 절차로 확정,

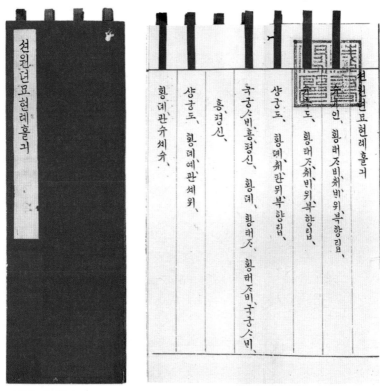

선원전묘현례홀기.

시행된 것이다. 숙종은 내전과 빈만 출입하는 것이 미안하니, 국왕도 함께 묘현하는 방식으로 정했다. 따라서 조선에서 왕비의 묘현례는 숙종 29년(1703) 2월에 처음으로 거행되었다고 하겠다.

묘현례는 『국조속오례의』에 수록되지 않았다. 영조가 왕권 확대 차원에서 이 예를 수록하는 것을 고려할 만한데 어찌 된 일인지 그렇게 하지 않았다. 그렇더라도 영조는 묘현례가 왕실을 위한 일임을 분명하게 밝혔다. 즉 "세자빈에게 묘현례를 청하는 것은 곧 마음이 왕실에 있는 것이다"라고 한 것이다. 성부례의 단행은 왕실의 계사繼嗣의 심각성과 왕통의 약화에 대한 현실 인식이 이를 촉발시킨 측면이 강했다. 왕실의 적자 생산의

종묘.

어려움과 왕통 계승의 난맥상 그리고 당쟁의 격화 등은 국왕과 왕실의 위기의식을 가중시켰다. 그러자 국왕은 자손 생산의 가호를 조상에게 비는 한편, 왕실의 조상과의 유대를 더욱 강화하고자 했다. 이것이 왕비와 세자빈이 왕실을 위해 할 수 있는 강렬한 마음의 표명이며, 그 마음을 전하는 의식으로서 묘현례를 거행했다. 그럼으로써 왕실에서는 의례를 통해 왕실의 근원과 역사 및 정통성을 고양하고 재확인시켜 정치적으로 좀더 안정된 지지 기반을 갖추고자 했다.

왕비가 알현할 사당은 종묘와 영녕전으로 그치지 않았다. 정순왕후는 육상궁, 효정왕후는 경모궁을 포함시켰다. 철인왕후는 경모궁을 비롯하여 경우궁, 저경궁, 육상궁, 연호궁, 선희궁 그리고 대원군사우 등 각 사당을 다 돌면서 전알했다. 묘현례의 대상이 차츰 확대된 것은 왕권과 왕실의 위상 재확립 과정과 맥을 같이한 것으로 볼 수 있다.

국왕과 함께 전알展謁하는 방식인 이 의례는 음식을 차리지 않고 한 번 절하는 예법이었다. 한 번의 절은 '몸을 굽혔다가 네 번 절하고 일어나 몸을 펴는' 국궁사배흥평신鞠躬四拜興平身이다. 이렇게 함으로써 국왕과 왕비는 조종의 가르침에 부합하는 혼사의 거행을 조상들께 고하고, 아울러 효충을 다할 것을 다짐했다. 대내외적으로는 왕실의 며느리로서 왕비가 종통을 계승했음을 포고했다. 이 전알례를 위해 출궁할 때에는 고취가 앞서 인도하나 연주하지 않고 종묘의 월대에 진설한 헌현도 연주하지 않았지만, 환궁할 때에는 고취의 연주가 새로운 왕비의 탄생과 왕실의 경사를 우렁차게 축하했다.

이렇게 덕성을 갖춘 양반가의 일개 처녀가 삼간택과 육례를 거쳐 조선의 국모요 주부인 왕비로 우뚝 섰다. 국왕은 국가의 주인이며, 그 주인에 대해서 왕비는 주부였다. 주부는 내외명부를 휘하에 두고서 내치內治를 책임져야 하는 조선 여성의 수장이었다. 이념적으로는 장차 왕세자를 낳아 왕통을 계승하고 종묘를 받들어야 하는 천명을 부여받은 존재였다.

제2부

후궁은
부인인가, 첩인가

8장

국혼으로서의
후궁 간택

후궁을 보는 시각

후궁 가례는 조선 전 시기에 걸쳐 여러 차례 행해진 의례였다. 그런데도 그동안 후궁이 될 여자가 국왕과 혼사를 치렀다는 사실 자체에 별 관심을 두지 않았으며, 알고 있었다 하더라도 의아한 표정을 감추지 못했을 것이다. 조선 건국 직후의 불안정한 시기를 거쳐 세종 10년에 내명부 제도를 갖춘 이래 정조 이전까지 후궁 간택의 대상은 숙의淑儀였다. 숙의 간택은 왕실의 후사 확장을 명분으로 삼았지만, 왕비의 자리를 승계한 실례가 성종·중종 연간에 보여 그 의미가 클 수밖에 없다.

조선 전기의 왕비 승계는 빈을 비로 책봉한 자연스런 체계 외에 숙의를 비로 승격시킨 독특한 예법이 적용되었다. 그만큼 숙의는 왕비의 지위를 승계할 수 있는 독점적 지위를 확보해 여타 후궁과는 차별적인 존재였다. 후궁 간택의 유일한 대상이 숙의였으며, 그 목적은 왕비 예비 후보의 선발이었다.

숙의 간택의 시작은 왕실의 안정을 위한 고육책에서 출발했다. 이 규범은 종법제 및 처첩제와의 상호 괴리와 갈등으로 숙의 간택을 둘러싼 논란의 불씨를 항상 안고 있었다. 그러나 간과해서는 안 될 점이 왕비를 정점으로 하는 내정內政에 국가 통치질서의 일부로서 숙의가 깊이 개입되어 있었다는 사실이다. 왕비가 친잠례를 주재하고 양로연을 개최하며 왕세자 이하와 내외명부의 조하를 받는 등의 권력적 지위 못지않게, 국왕과 왕비의 권위를 뒷받침하는 정치적·사회적 역할을 숙의가 담당하고 있었다는 것이다. 그 연원은 고래로 거슬러 올라가며, 이는 왕실의 가계 계승과 내정內政 및 성性의 세 가지 요소로 압축된다. 이 세 요소의 긴장과 갈등으로 숙의와 후궁의 신분 및 지위는 다양한 등급과 차별을 나타냈다.

이러한 숙의의 지위에도 불구하고 이에 대한 관심은 그동안 거의 없었다고 해도 과언이 아니다. 대체로 후궁에 대한 부정적인 인식 때문이다. 후궁은 왕자녀의 생산을 통한 왕실의 번영과 영속성에 목적을 두고 직사 없이 이러한 역할에 그치는 열등한 존재이거나, 온갖 악행을 일삼는 자극적인 감성의 일탈의 희생양으로 비쳐온 것이다. 그러나 최근 들어서는 후궁의 객관적 실체를 밝히고자 출신 성분과 정치적·사회적 배경을 집중 조명하는 등 다각적인 노력이 이뤄지고 있다. 하지만 아직까지도 후궁의 존재 이유를 명쾌하게 설명하는 단계에는 이르지 못한 실정이다.

숙의는 왕비 계승 후보로서의 지위와 내관으로서의 지위를 겸한 후궁이었다. 그러나 전자는 사림파의 정계 진출이 활발해지면서 친영親迎의 실시와 명분론의 강화 그리고 왜곡된 성의 도구로 전락하거나 권력을 남용하는 부정적 현실 인식 등으로 인해 숙의의 왕비 불가론이 대두되어 그 지위를 박탈당하고 말았다. 그러다가 영조 연간에 편찬된 『국혼정례』에 숙의 가례가 수록됨으로써 국혼으로서의 권위를 공식적으로 회복했다.

이러한 숙의의 위상과 지위 변화는 국왕의 권위 및 정국의 흐름과 밀접한 관계가 있다. 후궁은 사대부 가문 출신으로 가례를 거쳐 입궐한 부류와 궁녀로서 승작陞爵한 부류로 나눌 수 있다. 이들 사이에 존재하는 승진과 역할 및 정치사회적·경제적 대우 그리고 지위의 차별은 이와 무관하지 않다. 내명부의 조직 체계 내에서뿐 아니라 정치적 이해관계에 긴박되어 있는 궁중생활에서, 숙의와 같은 간택 후궁의 인재 필요성도 컸으리라고 보인다. 이러한 측면은 국왕이 소유하는 여성의 부류를 혼인의식 이행 여부에 따른 처첩 관계에서 더 나아가 좀더 확대된 범주의 설정을 가능케 한다. 왕조례에서 상하 신분질서에 따른 예제의 특수성을 고려하더라도, 처 이외에는 모두 첩이라는 일반화의 오류를 벗어날 필요도 있다.

조선의 후궁제도에서 획기적인 사실은 처인 왕비 외에 공식적인 혼례절차를 거쳐 국왕의 부인이요 왕실 가족의 일원이 된 숙의의 실체 그 자체다. 숙의는 국왕의 제2의 처이면서 종2품 내관이다. 이러한 시각은 국왕 소유 여성의 혈연적·계급적 이중 구조를 보여준다. 국왕에게도 물론 일부일처제의 원칙에 어긋나는 다처를 허용하지 않았다. 그럼에도 제2의 처인 숙의가 존재하는 모순은 국왕의 지위적 특수성으로 이해할 수 있다. 국왕에게 속한 여성의 구성을 보더라도 왕비와 사부빈어師傅嬪御, 궁인의 세 부류로 나뉘어 있었다. 이들을 처첩의 양자 관계로만 볼 수 없는 것이 간택 후궁의 존재 때문이며, 그의 차별적인 지위를 고려할 때 국왕 소유 여성은 처, 부인, 첩의 삼자 관계로 해석하는 것이 옳지 않을까 생각한다.

후궁은 간택 후궁과 승은 후궁으로 구분된다. 간택 후궁은 혼례 절차를 거쳐 맞이한 내관으로서, 종2품의 숙의가 대상이었다가 정1품 빈으로 바뀌었다. 간택 후궁의 존재야 이미 알려져 있었지만, 첩이라 할 수 있는 후궁을 왜 굳이 혼례 절차를 거쳐 선발했을까? 숙의 간택은 조선 초기부터 보이는데, 성종과 중종 연간의 사례에서처럼 왕비의 지위를 계승할 후보 선발이 목적이었다. 명분은 왕실의 후사 확대였으며, 그 출신은 양반가의 처녀로 엄격히 제한했다.

축첩이 허용된 양반이 첩을 맞아들이면서 일정한 예를 갖추지 않은 것과는 달리, 국왕은 후궁 숙의와 빈을 맞을 때 삼간택과 육례 절차의 일부를 거행했다. 그러나 『국조오례의』 가례에는 해당 의주가 규정되지 않았다. 유교 가치관의 영향 탓으로 보이지만, 실제에 있어서는 예조에서 담당하는 국가 의례 성격의 혼례로서 이를 공적 영역 내로 수용했다. 이것은 사대부 의례와는 달리, 왕조례의 특수성에 따른 국왕의 권위 표현이었다.

그렇다면 국왕의 권위가 후궁 간택에는 어떻게 영향을 미쳤을까? 이를 이해하기 위해서는 후궁 간택의 절차를 자세히 규명할 필요가 있다. 이를 처음 시도한 이욱은 『경빈가례등록』을 분석함에 있어 후궁 가례는 왕비와 차등되는 의례 절차였음을 처첩의 구분 기준을 논리 삼아 해석하고, 첩으로서 불완전한 혼례였음을 강조했다. 사실 첩이 일정한 예를 갖추지 않고 같이 사는 여자라는 고대의 여성관을 전제로 하다보면, 간택 후궁은 첩으로서 부부로서의 상징이 결핍되고 불완전한 혼례를 치렀다는 해석이 가능할지 모른다. 이것은 처인 왕비와 견주었을 때 그렇다는 말이다. 조선에서도 혼례를 거행하지 않으면 첩과 다름없다는 인식이 자리잡고 있었다.

그러나 간택 후궁은 상당한 위의威儀를 갖춰 가례를 거행했다. 이것은 국왕의 후궁이라는 특수한 존재로서의 성격과 왕실과 내명부 조직 체계 내의 지위에서 예제라는 법적 근거에 의해 규정되었다. 사실 육례는 국왕과 왕세자에게 제한된 범주의 혼인 형태였으며, 후궁은 그보다 낮은 신분의 지위에 맞게 혼인제도가 만들어졌다. 이 양자의 혼인 절차에는 신분을 기준으로 한 차별적인 예제가 적용된 것이다. 헌종 13년의 경빈 가례에 납채와 납폐, 책빈, 동뢰연 등을 거행한 것은 『주자가례』에서 규정한 사례四禮와 비교해봐도 이를 불완전한 혼례라고 할 수는 없다. 왕비와 세자빈과의 신분상의 차이에서 일부 절차가 빠졌을 뿐이다. 반면 승은 후궁은 혼례 절차를 거치지 않았다. 이러한 차이는 몇 가지 의문을 제기하게 한다. 그중 하나가 간택 후궁과 승은 후궁의 지위 및 그에 따른 차별과 인식 문제다.

간택 후궁의 지위는 가례 절차와 더불어 제대로 해명되지 않은 부분이 많다. 후궁 가례 때의 의식과 의장, 시위 등 위의威儀를 어떻게 할 것인가 하는 문제는 간택 때마다 논의가 이루어졌지만, 처첩제의 시각은 찾아볼 수 없다. 오히려 그 의식을 성대하게 갖추고서 한다면 참용僭用할 우려가 있고, 조촐하게 하면 후궁이 빈이 되는 경우와 대등하지 않을까 하는 신분 간의 경계의 혼란을 걱정했다. 이것은 왕비와 내명부 내의 질서관계를 문란하게 흐트리지 않고 상하를 구별하는 예제를 충분히 마련할 수 있을까에 대한 염려에서 나온 것이다. 의제儀制는 등위를 밝히고 상하를 구별하는 제도였다. 이를 제정하여 실천함으로써 국왕과 왕실은 그 권위와 존엄을 나타낼 수 있었다. 그런데 예제의 근본을 흔드는 규범의 저촉 현상은 국왕을 정점으로 하여 서열화된 종법사회의 균열을 의미했다.

그러므로 후궁 숙의와 빈의 위의는 내명부 내의 품계상의 차이로 말미암아 당연히 구별되어야겠지만, 주변 신분인 왕비와 승은 후궁과도 차별적인 의절을 마련해야 했다. 이러한 신분과 지위에 따른 가례 시행상의 위격은 예의 상하와 존비, 귀천에 따라 의례의 크기를 어떻게 조절하여 규정할 것이냐 하는 문제와 직결되어 있던 당시 예제사회의 성격을 잘 드러낸다. 숙의와 빈 그리고 왕비의 상호 관계에 있어서 가례 절차뿐 아니라 각 차대와 등급은 예제의 관점에서 접근하는 것이 옳다고 하겠다.

후궁은 왕비가 될 수 있는 존재

숙의는 내명부에 속한 종2품의 여관女官이다. 숙의 간택의 명분은 왕실의 후사를 넓히는 것이었으며, 간택 목적의 단서는 세종대에 보인다. 그동안에는 내명부 제도가 정비되기 이전의 관행대로 후궁을 간택하고 이들을 책봉하면서 부여한 봉작 칭호가 빈嬪, 궁주宮主, 옹주翁主 등이었다. 그러다가 세종 18년 세자빈 봉씨를 폐출시킨 뒤 한당漢唐의 고사를 선례로 양원 권씨와 승휘 홍씨 중에서 전자를 세자빈으로 삼은 것이 계기가 되어, 간택 후궁이 세자빈이나 왕비의 지위를 계승할 수 있는 규범이 마련되었다.

이러한 규범의 창안은 세종에 의해 주도되었다. 세종은 소헌왕후가 승하해서 비어 있는 중궁 자리를 간택하자는 건의에 대해 다음과 같은 이유로 거절했다.

국가에서 채납한 것이 일찍이 두 사람이 있으니, 만약 궁사宮事를 주장하게 한다면 마땅히 이 두 사람을 택할 것이나 모두 아들이 없고, 그 나머지 궁인은 아들이 있으니, 비록 아들이 없는 자로 하여금 후궁을 주장하게 할지라도 어찌 능히 후궁의 마음을 진정시켜 복종시키겠는가. 또다시 사람을 들이는 것은 심히 옳지 못하다.

여기서 말하는 두 사람은 세종 6년에 간택한 후궁이며, 이들은 자식을 생산하지 못했다. 세종은 궁사 곧 내명부의 일을 중시하여 그 역할을 강조할 경우에는 이들 중에서 자신의 비를 선택할 의사를 가지고 있었다. 왕비든 세자빈이든 간택 후궁 중에서 그 지위를 계승하는 것은 정당하다고 생각했던 듯하다. 다만 후궁 출신의 왕비가 후궁들을 제대로 복종시킬 수 있을지에 대해서는 우려가 앞섰다. 또한 승은 후궁으로서 아들이 있는 경우에는 탈적奪嫡(적장자의 지위를 빼앗음)할 수 있었으므로 그 징조를 사전에 차단하고자 했다. 그렇더라도 세종은 간택 후궁이든 승은 후궁이든 이들이 왕비의 지위를 계승하는 데 대한 정당성을 부정하지는 않은 것으로 보인다. 세종은 여러 고민 끝에 제후는 두 번 장가가지 못한다는 고사를 들어 재취를 거부했다.

이처럼 후궁이 왕비의 지위를 계승할 수 있다는 규범에 대한 유연한 태도는 어디에서 왔을까? 태종 연간에는 빈첩제도에 대한 활발한 연구와 검토 및 제도 마련이 단행되었다. 동왕 2년의 기사를 보자. 이때 거론된 고례는 "제후는 한 번 장가드는데 9녀를 얻고, 한 나라에 장가들면 다른 두 나라에서 잉첩媵妾을 보내니, 모두 조카나 동생으로 따라가게 한다"는 것이었다. 이것은 『예기』「혼의」에 나오는 고례로서, 이러한 혼인 방식은 후계의 자손을 넓히고 음란함을 막는 까닭이라고 했다. 제후는 한 번 장가들며, 한 번에 잉첩을 포함하여 9녀를 얻는다는 것이다. 그리고 9녀는 반드시 동시에 데려와야 하는데, 이는 근본을 어지럽히는 것을 막기 위함이라고 했다. 여기에서 9녀는 『춘추호씨전』에 의하면, 부인이 1명, 잉이 2명, 조카나 여동생이 6명이었다.

이즈음에 태종은 권씨 간택을 놓고 이러한 고례에 의거해, 호색好色의 마음을 가진 것이며, 또 동시에 데려오지 않으면 잉첩으로 여기지 않고 적실로 삼을지 누가 아느냐는 호된 비판을 받았다. 간택 후궁은 질서를 어지럽힐 수 있는 위험한 존재이며, 국왕의 의지에 의해 적실로 삼을 수도 있다는 가능성 때문이었다. 반면 국왕의 입장은 계사의 확대가 일차적인 목적이며, 후궁이 왕비로서의 자질과 덕성을 갖춘 여성인가를 충분히 시험한 뒤 왕비의 지위를 계승토록 함으로써 왕실을 안정시키겠다는 것이었다. 세종의 위와 같은 언급은 이러한 목적에 대한 견해를 적극적으로 개진한 것이며, 세자빈 봉씨 폐출 후의 세자빈 간택에 대한 자신의 견해에서도 이미 그 솔직한 심경을 토로했다.

세종은 세자의 배필 선정을 놓고 심각한 고민에 빠졌다. 새로 책립한다고 하더라도 어진 사람을 얻게 되리라고 어찌 보증하냐면서, "시험해보지 않은 사람을 새로 얻는 것과 본래부터 궁중에 있으면서 부인의 도리에 삼가고 공손한 사람을 뽑아 세우는 것이 어찌 같을 수 있겠는가"라는 생각에 미쳤다. 첩을 처로 만드는 일은 고례에서 경계한 바이며 전례도 없기는 하다지만, 적임자를 얻지 못한 상태에서 세종은 어쩔 수 없이 양원과 승휘 중에서 승진시키는 것을 차선책으로 택했다. 이러한 선택은 한당 이후로 황후가 죽든지 혹은 폐위되면 으레 후궁인 귀인이나 비빈을 승진시켜 황후로 삼았으며 역대에도 모두 그렇게 했음을 근거로 정당화하고자 했다. 이에 대해 신인손 등도 "송나라 진종 또한 귀인을 황후로 삼았으나, 정자가 일찍이 송조의 가법이 매우 바르다"고 논했다면서 이에 동조했다.

여기서 볼 수 있듯이 간택 후궁은 질서를 어지럽힐 수 있는 위험한 존재이기는 하나, 왕실의 이해는 이러한 우려를 불식시키고 적정 대상을 선정하는 방안으로서 후궁을 간택하여 그의 덕용德容을 시험하는 편이 낫다는 입장이었다. 이것은 고사故事를 부정할 수 없는 태생적 이념의 한계와 왕실의 안정 추구에 부합하려는 측면이 강했다. 그 단초가 세종대에 이미 나타났고, 동시에 그 선례가 만들어져 후대의 국왕들은 이를 규범으로 삼았던 것이다.

따라서 후궁은 왕비의 지위를 계승할 예비 후보라고 할 수 있었다. 그 자격을 갖춘 이는 간택 절차를 거쳐 입궐한 후궁으로 제한되어나갔다. 간택은 여러 후궁 중에서 유일하게 숙의를 대상으로 했다. 그러나 이러한 사실의 근거가 되는 법규라든가 수교 등은 어디에서든 찾아볼 수가 없다. 이는 세종 10년 내명부 제도를 어느 정도 갖춘 후에 벌어진 일인데, 그 과정에서 숙의의 지위와 역할에 대한 논의도 행해진 적이 없었다.

숙의 간택의 첫 사례는 단종대에 보인다. 단종 2년에 왕비를 간택하면서 삼간택에서 낙선한 나머지 두 처녀를 숙의로 책봉한 것이다. 이러한 일이 가능할 수 있었던 배경으로는 태종 11년의 1빈嬪2잉媵제와 1취娶9녀女의 고례, 세종대의 규범과 내관제 그리고 숙의의 왕비 계승 후보로서의 지위에 대한 확고한 인식을 들 수 있다. 사실 이 두 숙의는 왕비 후보였던 처녀들이었으므로, 왕비 유고 시 이들이 왕비의 지위를 계승한다고 해서 하등 이상할 것이 없었다.

숙의는 왕비의 예비 후보

그러면 후궁 간택이 내명부 제도의 완비 과정에서 숙의로 일원화되는 사정을 살펴보자. 왕실의 후사를 넓힐 명분으로 선발하는 후궁이 하필 숙의였느냐 하는 점에 대한 의문은 풀어줄 단서가 거의 없다고 할 것이다. 후궁 제도의 연원과 내관제의 시행 및 그들의 역할 등을 통해 추측할 뿐이다.

숙의는 태조 6년(1397) 내관의 이름을 정할 때 처음 보인다. 숙의 2인은 정2품과 종2품에 견주며, 후궁은 종4품 이상으로 10명을 두도록 했다. 그러나 이 제도는 정착하지 못한 채 태종 5년(1405) 다시 비로소 여관을 둔다고 하면서 숙의 한 명을 두는 것으로 고쳐졌다. 숙의 위로는 현의賢儀 1명, 아래로는 찬덕贊德과 순덕順德 등 3명을 둔 것으로 보인다. 그러다가 태종 11년에 예조에서는 중국의 제도를 고찰하고 『예기』 「제의」의 '제후 부인은 3궁宮을 세우며, 대국의 부인은 3세부世夫 5처妻 27첩妾을 세운다'는 고례를 축소한 새로운 안을 제시했다. 동시에 훈현충의勳賢忠義의 후예를 선택하여 3세부 5처의 수를 갖추고, 그 칭호는 세부를 빈嬪으로 하고 처를 잉媵으로 할 것을 청했다. 이에 대해 태종은 3세부와 『춘추호씨전』의 1부인 2잉을 절충하여 1빈 2잉으로 제도를 삼을 것을 명했다. 이 빈잉은 훈현충의한 가문의 딸을 대상으로 간택을 통해 선발하는 후궁이었다.

태종은 1빈 2잉제를 두자마자 이를 가례를 통해 맞아들였다. 이로써 보면, 1빈 2잉은 간택 절차를 거쳐 맞아들이는 후궁이었다. 간택 후궁의 수를 1빈 2잉으로 규정한 것이다. 이 1빈 2잉제는 숙의 간택과 매우 밀접한 관계에 있었다.

그런데 그 이후 내명부 제도의 재편 과정에서 1빈 2잉제는 모호한 양상으로 전개되었다. 세종은 동왕 6년에 예조판서 등이 삼궁三宮의 빈잉제도에 따라 인현仁賢하고 충효한 집의 후예를 잘 골라서 빈잉의 예를 이룰 것을 청하자 이를 승낙한 바 있다. 태종대의 제도와 별다른 차이가 없었다.

그러다가 세종 10년에 드디어 내관제도를 상정했다. 이를 보면, 후궁은 그 관품이 종4품부터 정1품까지이며, 숙원淑媛, 소원昭媛, 숙용淑容, 소용昭容, 숙의淑儀, 소의昭儀, 귀인貴人, 빈嬪으로 구성되었다. 정원과 역할이 규정되어 있을 뿐 이들 중에서 어느 후궁을 간택을 통해 선발한다는 규정은 없었다. 다만 3세부 5처를 기준으로 비교해보면, 빈부터 소의까지가 3세부이며, 숙의부터 숙원까지가 5처다. 곧 3세부 5처의 고례를 근거로 내관제도를 제정했음을 알 수 있다.

이러한 사실은 2년 후의 내관 제도 재논의에서 확인된다. 3세부 5처를 갖추고 세부는 빈, 처는 잉이라 호칭한다고 했다. 그리고 이들은 옛 제도에 따라 훈신이나 충의가 있는 집의 여자를 뽑아들이도록 했다. 따라서 『예기』「제의」의 '27첩'은 자연스럽게 궁관의 수에 적용될 수 있었다. 세종 10년의 궁관제에는 그 수가 19명이지만, 『경국대전』의 내명부 규정에는 정5품 상궁부터 종9품 주변궁奏變宮까지 27개 작위로 구성되어 여기에 적용되었다. 내명부의 세부·처·첩의 삼궁三宮 체제는 기본적으로 『예기』와 세종 12년에 정해진 제도를 충실히 반영하여 제정했음을 알 수 있다. 『경국대전』의 내명부는 정원이 규정되어 있지 않지만, 세종대의 내관은 간택후궁으로서의 3빈 5잉을 규정해 태종 11년에 정해진 1빈 2잉제보다 더 큰 규모로 발전했다.

이렇게 많은 후궁 중에서 간택은 숙의만을 대상으로 했다. 그 이유는 잉의 첫 번째 작위가 숙의였기 때문으로 보인다. 숙의는 5잉의 수위首位이며, 그 정수는 3명이었다. 숙의 간택에 관한 기사를 살펴보면, 3전 제도를 무너뜨렸다거나 하는 내용이 나온다. 여기에서 삼전三殿은 당시의 대신들도 무슨 말인지 모르겠다고 했으나, 성종은 '후궁을 아울러 말하는 것'이라고 했다. 삼전을 언급한 사람은 장흥고주부 장윤정으로서, 후궁 곧 숙의 선발의 폐해를 지적한 상소에서 비빈의 제도는 삼전을 넘지 못한다고 한 것이니, 이 삼전은 숙의 3명을 가리킨 것으로 보인다. 숙의는 3인이며 이 숫자를 넘을 수 없다는 언급을 여러 군데서 찾아볼 수 있다. 내관 제도의 변천이 위에서 살펴본 바와 같은데도 간택 후궁은 태종대의 1빈 2잉제가 적용되었던 것이다. 그것도 빈은 제외하고 그 인원을 잉에 포함시켜 잉만 대상으로 했다.

그러면 내명부 내에서 숙의의 역할을 무엇이었을까? 세종 10년의 내관 제도를 보면, 빈과 귀인은 비妃의 보좌를 맡고 부례婦禮를 논하며, 소의와 숙의는 비례妃禮의 찬도贊導를 맡고, 소용과 숙용은 제사와 빈객賓客의 일을 맡고, 소원과 숙원은 연침燕寢을 베풀고 사시絲枲(삼실, 양잠)를 다스려서 해마다 헌공獻功하게 한다고 했다. 숙의 이상은 왕비를 보좌하거나 부례를 맡고 있었으며, 이들은 왕비 역할을 대신할 수 있는 지위에 있었다. 그에 비해 3·4품의 후궁은 국가 제사와 접빈객 및 왕과 왕비의 연침, 부공婦功인 잠사蠶絲 등의 실무에 봉사하는 내관이었다.

숙의의 역할을 좀더 구체적으로 살펴보기 위해 후궁 제도의 연원을 거슬러 올라가보자. 『주례』를 보면, 왕의 후궁은 구빈九嬪, 세부世婦, 여어女御의 세 직분으로 나뉘어 있다. 『예기』「혼의」에는 "옛날에 천자의 후는 6궁·3부인·9빈·27세부·81어첩을 세워서 천하의 내치를 듣고 부순을 밝게 나타냈다"고 했다. 그 후 내관 제도는 변천을 거듭해 진晉나라에서는 3부인夫人과 구빈을 두었으며, 송나라에서는 미인재인美人才人과 재인才人을 신설했다. 『송서』를 보면, 숙의는 위 문제魏文帝가 만들고 진 무제晉武帝가 이 제도를 채택했다고 한다. 그러던 것이 당나라 때에 이르러 비로소 내관內官과 상궁尚宮 제도를 갖추었는데, 내관은 정1품의 4비妃, 정2품의 6의儀, 정3품의 미인美人, 정4품의 재인才人으로 구성되었다. 4비는 황후를 보좌하고 부례를 논하여 통어하지 못하는 바가 없다고 했으며, 6의는 9어御의 사덕四德 교육을 관장하며 그 속료를 거느리고서 후례后禮를 돕는 직책이었다. 미인은 제사와 빈객의 일을 관장하며, 재인은 연침燕寢을 서어敍御하고 사시絲枲를 다스려 세공歲功에 이바지하는 역할을 담당했다.

여기서 4비는 3부인에 해당되며, 숙의는 6의 중 하나로서 『주례』에 언급된 9빈의 역할을 담당했다. 『주례』에서 "9빈은 부학婦學의 법을 관장하는데, 9어御의 부덕婦德·부언婦言·부용婦容·부공婦功을 가르치고 각각 그무리를 거느리고서 때로 왕소王所에서 어서御敍한다"고 했다. 주注에 따르면, 왕소는 왕이 휴식하는 연침을 가리키며, 어서御敍는 왕소에 나아가서 휴식을 권한다는 말이다. 빈 한 사람이 9어를 담당하니, 81인의 여어女御가 하룻밤에 9인씩 남편을 따른다는 것이다.

따라서 조선의 내관 제도는 당나라 내관의 기본 구조를 차용했음을 알수 있다. 숙의도 당나라의 내관 제도에 처음 등장하는 빈어였다. 부덕을 갖춘 9빈에 해당되는 숙의는 부학婦學을 관장하는 위치로서, 3·4품의 후궁과 여관女官에게 사덕을 교육하고, 왕비를 보좌하며, 시어소에서 국왕의 휴식을 돕는 역할을 담당하는 내관이었다.

실제 숙의가 내관으로서 위와 같은 역할을 했는지는 불분명하지만, 그기미를 엿볼 수 있는 근거는 있다. 성종 8년에 처음으로 거행한 친잠례親蠶禮를 보면, 『통전』에서 내외명부 1품 각 1인과 2·3품 각 1인이 각 여시자女侍者와 함께 광주리와 갈고리가 있는 데로 나아간다고 한 고사에 따라 집사를 정했다. 곧 "채상採桑에 1품 내명부가 둘, 2품 내명부가 하나, 3품 내명부가 하나(이상은 숙의의 열), 1품 외명부가 둘, 2품 외명부가 하나, 종채상從採桑은 외명부가 1품에서 3품에 이르고 상의尚儀 이하다"라고 한 것이다. 여기서 채상에는 1품부터 3품까지의 내명부가 속해 있는데, 이를 숙의의 줄이라고 한 것이 의문이다. 아마도 그 이유는 숙의가 종2품의 낮은 품계이기는 하나 부공婦功이 포함된 부학을 관장하는 지위에 있었기 때문에 여기에 포함된 듯하다.

숙의의 이러한 지위는 중전 윤씨를 폐하는 과정에서 대왕대비가 밝힌 교지의 내용을 봐도 알 수 있다. 곧 "중궁이 옛날 숙의로 있을 때 일하는 데 있어 지나친 행동이 없었으므로 주상이 중하게 여겼고 삼전三殿도 중히 여겼으며, 모든 빈嬪 가운데 또한 우두머리가 되기 때문에 책봉하여 중궁을 삼았다"거나 "권숙의權淑儀는 덕종의 후궁으로, 여러 숙의를 총괄하여 다스렸다"고 한 것이다. 빈들 가운데 우두머리라거나 여러 숙의를 총괄하여 다스렸다는 말이 모호하기는 하지만, 간택 숙의의 정치적 위상으로 더불어 후궁 내에서의 지위를 이를 통해 가늠해볼 수 있다.

당시에는 그러나 숙의의 이러한 역할과 지위에 관한 논의에는 별 관심이 없는 가운데, 오히려 왕실 후사와 정위正位의 관계에 대해 주로 논하는 편이었다. 중종 10년에 숙의가 정위로 정해지는 과정을 언급한 기사에 따르면, 보통 정위가 빌 경우 처녀 여러 사람을 미리 간택하여 들이는데, 새로 숙의가 되었건 전부터 숙의로 있었건 이를 논하지 않고 그중에서 어질고 덕 있는 사람을 가려서 3년 뒤 계승자를 정했다는 것이다. 이 전례가 바로 성종 연간에 있었다. 앞서 살펴본 바와 같이, 숙의를 왕비 계승 후보로 간택하는 규범이 세종대에 만들어져 이를 조종조의 선례로 삼은 것이다. 국왕을 비롯한 법 집행자들은 이를 준행해야 할 가치 체계로 인식하는 전통적인 법의식을 지니고 있었기 때문이다.

후궁 숙의가 왕비의 지위를 계승하는 제도를 실현한 때는 성종 연간이었다. 세조는 자신이 여색을 좋아하시 않음을 이유로 들어 신하들의 주청에도 후궁을 간택하지 않았다. 이에 반해 성종은 군주의 계사繼嗣를 많이 두기 위해 숙의를 다섯 명이나 뽑아 들였다. 이것은 처음으로 1빈 2어 제도를 무너뜨리고 공혜왕후 승하 후 해마다 대성大姓에게 장가들어 다섯 명이 되었다는 비판을 받기도 했다.

성종 4년의 숙의 간택에 관한 내용은 자세하지 않다. 삼간택을 거쳤는지는 모르지만, 정월에 장차 대내로 들어올 처녀들의 본가인 윤기견과 윤호의 집에 각각 면포 100필, 정포 50필, 쌀 50석씩을 내렸다. 그 후 3월과 6월에 숙의를 맞았다. 이듬해에 공혜왕후가 승하하자 그로부터 2년뒤 앞서 간택한 숙의 중 윤씨(후의 폐비)를 왕비로 승봉시켰다. 그리고 성종 10년에 폐비되자 이듬해에 숙의 윤씨가 왕비 자리에 올랐다. 동시에입궐한 숙의 중에서 폐비 윤씨가 3년 만에 먼저 왕비로 책봉되고, 정현왕후도 숙의로 있다가 7년 만에 왕비의 지위에 오른 인물이 되었다. 세종대에 만들어진 숙의 간택 제도의 목적이 성종대에 비로소 실현된 것이다.

숙의의 왕비 불가론 대두

연산군대의 숙의 간택은 본래의 취지를 상실하고 성적 욕구에서 비롯되었으므로 그 지위의 쇠락을 면치 못했다. 그러다가 중종이 즉위하자마자 바로 그 지위를 회복시켜주고, 단경왕후 신씨를 사저로 내쫓고서 12월에 금혼령을 내렸다. 14세부터 22세까지의 서울 안 처녀는 모두 혼인을 금하고 빠짐없이 적어 아뢰라고 한 것이다. 그러고는 이듬해 초에 숙의를 간택하고 동왕 2년 8월에 그를 왕비로 책봉했으니, 그가 바로 장경왕후다. 그가 숙의로서 궁중에서 생활한 기간은 1년 반 정도였다. 그 후 동왕 10년 3월에 장경왕후가 승하했는데, 그 이전에 이미 숙의 간택에 대한 논의가 또 시작되었다.

중종은 왕비를 직접 간택하여 책봉할 수 있는데도 숙의를 뽑아 궁중에 두었다가 왕비로 책봉하고자 했다. 그 이유가 뭘까? 중종 10년 정월 무렵 대비에게서 "계사繼嗣가 많지 않고 국본國本이 정해지지 않았으니 숙의를 더 뽑을 것을 논의하라"는 하교가 나왔다. 신하들 사이에서 논의가 이루어지지 않은 바는 아니나 의견 일치를 보지 못한 상태였다. 그런데 이튿날 숙의 간택령이 포고되었다. 이 시기에 장경왕후는 임신 중이었다. 그런데도 숙의를 간택하려 한 데에는 이면에 어떤 정치적 목적이 있었을 것으로 보인다. 그렇지만 간택령은 재변의 잦은 발생으로 하늘의 견책에 응해야 할 시기이며 여색을 경계해야 한다는 반대론에 밀려 중지되었다. 그러다가 2월에 장경왕후가 원자를 낳고, 며칠 후 돌연 산후병으로 승하하는 뜻밖의 일이 벌어졌다.

예기치 않은 왕비의 승하로 자리가 비자, 숙의 간택 논의가 재개되었다. 그런데 이때는 그 어느 때보다도 여색을 경계하는 목소리가 높았다. 앞서 언급한 바와 같이, 숙의는 시어소에서 국왕의 휴식을 돕는 여어女御로서의 역할도 담당했다. 『주례』에서 말하는 구빈과 세부世婦의 역할 중 하나는 왕의 휴식을 도와주는 종부從夫의 도리를 다하는 것이었다. 이러한 고례에 따라 조선의 후궁 제도 또한 이러한 역할을 배제하지 않았다. 숙의의 간택 문제가 대두될 때마다 왕의 여색을 경계하는 말이 터져나온 것은 이러한 이유에서였다.

태종 2년에 비빈 제도를 상고하여 보고한 내용을 보면, 제후의 일취구녀一聚九女는 『예기』「혼의」를 인용하면서 "후계의 자손을 넓히고 음란함을 막는" 것이라 했다. 이때 태종은 정비靜妃가 투기를 심하게 해 빈첩을 갖추고자 한 것이라고 했으니, 계사繼嗣보다는 잉첩媵妾을 염두에 둔 것으로 보인다. 그 이후 숙의 간택에서 여색의 경계가 본격적으로 지적된 시기는 중종 2년과 10년 등 중종 연간이었다.

중종은 즉위하자마자 숙의 세 명을 뽑았다. 그 후 그중 한 자리가 비자 사족의 딸을 뽑아 들이자는 논의가 이루어졌다. 이 자리에서 중종은 스스로 여색을 좋아해서가 아니라, 자전의 의사대로 계사를 많이 두기 위함이라고 변명했다. 이 말은 숙의 간택이 여색을 탐하는 국왕의 욕구 충족을 위해 행해지기도 했음을 암시하는 것이다. 실제 연산군은 자신의 성적 노리개 대상으로 삼기 위해 채청여사採靑女使를 파견하여 숙의 간택을 여러 차례 행한 바 있다. 이때 사관들은 사족의 딸을 난음하고 싶어 숙의를 간택한다고 칭탁하고 육조의 참판을 채청녀사로 명하여 팔도에 파견했다고 비판했다. 연산군 시절에 뽑힌 사족의 숙의는 중종반정 직후에 사제私第로 돌려보냈다. 이런 무도한 왕을 내쫓고 왕위에 오른 중종이 숙의 간택을 행하는 일은 그러한 혐의에서 자유로울 수 없었을 것이다. 그래서 위와 같은 말을 전제한 것이나, 우의정 김응기는 이미 왕자가 있고 국본도 끝내 없지 않을 터이니, 음악과 여색을 가까이하지 않는 게 좋다면서 숙의 간택에 반대했다. 숙의 간택에서 여색이 강조되는 것은 후궁 제도의 전통이 남녀의 성과 무관하지 않았기 때문이다.

그 후 몇 개월이 지나서 중궁이 오래 비어 있다는 우려 섞인 말들이 나오자 중종이 먼저 자신의 의사를 밝혔다. 일단 그는 성종 당시에 처녀를 간택해두었다가 3년 뒤에 정한 것은 국본이 정해지지 않았기 때문이지만, 지금은 국본이 이미 정해졌으니 서두르지 말라고 명했다. 그와 동시에 그는 궐내에 이미 들어와 있는 사람으로 할 것인지 각별히 따로 뽑을 것인지를 정승들에게 분명히 말하지 않았으나, 3년 뒤 명문의 어질고 덕이 있는 사람을 가려야 한다고 하여, 숙의를 간택하고 싶은 속내를 내비쳤다.

다음 날이 되자 중종은 대신 등이 모인 자리에서 또다시 숙의 간택을 거론했다. 그는 "어질고 덕이 있는 사람을 가리자면, 이제 처녀 두 사람을 가려서 들이되 아직 숙의를 봉하지 않고 어질고 덕이 있는가를 보아서 한 사람을 후后로 정하고 남은 사람을 절로 숙의가 되게 하는 것이 옳을는지?"를 대신들에게 물었다. 이는 단종 2년의 왕비 간택 때와 유사한 방식이었다. 삼간택 때의 후보 3명 중에서 수위는 왕비로 책봉하고 나머지 둘은 숙의로 봉작하겠다는 것이다. 그리고 간택 후궁의 선발 조건은 덕성을 갖춘 양반가 출신이어야 했다. 이러한 간선 원칙은 왕비와 동일하며, 이것은 왕실의 혈통을 보존하겠다는 의도에서 비롯되었다. 그리고 후사의 확대라는 명분은 왕실의 복일 뿐 아니라 왕실의 안정 및 유지에 기여하는 바가 크다는 인식에 이론이 없었다.

그러나 중종의 위 질문에 대한 신하들의 입장은 대체로 부정적이었다. 그 결과 숙의의 왕비 불가론이 대두되었다. 그 첫 번째 이유는 첩을 아내로 삼지 말라는 옛 고사였다. 두 번째는 원자가 이미 정해져 있어 적서嫡庶의 분별을 분명히 해야 한다는 것이었다. 숙의 간택의 반대 논리는 양반가 출신의 후궁이라 하더라도 어디까지나 첩이므로 아내인 왕비로는 불가하다는 고례에 근거한 것이었다. 이에 중종은 다시 한번 자신의 의중이 숙의 간택에 있음을 내비쳤다. "비妃를 맞아들이는 일은 한번 정해지면 가벼이 고칠 수 없고, 어질고 덕이 있는지도 하루아침에 알 수 없으므로 조종조에서 곧 정하지 않고 궁중에 오래 들어와 있게 한 뒤에야 정했다"고 하여, 그것은 조종조의 규범을 따르는 도리임을 강조했다.

그러면서도 국상 중이라 국혼을 단행할 수 없었던 중종은 동왕 11년 4월에 왕비 사후의 숙의 간택 시기의 선례를 조사해 올리라고 승정원에 전교했다. 사실 중종은 이때 복성군을 낳은 숙의 박씨를 염두에 두고 있었다고 한다. 그러나 정광필 등은 분연히 이를 허락하지 않았다. 정위正位는 마땅히 숙덕淑德이 있는 명문에서 다시 구해야 할 것이요 미천한 출신을 올려서는 안 된다고 하여, 중종의 뜻은 저지되고 새 왕비(문정왕후)를 맞이하기에 이르렀다.

정광필 등이 주장하는 숙의의 왕비 불가론은 성리학의 명분론과 분수론에 저촉되기 때문이었다. 이들은 적서를 엄격히 하고 분위分位를 정해야 하는 당위성을 강조하면서 기존의 혼속을 강하게 비판했다. 『국조오례의』의 명사봉영命使奉迎을 폐기하고 친영의 예를 회복하여 인륜의 시초를 바르게 할 것을 주장한 것은 앞에서 살펴본 바와 같다. 이로써 숙의는 기존 왕비의 지위를 계승할 예비 후보로서의 지위를 박탈당하고 말았다.

숙의 가례는 국혼이었다

숙의의 역할 중에서 여색이 강조된 것은 연산군과 광해군대다. 광해 9

년에 권씨를 숙의로 책봉했을 때 사관의 논설을 보자. 그에 따르면, 조종조에서 숙의는 3인을 넘을 수 없었다. 그런데 광해 당시에는 정치가 어지러워 여알女謁이 날로 성했다. 허씨를 또 뽑음으로써 숙의는 5인이 되었는데, 후궁의 전횡과 투기가 심하고, 뇌물 수수와 매관매직, 죄인 방사 등을 거리낌 없이 자행했다는 것이다.

숙의 간택은 이처럼 국왕의 여색 탐욕과도 밀접한 일이었으나, 광해군은 내직이 비어 있음을 명분으로 삼았다. 이를 빌미로 숙의 간택을 여러 차례 시행하여 국가 질서를 문란하게 만들었으므로, 인조대에는 숙의 간택에 있어 신중했다. 인조 13년에 예조의 건의에 따라 숙의를 뽑는 일을 막 추진하여 단자를 거두는 일까지 결정했으나, 사간원에서의 반대 등에 부딪혔다. 그로 인해 중단되는 듯했다가 다시 시행되어 장유張留의 딸을 숙의로 삼았다. 사간원에서는 이를 묵과하지 않고 며칠 뒤 그 일을 재론했는데, 이러한 비판 여론 때문이었는지 숙의 간택은 당분간 더 이상 행해지지 않았다.

인조는 인열왕후 사후에 재취를 거부하기도 했다. 국가에서 계비繼妃는 예로부터 해독이 있을 뿐 유익함은 없었다는 것이 그 이유였다. 이런 해독이 있는 일을 행하여 자손과 신민들에게 폐를 끼치고 싶지 않다는 것이다. 자애로운 아비로서 생각할 것이라고 한 것을 보면, 다섯 아들을 둔 아비로서 계비의 자식들과 왕위 계승을 놓고 벌어질 수 있는 상쟁을 우려한 듯 보인다.

그 후 숙의 간택이 또 행해진 시기는 숙종대였다. 숙종은 인경왕후에게서 후사가 없자 초조한 기색이었다. 이때 병조판서 김석주가 차자를 올려 남소문南小門을 열게 된 잘못을 논하기를, "도성의 동남쪽에 예전에 있던 남소문을 오늘날 폐쇄했는데, 감여가堪輿家가 매번 말하기를, '소양少陽의 방위를 막고 개통하지 않기 때문에 왕자·왕손을 보는 국가의 경사에서 매양 여자가 많고 남자가 적으니, 지금이라도 옛터를 찾아서 소양의 기氣를 통한다면 마땅히 상서롭고 좋은 일이 있을 것'이라 하고, 또 김안로가 임의로 폐쇄한 것이기 때문에 열지 않을 수 없다고 합니다. 그러나 소양의 방위는 정동正東에 있고, 또 동남방은 손방巽方이지 진방震方이 아닙니다. 또 『여지승람輿地勝覽』은 김안로가 권세를 마음대로 부리기 전에 만들어진 것인데, 경성 성곽조를 상고해보면 문을 여덟 개만 세웠다고 적혀 있습니다. 지금 다시 이 문을 개통시킨다면 아홉이 되니, 조종께서 건치하신 처음의 제도에 어긋나는 듯합니다" 하고, 민희가 또 문을 개통시키는 것이 부당하다고 말하니, 임금이 실록에서 증거가 될 만한 문장을 상고해내라고 명했다.

시중에는 왕실에 남자 자손이 귀한 이유에 대해 이러한 유언비어가 떠돌았다. 주로 감여가, 곧 풍수지리가 사이에서 흘러나오는 소리였다. 그 원인은 김안로의 남소문 폐쇄로 소양의 기운이 막혀 있기 때문이라는 것이었다. 소양은 방위로 동쪽이며, 동궁의 별칭이기도 하다. 그러나 남소문은 사소문의 하나로서, 광희문 남쪽에 있는 작은 성문이다. 세조 3년에 설치한 이 문은 예종 원년에 폐지되었다. 음양가들이 손방(동남방)을 꺼렸기 때문이며, 의경세자(추존 덕종)의 죽음도 이와 무관치 않은 것으로 해석되었다. 그러나 동방은 진방이고 만물이 여기에서 나오는데, 남소문은 진방이 아닌 손방이므로 이들 감여가의 말은 날조된 헛소리라는 것이다.

또 선조의 능침이 편치 못한 이유로 자손이 번성하지 못한다는 소문도 있었다. 숙의도 없고 후사도 없는 왕실의 가계 계승상의 위기를 느끼는 와

중에 이러한 소문은 무성했다. 그리하여 대비가 먼저 국조國朝에는 숙의로부터 그대로 정위에 오르는 일이 많았다는 사실을 들어 숙의의 국혼을 논의에 부쳤다. 그러나 숙의를 정위에 올리는 일은 도리에 어긋난다거나 국모를 존숭하는 도리에 마땅치 않다는 반대 논리가 주조를 이루었다. 게다가 저사를 넓힐 계책이라면 숙의를 먼저 뽑고, 기년朞年 후에 명가의 좋은 배필을 선발해 왕비의 정위를 정하는 것이 정당한 도리라고 하여 숙의의 왕비 불가론을 부각시켰다. 숙의의 왕비 계승 후보로서의 지위를 인정하고 싶어하는 미련이 왕실에는 여전히 남아 있었으나 어쩔 도리가 없었다.

그런데 인현왕후 책봉 후에도 왕실에서는 여전히 후사를 보지 못하고 있었다. 날이 갈수록 초조함이 더해가던 나머지 왕실에서는 다시 빈어嬪御의 필요성을 거론했다. 숙종은 "조종조에서 반드시 후궁을 간택한 것은 대개 저사를 넓히려는 까닭이었다. 오늘날 숙의가 미비한 것은 옛 제도에 어긋난다"고 하자 어쩐 일인지 대신들도 모두 찬성했다. 그러는 한편 여색을 경계하는 말이 나오자, 숙종은 "당초 선택의 명도 빈어를 많이 두려는 뜻에서 나온 게 아니고, 참으로 국가의 대계를 위한 것이었다. 내가 무오년(숙종 4, 1678)에 큰 병을 앓은 뒤로는 조섭調攝의 경계를 삼가 일찍이 조금도 늦춘 적이 없었다"고 하고는, 예조로 하여금 숙의 간택을 속히 거행하도록 했다.

현실적으로 후궁의 역할인 시어侍御와 내정內政 양자 가운데 어느 쪽에 비중을 둘 것이냐 하는 문제는 왕실과 조정의 입장이 당시의 정치 상황에 좌우되었다. 군신의 길항과 정치 세력 간의 갈등에서 신하의 입장은 내정이나 후사의 안정을 위한 수요를 인정한다고 하더라도 종종이 보이는 여색의 경계를 강조하는 방향으로 나타났다. 그러나 국왕과 왕실의 입장은 시어가 표면적으로 드러나지 않는 은밀한 사생활에 관련되어 그 의미를 축소해왔다. 영조가 인조와 숙종대에 행해진 숙의 간택의 전통을 적극적으로 수용한 데서 볼 수 있듯이, 이는 국가와 왕실의 대계를 위함이라는 뚜렷한 명분을 가지고 접근했다. 그 결과가 영조 25년(1749)에 반포된『국혼정례國婚定例』였다.

영조는 동왕 2년에 이씨를 숙의로 봉작했다. 이때에도 빈어를 신중하게 하라거나 사욕을 억제하라는 충고가 빠지지 않았다. 그 후로 숙의를 간택하지 않다가『국혼정례』를 편찬하면서 숙의 가례를 이에 포함시키는 강경 조치를 단행했다. 영조 자신이 어떤 정치적 의도를 가지고 행한 일로 보이는데, 이를 구체적으로 살펴보자.

영조는『국혼정례』를 검토하는 과정에서 "숙의는 가례嘉禮라고 이름하는 것이 그릇된 듯하다"고 했다. 그리고 "출합出閤이라고 칭하는 것도 더 이상하다"고도 했다. 그러나 그 이름을 바꾸지는 않았다. 왕비와 빈, 숙의의 가례상의 차별을 인식하고 있음에도 어떤 의도로 이를 무시했던 게 틀림없다.

아울러 왕자와 공주, 대군의 혼례를 길례로 표현했던 것도『국혼정례』에서는 모두 가례로 고쳐 썼다. 그동안 왕자녀의 혼례는 국왕과 왕세자의 가례보다 격을 낮추어 길례로 칭해왔다. 가례라 칭하는 예가 그동안 많이 있었으므로『국혼정례』를 검토하는 과정에서 이를 바로잡고자 "대군 이하는 길례로 칭하는 일로 책 아래에 써놓았다"고 했다. 찬술을 담당한 신하들이 대군 이하의 혼례를 가례라 기술했으나 이를 길례로 고쳐 적어놓았다는 것이다. 따라서 숙의 혼례도 그 지위상 길례라고 해야 맞을 것이다. 또한 '출합出閤'이라는 용어도 '합閤'이 의례에서 국왕이나 왕비가 거처

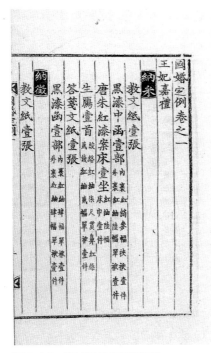

『국혼정례』, 한국학중앙연구원 장서각.

하는 공간의 하나였음을 고려하면, 숙의에게는 적절한 표현이 아니었다. 『이아爾雅』에 보면, "소규小閨를 합閤이라 한다"고 했다. 또 『설문說文』에서 규에는 편호偏戶와 합문閤門이 있다고 했다. 규는 보통 여성이 거처하는 건물로 이해하는데, 『국조오례의』 등에 수록된 국가 전례의 의주에서는 국왕과 왕비가 거처하는 건물 밖의 출입문을 합문으로 표현했다. 이를 모를 리 없는 영조였기에 위와 같은 의심을 제기했던 것이다.

그러나 이 문제 제기의 이면에는 영조의 숨은 뜻이 있었던 듯하다. 영조가 『국혼정례』에 숙의 가례를 수록한 것은 "내게 깊은 뜻이 있다"고 한 말에서 이러한 추측이 가능하다. 영조는 「어제숙의가례편하제御製淑儀嘉禮篇下題」에서, "아! 옛날 성제盛際에 이러한 정례가 있었다"고 했다. 숙의 가례를 국혼으로 행하는 전통이 이미 있었으므로 이때에 와서 정례로 만들었다는 것이다. 그의 깊은 뜻은 그다음 말에서 유추할 수 있다. "지금의 퇴폐한 습속에서는 이러한 선택이 있어서는 안 된다"고 하면서, 후왕이 불가피하게 이러한 예例를 행하고자 할 때에는 "적서嫡庶를 신중히 하지 않고 널리 구함을 엄히 하지 않으면, 끝없는 폐단이 이 한 실마리로 말미암아서 그 흐름이 커질 것이니 두려워하지 않을 수 있겠는가. 고로 무신년 이후에 국사國嗣를 위해 이를 말하는 자가 있어 나는 끝내 신중했다"라고 했다. 가례는 적서를 신중히 하고 널리 구함을 엄히 하라고 당부했다. 그러나 영조는 그 깊은 뜻을 "다 말하지는 못한다"고 했듯이, 이 제서에서도 구체적으로 밝히지 않았다.

그렇더라도 위의 언급에서 깊은 뜻의 실마리를 찾아보자. 적서를 신중히 하라는 것은 적통에 의한 왕권 계승을 원리로 하는 종법제宗法制의 본령에 해당된다. 영조는 이를 위해 적장자의 탄생을 갈구했을 터이나 실패하고, 서자의 왕권 계승을 정당화하기 위한 노력에 신중하면서도 철저했다. 이 글에서의 적서는 정비 소생의 적자에 대한 후궁 소생이 아니라, 숙의 소생의 서자를 가리킨다. 이미 숙의의 소생이 서자임은 분명한 사실인데도 적서를 강조한 것은 오히려 숙의 소생의 왕권 계승의 정당성에 대한 가능성을 드러내기보다는 감추고자 한 것이 아닌가 여겨진다. 이러한 해석은 영조가 언급한바 "숙의와 왕후는 매우 요절遙絶함이 없어서 서로 참람한 폐단을 쉽게 열어놓을 것이다"라는 우려에서 그 의도가 간파된다. 숙의와 왕후의 관계에서 숙의가 왕후의 지위를 침범하는 참람한 폐단의 발생에 대한 경계는 어디까지나 후손에게 한하여 원론적인 태도를 보인 것이며, 영조 자신의 재위 기간만큼은 왕통의 확립에 주저할 일이 아니라는 생각은 별개의 문제였다.

영조의 이러한 발언은 역설적이게도 숙의의 왕비 지위 계승을 반대하는 것처럼 보인다. 무신년 이후에 국가의 저사儲嗣를 위해 이를 말한 자가 있다는 것은 영조를 몰아내고 밀풍군 이탄을 추대하고자 일으킨 이인좌의 난이 실패로 끝난 뒤, 효장세자의 상중喪中 일각에서 저사를 세울 것을 청하는 상소를 올린 것을 가리키는 듯 보인다. 이 당시에는 왕손으로 연령군의 계자繼子(양자)인 상원군(밀풍군의 아들)이 있었는데, 그를 염두에 두고서 그런 주장을 한 것인지는 확실치 않다. "선조先朝 때 일찍이 이미 행했던 전례가 있으니, 소현세자의 홍서가 을유년(인조 23)에 있었는데, 효종께서 동궁에 정위定位한 것이 다시 이해 가을에 있었습니다. 지금 나라 형세의 외롭고 위태로움과 인심의 물결처럼 흔들림은 옛날에 비하여 훨씬 더합니다"라면서 저사를 세우라는 상소에 대해, 관련자의 공초에서 "비록 고사故事로써 말하더라도 혹은 손자로서 조부를 잇기도 하고, 혹은 조카로서 숙부를 잇기도 하며, 혹은 아우로서 형을 잇기도 했던 것입니다" 한 것을 보면, 이미 종법의 정통성이 없는 영조에게 지극히 위협적인 요구였음에 틀림없다. 이러한 경험이 아니더라도 여전히 극복되기 힘든 이념상의 굴레에서 헤어날 수 없어 숙의의 왕비 계승을 공식화하지 못했다. 그리하여 적서와 광구廣求에 신중했다고 하지만, 영조의 뜻은 처음에 언급한 말과 같이, 숙의 가례를 정례로 제정하여 조상들의 선례와 그 뜻을 계술繼述하고자 했다. 그러나 이 선택은 어수선한 정치 상황에서는 상하 질서의 혼란을 더욱 자극할 수 있었으므로 해서는 안 된다는 단서를 달았다.

영조는 궁극적으로 숙의 가례를 국혼의 범주에 포함시킴으로써 만에 하나라도 숙의 자손의 승통을 정당화시켜보자는 심산이었다. 이것은 한편으로는 국왕의 호색이라는 지나친 편견을 억제시키는 효과도 볼 수 있었을 것이다. 당시 관료들은 사관의 평에서, "결국 숙의의 문제가 아니라 국왕의 호색을 스스로 제어하는 데 달려 있으며, 그것이 어렵다면 규정閨庭의 연호燕好를 대신이 알 수 있도록 개방할 것"을 요구한 데서 볼 수 있듯이, 숙의 간택을 호색으로 의심했다. 왕실 자손의 확대를 목적으로 한 숙의 가례를 무조건 반대하는 입장은 아니었던 것이다. 그리고 널리 구함을 엄히 하라는 것은 지역 범위와 처녀단자 제출 대상 및 선발 기준 등을 엄격히 적용하라는 뜻이었다. 그래야 호색의 기미를 최소화하는 한편, 저사 확대와 내정의 최적자를 선발하려는 의지를 신뢰할 수 있었을 것이다.

영조의 깊은 뜻은 자신의 왕위를 적자에게 안정적으로 양여하고자 하는 왕실 내부의 고민에 있었다. 인조·숙종대에 행한 숙의 가례의 명분을 제도로 확립함으로써 승통의 한계를 극복하고자 한 것이다. 종국宗國의 정통성과 왕실의 안정에 각별한 관심을 지녔던 영조는 선왕의 전례를 이어나가고자 하는 계술에 철저했으며, 효제孝悌의 실천과 강조로 신하들의 충성을 유도하는 데 열성을 다했다. 영조의 이러한 관심과 노력은 스스로 이미 후궁의 자식이라는 출신상의 결함이 근본적인 요인으로 작용했다. 더욱이 세자들도 모두 후궁의 아들로서 요절하고 국왕의 자손이 번성하지 못한 점 등을 고려할 때 영조는 당장 왕실의 불안정을 크게 걱정해야 할 입장이었다. 그리하여 그는 왕실을 공고한 반석 위에 올려놓고자 여러 조치를 취하는데, 그중 하나가 숙의 가례의 법제화였다. 여색의 의심을 떨치고 왕실의 자손 번성을 위해 정당하게 숙의를 맞아들일 수 있게 된 것이다.

영조는 사친이 숙의에 봉해진 적이 있으며 그의 자식으로서 왕위에 올랐다는 사실로 인해 숙의 가례에 대한 인식이 특별했을 것으로 보인다. 숙빈 최씨는 숙종 19년부터 내명부의 작호를 받기 시작하여 숙원淑媛, 숙의, 귀인貴人을 거쳐 숙종 25년(1699)에 정1품 숙빈淑嬪으로 봉해졌다. 숙빈에 대한 영조의 추숭 작업은 궁원宮園으로의 승격과 네 차례의 시호 추상 그리고 인빈 김씨 등 선왕의 후궁에 대한 추숭도 동시에 시행하여 왕실의 권위와 지위 향상에 노력했다. 그 연장선상에서 이룬 또 하나의 성과가 숙의 가례를 국혼으로 규정하고 길례를 가례로 승격시킨 『국혼정례』의 편찬이라 할 수 있다. 영조의 사친 추숭 노력이 결과적으로 식례式例를 제정하여 공식화하고 국가 의례에 편입시키는 것으로 나타난 것도 왕실의 안정된 지위 확보와 유지라는 측면에서 같은 맥락으로 이해할 수 있다.

영조의 이러한 숙의 가례의 인식은 정조대로 이어졌다. 정조는 선왕 영조가 후궁의 지위를 높여 숭봉하는 예에 철저했던 현실을 몸소 경험하고 그로부터 많은 교훈을 얻었다. 그는 자신도 종법에 어긋나는 계승관계와 즉위 후 경각에 달린 위기 상황을 경험했기에 원만한 왕통 계승과 왕실의 안정이 자손의 번성에 달려 있음을 뼈저리게 깨달은 듯하다. 그리하여 그는 즉위한 지 얼마 되지 않아 후궁 간택을 서둘렀는데, 동왕 2년에 숙의가 아닌 빈으로 후궁의 국혼을 격상시키는 파격적인 조치를 취했다.

국왕이 부인으로 사랑한 후궁

중종 9년에 난산으로 숙의 나씨가 죽었다. 그러자 중종은 장지葬地의 산 운山運과 장일葬日의 길흉에 부부 사이의 금기도 살피지 않으면 안 될 것이라고 지리학 관원에게 몰래 말했다고 한다. 중종은 숙의 나씨와의 관계를 부부로 표현하면서 발인과 장삿날의 길흉을 따짐에 있어 부부 사이의 금기 사항을 잘 고려하여 점쳐 행하라고 주문한 것이다. 나숙의는 간택 후궁이다. 당시에는 양반 사대부의 처첩제에 대비하여 왕비와 후궁도 처첩으로 비유할 때가 많았는데, 중종의 이러한 표현을 통해 볼 때 간택 후궁의 신분 및 지위에 비춰 달리 해석할 여지가 없지 않다.

중종 10년에 숙의의 왕비 책봉을 반대하던 신하들이 명분으로 내세운 옛 고사는 '첩을 부인으로 삼지 않는다'는 것이었다. 곧 후궁을 첩으로 본 것이다. 고대 여성사회에서 처첩의 구분 기준은 혼례 절차의 유무에 있었다고 하는데, 그렇다면 숙의를 맞이할 때 혼례 의식을 행하지 않아 첩으로 취급되었다는 말인가?

영의정 하륜이 태종 11년에 예조로 하여금 육례를 아뢰게 할 것을 건의한 데 대해 태종은 "천자도 납후納后 외에는 이 예를 행하지 않는데, 하물며 제후가 빈잉을 들이는 것이겠느냐"고 한 바 있다. 빈잉을 들이는 데에는 혼례 의식을 거행하지 않는 것이 고대의 전통이라는 점을 일깨운 것이다. 그 후 열흘 뒤에 1빈 2잉을 맞았다. 이때 그는 "가례하는 날 시녀의 복색은 풍속을 따르게 하라"고 했다. 빈잉 맞이에 가례를 거행했다는 말이다. 세종 4년에 잉첩을 들일 때에는 가례색을 설치하고 혼인을 금했으며, 태상왕의 잉첩으로 선택된 조씨에게는 필단과 명주를 내린 바 있다.

이처럼 태종과 세종의 잉첩 맞이에는 가례를 치른 것으로 보인다. 국왕 가례에 있어서 조선 특유의 후궁 가례 제도가 시행되었던 것이다. 단종 2년의 대혼에서는 숙의가 간택되었으나, 삼간택에서 탈락한 두 여성이 잉씨로 입궐한 것이어서 숙의 단독의 가례라 할 수 없었다. 이때 잉씨는 작명을 받는 의절이 행해지고, 비씨가로 가서 봉명사신의 시위 속에 왕비를 따라 함께 입궐했다. 이 두 가지 의주는 제정되어 있었지만, 그 외의 절차는 불확실하여 처음부터 2잉을 동시에 맞이할 계획이었는지는 알 수 없다.

잉첩 맞이에 정해진 혼례 절차가 없다고 하지만, 가례청의 설치 등 몇 가지 주목해볼 만한 사실이 없는 것은 아니다. 가례청은 가례의 제반 업무를 담당한 임시 기구다. 국왕 가례 때 설치되는 가례도감보다 등급이 낮은 기구로서, 왕자군王子君 등의 혼례를 담당했다. 중종 31년에 왕세자의 후궁인 양제良娣(내명부 종2품)로 윤개의 딸을 선정했을 때 중종은 "가례청의 배설排設과 방자房子·시비侍婢·공상供上 등의 일을 모두 횡간橫看에 따라 조처하라"고 전교했다. 왕세자의 후궁 간택조차 가례청이 배설되었는데, 숙의 간택에서의 가례청 설치는 더욱 당연하지 않았을까 생각한다. 가례색의 설치는 선초부터 보이는데, 태종 6년과 11년 그리고 세종 원년과 4년 등에 걸쳐 있다.

가례청 설치는 광해군 9년에도 보이지만 그 역할은 확실하지 않다. 왕자녀의 혼례에서는 납채, 납폐, 친영, 동뢰, 조현의 모든 행사를 담당했지만, 간택 후궁은 계급에 따른 예의 크기가 적용되었을 것이며 그 구체적인 내용은 후기의 자료에 보인다. 태종 2년에 가례 혼수를 보내고, 성종 4년에 장차 입궐할 숙의의 집안에 물품을 내렸다고 하는 정도였으나, 숙종 12년에는 숙의 간택 후의 응행 절목에 대해 고증할 문건이 없다고 하면서 고

상신故相臣 정태화鄭太和의 일기에 "후궁 장숙의張淑儀를 가례청 도청이 본가로부터 모시고 이현궁으로 나아갔다"라는 말이 있으니, 이에 의거하여 가례청을 설치하고 도청과 낭청을 차출하여 검칙하게 했다고 한다. 실제 숙종 때에는 숙의의 조현례와 독뢰연獨牢宴이 시행되었으며, 영조 연간에 편찬된 『국혼정례』의 숙의 가례에는 빙재聘財를 수록하고, 정조 2년의 호조 등록에 교명을 담는 교명함에 대한 기록이 있었다는 사실이 확인된다. 이러한 여러 사례를 고려하면, 숙의 가례는 대폭 축소된 약식의 혼례 절차라도 시행된 것으로 이해해야 하지 않을까 여겨진다.

따라서 조선시대 국왕 후궁의 처와 첩 구분이 정식 혼례의 여부를 기준으로 한다는 유교 윤리의 측면이 반영된 것으로 보기에는 무리가 있다. 『소학』을 보면, "빙례를 올리면 처가 되고 따라가면 첩이 된다聘則爲妻 奔則爲妾"고 했다. 이것은 분명 사대부례에서 통용될 처첩의 구분 기준이 될 수 있다. 그러나 숙의 가례에서는 이 기준이 성립될 수 없다. 숙의 가례에는 국왕 가례의 특수성을 감안하여 이해되어야 할 왕조례의 엄격성이 있다. 주체가 국왕이며 예조에서 여러 기관의 협조하에 주관하고 국가 예산을 운용한다는 점에서 숙의 가례는 국혼의 지위에 있었던 것이다.

종2품 숙의 이상의 내명부에는 가례를 거친 부류가 있는가 하면, 천류의 궁녀 출신이 뒤섞여 있었다. 승은 후궁의 봉작에 제한을 두지 않았기 때문에 이들은 얼마든지 숙의 이상의 작위에 봉해질 수 있었다. 그러나 신분 계급사회에서는 이들 양자 사이에 엄격한 차별과 간극이 존재했음을 간과해서는 안 된다. 그 이유를 몇 가지 들어보자.

첫째, 출신 성분이 다르다는 점이다. 숙의의 자격은 사대부가의 딸로 제한했으며, 그 가운데에는 명문가 출신도 꽤 있었다. 중종 10년의 논의에서도 "사족이라 하더라도 촌야村野의 가문이 여기에 당해서는 안 됩니다"라거나, 임금의 처첩이라면 사족 출신으로 문벌이 동등하여 서로 범할 수 없는 사이는 아니라고 했다. 반면 승은 후궁은 대체로 천류 출신이었다.

둘째, 가례의 시행 여부다. 숙의 간택은 후사를 넓히기 위한 명분으로 왕실의 안정과 번영을 꾀하고자 하는 목적이었으나, 승은 후궁은 국왕의 성적 호기심 및 그에 대한 욕구와 직접 관련되어 있다. 따라서 숙의는 신중한 선택과 형식을 필요로 했으며, 삼간택과 종2품의 신분에 준하는 의례 크기의 혼례 의식을 거행했다. 그러나 승은 후궁은 이러한 절차를 거칠 정당한 명분이 결여된 부류였다. 특히 신분제 사회에서 양반 가문 출신의 숙의는 궁인이라 하더라도 그에 합당한 예우가 요청되었을 것이며, 이러한 배경으로 『국혼정례』에서 숙의 가례를 국혼의 범주에 포함시킨 사실을 상기할 필요가 있다.

따라서 국혼이라는 공식적인 절차를 거쳐 책봉된 숙의는 또 한 사람의 국왕의 부인이요 왕실 가족의 일원이 되었다. 숙의는 국왕의 제2의 처라고 할 수 있다. 이러한 사실은 국왕 소유 여성의 혈연적·계급적 이중 구조를 보여준다. 양반 사대부에게도 축첩이 허용되고, 첩이 처가 죽은 뒤 처의 신분으로 바뀔 수는 있었다. 그러나 첩 맞이에 혼례를 치르지는 못했다. 반면 국왕에게는 첩 맞이에 가례를 허용했다. 이것은 왕가의 특수성이며, 처첩 구분에 대한 인식을 달리할 정당한 근거를 제시하고 있는 것이다.

셋째, 의위儀衛를 차별했다. 빈잉의 아들은 군君을 봉하고 궁인의 아들은 원윤元尹을 삼았다고 한 바와 같이, 봉작 규정에 따른 대우뿐 아니라 의위에 있어서도 차별적 제 규정이 있었을 것이다. 그러나 아쉽게도 잘 드러나지 않는다. 기껏해야 세종 15년 온수 현에 행차할 때, 세종은 연을 타고 숙의는 교자를 타며 소용·숙용 두 부인과 궁인 이하는 모두 말을 탔다고 하는 정도다.

의위의 차별은 다행히 정조 2년에 후궁 빈의 간택을 논의하는 과정에서 단편적으로 드러난다. 정조는 후궁 빈의 의위儀衛 의식에 대해 당나라와 명나라의 예대로 사부빈어士夫嬪御는 세자빈과 같다고 하고, 또 궁인이 후정後庭이 되어 동궁을 낳고 빈으로 승작되었더라도 사부빈의 의위를 사용하지 못하며 사부숙의士夫淑儀의 의위도 사용하지 못하는 것이 우리 조정의 국법이라고 했다. 이는 이전 기록에 보이지 않던 국법의 한 규정을 전하고 있다. 만약 숙의의 의위를 간략하게 하여 사용한다 해도 명분이 문란해지고 예제가 무너지는 것이라 했다. 또 국법에 사부숙의와 대군부인 및 공주가 아니면 교군轎軍은 사복시 군인을 사용하지 못하며, 전도前導는 충찬위·부장 등의 명색을 사용하지 못한다고 했다. 이것이 간택 후궁과 승은 후궁의 의위상의 차별이며, 국법으로 이미 정해져 있다는 것이다.

그러므로 내관과 궁관 그리고 내관 내에서의 위와 같은 엄연한 신분상의 차이에도 불구하고 일률적으로 후궁을 첩이라 칭하는 것은 바람직하지 않다. 왕가의 특수성에 비춰보더라도 국왕의 후궁은 제도와 출신에 따른 위상을 명확히 할 필요가 있다. 처인 왕비에 대하여 삼부인三夫人을 두었던 고래의 전통에 따라 사대부가 출신과 궁녀 출신을 호칭으로도 구별해야 한다는 것이다. 『예기』「곡례」와 「혼의」에서 천자는 후后, 부인, 세부世婦, 빈嬪, 처, 첩이 있으며, 후는 이들을 세운다고 했다. 진·한 시기에는 "적嫡을 황후로 칭하고 첩을 모두 부인이라 칭한다"고 했다. 그리고 부인 이외에 미인, 양인, 팔자, 칠자, 장사, 소사라는 호칭이 있었다. 고려시대에는 『고려사』 열전에서 「후비」를 보면, "적은 왕후라 칭하고 첩은 부인

夫人이라 칭하니, 귀비貴妃·숙비淑妃·덕비德妃·현비賢妃가 부인이 되고 품계는 모두 정1품이다"라고 했다.

이처럼 역사적으로 임금의 후궁에 대한 호칭은 제각각이었다. 조선에서도 후궁을 부인이라 칭한 사례는 앞서 언급한 바와 같이 여러 군데서 찾아볼 수 있다. 왕자녀의 적서 품질品秩을 논할 때에는 국왕의 비와 후궁에 대해 적비 및 빈잉, 궁인으로 구분했으며, 왕의 친자와 친형제는 적실과 양첩, 천첩으로 구분했다. 노산군의 후궁 김씨가 죽었을 때 부의에 대한 처리에 대해 중종은 "노산군은 이미 폐위된 사람이고 그의 후궁은 부인과 차이가 있으므로 따로 부의를 내릴 필요가 없다"고 했다. 왕자군의 후궁은 국왕의 후궁인 부인과는 다르다는 것이다.

따라서 국왕의 간택 후궁은 출신 성분과 가례의 시행 여부, 의위의 차이 등에 비추어 승은 후궁과 구별되어야 하는 신분이었다. 왕비를 처로 볼 것이냐 아니면 그와 독립된 존재로 볼 것이냐의 차이에 따라 달라지겠지만, 전자의 시각에 비추어서 간택 후궁과 승은 후궁의 호칭은 반드시 구분되어야 하지 않을까 생각한다. 곧 간택된 후궁 숙의는 제2의 처로서 부인이라 칭하고, 승은 후궁은 첩이라 해야 한다는 것이다. 여러 측면에서 좀더 밀도 있는 분석이 필요하지만, 간택 후궁인 숙의는 왕조례의 특수성과 계급성을 인정하는 방향에서 첩이 아닌 부인으로서의 지위를 부여해야 하는 것이다.

9장

중흥 군주 영조가
후궁을 높인 이유

후궁의 아들, 영조

영조는 경종이 즉위한 지 1년 만에 노론계의 강청으로 세제에 책봉되었다. 경종의 건강 상태를 예측할 수 없는 상황에서 원자의 탄생을 기다리지 않고 서둘러 감행한 것이다. 그해에 연잉군의 대리청정이 시행과 환수를 거듭하다가 결국 무산되자, 소론 김일경과 박필몽 등이 노론 4대신과 대리청정을 제기한 조성복을 역모로 공격하는 상소를 올렸다. 경종에게 불충·불경한 죄로 몰아가 국면의 반전을 꾀한 것이다. 그리하여 노론 4대신과 조성복은 위리안치되고, 그 외 연루자 50~60명이 처벌을 받았다. 이렇게 정권을 장악한 소론은 노론을 일망타진하기 위해 또 하나의 고변을 계획했으니, 경종 2년(1722)에 일어난 목호룡 고변 사건이었다.

목호룡은 노론 명문 자제들이 환관·궁녀들과 결탁하여 이른바 삼급수로 왕을 죽이려 했다고 날조했다. 삼급수는 대급수, 소급수, 평지수를 가리킨다. 대급수는 자객을 이용한 시해이며, 소급수는 독살, 평지수는 숙종의 전교를 위조해 경종을 폐출시키는 방법이었다. 이 옥사는 8개월간이나 지속되었으며, 노론계 인사들은 노론 4대신인 김창집, 이이명, 이건

명, 조태채가 사사되고 170여 명이 살육되거나 가혹한 형벌을 받았다. 이 옥사의 처리 과정에서 세제(연잉군, 훗날의 영조)의 이름이 수없이 거론되었으나, 왕위 계승자 신분이면서 경종의 특별한 배려로 인해 무사할 수 있었다.

정쟁이 첨예화되어 싸늘한 정국이 연속되는 가운데 경종의 병은 악화 일로로 치달았다. 어머니인 희빈 장씨가 사사된 이후 내성적인 성격으로 변한 경종은 날이 갈수록 정신병적 증세가 심해져갔다. 국사를 제대로 처결하지 못할 정도로 마음의 불안이 가중되는 상황에서 당쟁은 더욱 격화되었다. 그러던 와중에 병이 위중해진 경종은 온갖 약재 처방에도 차도를 보이지 않았다. 궁중에서는 어느 날 경종의 입맛을 돋우기 위하여 게장과 생감을 수라상에 올렸다. 그다음 날부터 경종은 복통과 설사로 며칠을 시달렸다. 그러다가 급기야 5일 만에 승하하고 말았다. 세상에서는 세제가 들인 게장과 생감으로 인해 죽었다는 독살설이 제기되어 급속도로 퍼져나갔다.

영조 입장에서 보면 그의 왕위 계승은 무척이나 다행스런 일이었다. 그렇지만 경종 당시의 참혹한 사건들은 커다란 정치적 부담으로 작용했다. 신임辛壬 사건에 대한 충역 시비가 그치지 않았으며, 아우로서 왕위를 계승한 종법상의 하자 또한 영조를 괴롭혔다. 영조의 즉위로 한껏 기대에 부풀었던 노론이었지만, 양치양해兩治兩解, 시비불분是非不分, 탕평 수용의 원칙을 내세운 영조는 이광좌·유봉휘·조태억 등 소론으로 3정승을 모두 임명하고 노소의 대립관계를 관망했다. 양치양해는 '죄를 줘도 함께 주고 풀어줘도 함께 준다'는 것이며, 시비불분은 '충역 시비는 일체 간여하지 않는다'는 것이었다.

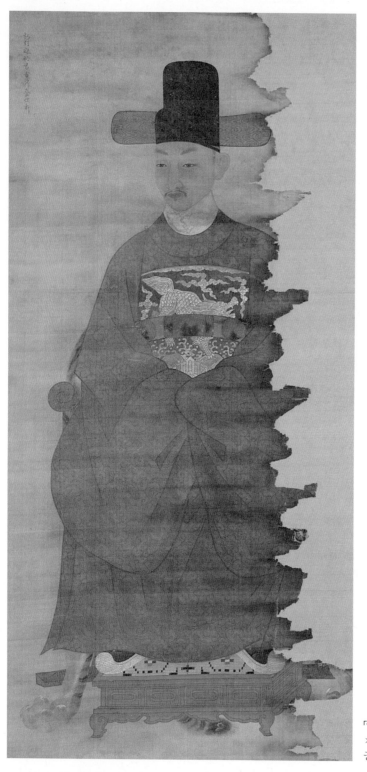

「연잉군초상」, 진재해, 비단에 채색, 183.0
×87.0cm, 보물 제1491호, 1714, 국립고
궁박물관.

노론 측에서 이러한 처사를 방관할 리 없었다. 영조 또한 당쟁에 휩쓸려 왕권이 휘둘리거나 추락하는 것을 용납할 수 없었다. 노론이 조태구 등을 김일경의 당여로 지목하고 그 처단을 요구하면서 노소 간의 공방은 치열하게 전개되었다. 힘의 균형이 점차 노론 쪽으로 기울자, 영조는 김일경과 목호룡을 처단하고 그 처단을 주장하는 상소를 올렸던 이의연을 장살했다. 노론의 공격을 유도하여 소론의 급진파를 제거하는 데 성공한 영조는 1725년에 소론의 중진들을 축출하고, 정호·민진원·이관명을 3정승으로 임명했다. 이어서 신임옥사를 무옥으로 규정하고 4대신의 신원을 명했다. 이 을사처분으로 순식간에 환국을 단행했다.

이렇게 정권을 장악한 노론은 때를 놓칠세라 이광좌·유봉휘·조태억 등 소론 대신과 그 당여들에 대한 토역討逆의 즉각 시행을 요구했다. 이러한 주장에 막혀 노·소론 사이를 조절하는 데 실패한 영조는 난국을 수습할 비상 수단으로 1727년인 정미년에 다시 환국을 단행하여 소론 정권을 세웠다. 그러나 이듬해에 무신란이 일어났다. 영조를 제거하고 노론 정권을 타도할 목적으로 일어난 이 반란은 정통성에 하자가 있는 영조를 부정하는 사건이었다.

영조는 사실 노론에 의해 차기 국왕으로 선택받았다. 종법사회에서 일어날 수 없는 기이한 현상이 벌어진 것이다. 게다가 경종의 승하 원인에 대해서는 의심의 여지가 있었다. 항간에는 독살설이 널리 유포돼오던 터였다. 영조 원년 정월에는 그의 면전에서 독살설을 말하다가 죽임을 당하는 일이 있기도 했으며, 영조 3년에는 이에 관한 괘서와 흉서가 등장하여 조사를 벌이기도 했다.

소론과 남인의 과격파들은 이러한 영조를 국왕으로 인정할 수 없었다.

게다가 노론 세력이 영조 즉위의 정치적 명분과 권력을 차지하게 된 사태에 대해 이들은 극도의 위기감을 느꼈다. 그리하여 그들은 하삼도를 중심으로 경종의 복수와 밀풍군 추대의 기치를 내걸고서 반란을 일으켰으나 곧 진압되고 말았다. 이 사건을 계기로 영조는 반란의 원인을 제공한 노론도 그 책임을 피할 수 없었던 만큼 탕평에 대한 의지가 더 확고해졌다. 이후에도 많은 논란과 시비 끝에 기유 처분이 내려졌지만, 이후 정국은 노소 보합이 되풀이되는 가운데 신임사의 문제를 오히려 영조가 적극적으로 주도하기 시작했다. 선왕 경종의 위엄을 지키고 자신에게 드리운 혐의를 풀고자 하는 영조는 신임사화에 있어서 자신이 삼수역에 연결되어 있다는 혐의에 기본적인 불만을 가지고 있었다.

영조는 자신에게 주어진 경종의 독살 혐의에서 완전히 벗어나는 한편, 유일한 삼종혈맥으로서 왕실의 특수성에 기인하여 선왕 경종의 처분에 따라 왕위를 계승한 정통성 있는 왕임을 인정받고자 노력했다. 이를 위해서는 경종과 자신이 일체라는 점을 강조하지 않을 수 없어, 경종에 대한 공경과 추모를 끊임없이 표현했다. 이광좌와 민진원을 입시하게 하여 임인사를 하교하는 자리에서도 "선왕의 혈맥은 황형과 나뿐"이라고 강조했다. 이것은 종법에는 위배되더라도 형제간의 왕통 계승이 왕실의 특수성에 비추어 정당함을 인식시키고자 한 것이다. 그 뒤 인종을 조선의 요순으로 칭하면서 명종과의 관계를 합리화하여 형제 상속의 정당성을 주장하기도 했다.

이러한 노력으로 왕권이 점차 안정을 찾아가면서 신임 문제 재정립의 필요성을 더욱 절감한 영조는 이를 추진할 정치 세력을 결집시키고자 했다. 이를 위해 영조는 동왕 15년 8월에 파격적인 인사를 단행했다. 노론

준론자들을 전진 배치한 것이다. 그 구실이 된 것은 영조의 사친인 숙빈 최씨를 높여 받들지 않는다는 점이었다. 숙빈의 묘인 사묘私墓를 배알하는 절차의 규정인 사묘배알의주拜謁儀註를 바치자, 영조는 능묘의 예에 경중의 차이는 있더라도 정은 마찬가지인데 복색에 순회묘의 예를 쓰도록 한 사실에 분노하고서 예관과 담당 승지를 종중추고했다.

이 당시에 영조는 사친을 높여 받드는 데 뭇 신하가 그 뜻을 받들려 하지 않는 것으로 의심하여, 일마다 문득 격노하여 반드시 끝에 미안해하는 하교가 있었다. 의주 가운데 극항極行을 쓰지 않아 이를 꾸짖고 예조판서 윤순을 체직한 것도 그렇고, 열흘 뒤 사묘의 전배례에 순회묘의 전례를 적용한 데 대한 불만을 다시금 나타낸 것도 그렇다. 이날 영조는 "우리나라는 가법이 엄정하기가 천고에 뛰어나므로 사친이라는 칭호가 있다. 내가 지나치게 높이는 일이 있으면 신하가 반드시 쟁론하여 영화榮華가 되지 않고 도리어 모욕이 될 것이므로 내가 하려 하지 않는다"고 하자, 판부사 서명균은 "예전부터 임금이 사친에 대하여 지나치게 높이는 일이 있으면 신하 중에는 본디 죽음으로 다투는 자가 있었습니다"라고 하여, 그 뜻에 성급한 강성 발언을 덧붙였다. 신하들의 의중을 떠보려는 마음으로 그런 발언을 한 영조였기에, 결국 사친에 대한 효제의 도리를 극진히 하는 자신과 함께 신자로서 군신일체의 도리를 다하지 않는 정치 세력을 일정하게 제재했다. 그럼으로써 자신의 정치적 목적을 관철시킬 정치 세력을 전진 배치하는 부수 효과를 얻기도 했다.

그 후 동년 11월에 우의정 유척기가 이이명과 김창집의 복관復官을 정식으로 청원했다. 왕은 서두르지 말 것을 당부하기도 했지만, 논의 끝에 신원 시기를 이듬해인 정월로 택했다. 택정된 그날 왕은 김재로 등 노론 제신과 판부사 송인명, 풍원군 조현명을 입시하게 한 자리에서 복관을 명했다. 패자역손悖子逆孫의 논리를 막으면서 서덕수의 신원을 명분으로 두 신하의 복관을 정당화했다. 이때 왕이 전제한 논리는 역시 효제의 군부일체론이었다. 자신을 임금으로 섬기는 충신이라면 감히 신임사와 연차대리의 의리에 대한 시비를 할 수 없다는 것이다.

이제 남은 당면 과제는 임인사의 해결이었다. 삼수설과 관련된 자신의 혐의가 벗겨지기를 원하던 영조는 노론 측의 자세에 불만이 있었지만, 소론의 존재도 크게 의식하지 않을 수 없었다. 번안에 대한 노소의 강경론을 조절하던 영조는 약 1년 만에 임인옥이 무옥이며 피해자에 대한 신원책을 강정하도록 하는 경신 처분을 내렸다. 그러나 이것도 불완전한 조치였다. 탕평책을 다시 추진하기 위해서라도 번안 문제를 반드시 확정지어야 했다.

또다시 1년여의 절충 기간을 거쳤다. 그때 지평 이광의가 노론 대신들의 삭직을 요구하며 아뢴 말이 문제가 되었다. 영조는 군무君誣(영조가 선왕의 죽음에 관여되었다는 혐의)가 씻기지 않았음을 이유로 그를 친국했다. 이를 기회로 영조는 번안 문제에 대한 자신의 견해를 적극적으로 밝혔다. 신임 의리를 재조정하기 위해서라도 소론의 도움이 필요했던 영조는 1741년(영조 17) 9월에 형조참판 오광운이 임인옥안을 불사르고 대훈을 반포할 것을 건의하자 결국 대훈을 제정하여 공표했다. 이 신유대훈의 골자는 "신축년의 건저가 대비와 경종의 하교에 따른 것이며" "임인옥은 무옥이므로 피화자는 신원한다"는 것이었다. 이로써 숙빈 최씨의 뜻대로 소심하고 신중하게 처신해왔던 영조의 군무는 신설伸雪(누명이나 억울함을 씻다)되고 왕권의 정통성을 인정받기에 이르렀다.

그 후 영조 31년(1755)에 영조는 다시 한번 경종의 승하 원인에 대해 해명하고 나섰다. "그때의 게장은 동조東朝(대비궁)에서 보낸 것이 아니고 어주御廚(수라간)에서 올린 것이다. 경종의 죽음은 그 후 5일 만이었는데, '무식한 시인侍人이 지나치게 진어했다'는 소문이 퍼졌다. 그러나 이는 사실과 다르다."

숙빈 최씨의 출신

MBC에서 사극으로 인기리에 방영된 「동이」는 장차 숙종의 후궁(숙빈 최씨)이요 영조의 어머니가 되는 인물이다. 작가는 어린 시절의 동이 모습을 아주 깜찍하고 총명하게 그려냈다. 숙빈 최씨의 아명은 알려진 것이 없으나, 동이同伊라는 가명을 만들어 썼다. 출신은 반궁촌 천민이란다. 이를 어찌 믿어야 할지 모르겠다. 하기야 숙빈 최씨에 관한 기록이 별로 남아 있지 않은 상태에서 극의 주인공으로 삼으려니 없는 사실들을 그럴듯하게 꾸밀 수밖에 없었을 것이다.

반궁은 성균관의 별칭이다. 성균관을 아래로 반쯤 둘러싸고 반수가 흘러서 이런 별칭으로 불렸다. 반궁 주변에는 마을이 형성되어 있었는데, 요즈음 대학 주변 하숙촌과 같은 풍경이다. 이곳에는 과거에 응시하거나 관직을 구하려는 양반들이 장기간 머무는 하숙집을 비롯해 푸줏간, 음식점, 주점 등이 성업했다.

그런데 『영조실록』에서는 숙빈 최씨가 태어난 곳을 여경방 서학동이라고 했다. 반궁촌이 아니다. 영조 37년 8월의 기사를 보면, 여경방 서학동에 소재한 숙빈 최씨 생가의 형지를 그려오게 하고, 아울러 호조에 명하여 그 값을 주게 했다는 것이다. 그러고는 이 집에서 최효원과 홍계남의 자손이 대대로 실도록 하고 전매하지 못하게 했다.

서학동은 말 그대로 서부의 학교인 서학이 있는 동네로, 서부의 여경방에 속했다. 영조가 친히 이곳을 방문할 정도였다니 생가 복원을 꽤나 중시했음을 알 수 있다. 그런데 그전에는 생가에 관한 언급이 전혀 없다가 이때에 와서 생가를 찾아 복원한 이유는 무엇일까? 이는 아마도 숙빈 최씨의 제사를 받드는 일과 관련 있을 것으로 보인다. 영조 32년경에 추숭 작업을 마무리한 영조는 숙빈 최씨의 사당인 육상궁의 제사가 각별히 신경쓰였을 것이다. 이를 지속적으로 보장하기 위해서는 후손에게 안정된 생계를 마련해줄 필요가 있었다. 그 일환이 생가 복원이었다. 그러나 생가의 위치를 여경방 서학동이라고 단정하기에는 아직 이르다. 육상궁이 경복궁의 서북쪽인 북부 순화방에 있었으므로 가까운 거리에 두고자 이곳을 선택했을 수도 있기 때문이다.

숙빈 최씨는 후궁이 되기 이전의 삶을 알 수 있는 기록을 거의 남기지 않았다. 천민이라는 동이의 말에 다들 수긍하는 것은 무수리 출신이라는 일반의 기정사실화가 원인일 것이다. 금평위 박필성이 영조의 명을 받들어 찬한 「숙빈최씨신도비명」에는 "행록을 살펴보면, 최씨는 수양(해주) 출신이다. 증조는 말정으로 품계가 통정이고, 조는 태일로 학생이며, 고는 효원으로 행충무위부사과이고, 성 홍씨는 통정 계남의 딸이다. 현종 경술년 11월 기미생이다. 빈은 병진년에 뽑혀 입궁했으니, 겨우 7세였다"라고 기록되어 있다. 이때의 행록은 구체적으로 무엇인지 알 수 없지만, 분명 숙빈 최씨의 이력에 대한 기록일 것이다.

파주시 광탄면 소령원에 있는 숙빈 최씨 신도비.

이 신도비명은 숙빈 최씨가 죽은 지 8년이 되는 해인 영조 1년(1725)에 세웠다. 선조 때 인흥군의 어머니인 정빈의 묘에 신도비가 있음을 전례로 삼아 영조가 즉위하자마자 세운 것이다. 따라서 이 「비명」에 쓰인 내용을 직역해서는 신분 판별이 곤란하다. 드라마 「동이」에서는 최효원의 직역이 검시관인 오작으로 설정되어 있다. 오작은 시신을 검안하고 처리하는 일을 맡은 천민이었다. 그들의 출신이 천민이건 아니건 숙빈의 봉작에 따라 사조에 대한 추증도 동시에 진행되었을 것이다. 이 「비명」의 사조 직역은 그 결과로 보인다. 정1품인 빈의 지위에도 불구하고 효원의 직역이 종6품 무반 체아직인 부사과에 그친 사실이 의아하다. 게다가 그의 가계 기록이 해주 최씨 족보에 수록되지도 않았다. 이러한 사실은 출신의 미천함을 반증하는 대목이 아닐까 생각한다.

당시에 궁녀의 선발 기준은 어떠했을까? 『효종실록』 4년 9월 기사를 보면, 당시 환관 등이 궁녀를 뽑는다고 함부로 민가를 뒤지고 다니는 통에 백성은 열 살 이상의 어린 딸들을 다투어 시집보냈다고 한다. 영조 연간에 편찬된 『속대전』에서는 궁녀의 선발 조건을 내수사의 여종으로 제한하고, 다른 관청에서 궁녀를 선발할 경우에는 왕의 특교를 받도록 했다. 양인 여성이 궁녀가 될 수 없게 했으나, 그 이전에는 이러한 선발 조건에 크게 구애되지 않은 듯하다. 신명호의 『궁녀』에서 인조반정 직후의 옥사에 연루된 궁녀들의 출신을 분석한 결과를 보면, 25명 중에서 양인 여성이 4명이고 그 나머지는 내수사를 비롯한 각 사와 후궁 본가의 여종이었다.

따라서 천민 출신이 궁녀로 뽑혀 입궁하기란 쉽지 않은 일이었다. 천민 출신 여부가 불분명한 동이가 입궁한 시기는 숙종 2년(1676)이었다. 그 동기는 양친이 모두 일찍 죽는 바람에 생계가 막막했기 때문일 수 있으나 분명하지 않다. 입궁 후의 행적도 알 수 있는 자료가 없다. 그저 무수리로 지냈다는 구전이 거의 사실처럼 굳어진 분위기다. 무수리는 상궁과 나인의 하인으로서 물을 긷는 일을 담당했다.

이러한 동이가 출세와 동시에 정쟁에서 비켜가지 못한 것은 인현왕후와의 깊은 인연 때문이다. 『수문록』을 보면, 폐출된 인현왕후의 탄신에 성찬을 차려놓고 정성을 드리는 나인에게 감동한 숙종이 그를 가까이하게 되었다는 이야기가 실려 있다. 이 나인이 곧 동이다. 이 자리에서 동이는 자신이 중전마마의 시녀로서 지나치게 총애를 받았다고 했다. 그리고 전남 담양에 있는 용흥사나 대각교에 얽힌 설화에서도 인현왕후와의 특별한 인연을 전하고 있다.

그렇지만 실제 중궁전의 시녀로서 나인이라고 하여 동이의 출신 성분이 달라지는 것은 아니다. 무수리를 나인이라 칭하기도 하고 또 일정 기간이 지나 무수리에서 나인으로 승격되었을 수도 있기 때문이다. 다만 인현왕후를 폐비시킨 것을 후회하던 숙종이 무수리 동이의 정성에 감동하는 계기를 만든 것은 동이의 신분과는 아무런 관계가 없다는 사실이다. 조선 조정의 공문서에 나타나는 각종 기록이 출신의 근본에 대한 답을 주지 못하고 그 외에 전하는 기록도 없으니, 동이가 천민 출신인지 무수리 출신인지의 여부는 여전히 의문으로 남겨두어야 할 듯하다.

어머니 숙빈 최씨를 왕비로 높여라

영조는 어머니 숙빈 최씨를 무척 그리워했다. 오경이 되도록 잠 못 이룬 채 망연하고 구차한 삶을 지탱하는 부끄러움에 온갖 번민이 교차하고, 효제를 다하지 못한 회한에 오열했다. 「어찌 잘 수 있으랴御製豈能睡」라는 어제시를 보면, "어찌 잘 수 있으랴, 무술년을 추억하며, 어찌 잘 수 있으랴, 고령을 생각하네"라고 했다. 숙빈 최씨가 죽은 해인 무술년을 추억하고 양주 고령동에 묻힌 어머니를 추모하는 상념에 젖어 어찌 잠을 잘 수 있겠느냐는 것이다.

영조는 이러한 글을 무수히 써나갔다. 장서각에는 영조어제류가 자그마치 5300여 점 소장되어 있다. 대단한 필력이다. 대부분 시와 산문류다. 정조는 이러한 할아버지의 영향으로 불후의 『홍재전서』를 남겼다. 그리고 「궁원제문편록」에는 영조가 직접 써서 올린 제문祭文 30여 편이 수록되어 있다. 『어제집경당편집』과 『영조문집보유』에도 제문과 고유문告由文이 수십 편 들어 있다. 심지어 숙빈 최씨의 상례에 관한 『무술섬차일기』를 별도로 펴내기도 했다. 숙빈 최씨에 대한 효성이 지극한 나머지, 영조는 제대로 섬기지 못한 죄책감에 시달리면서 그 격정을 여러 글로 풀어낸 것이다.

이 글들의 공통 주제는 효제孝悌였다. 그의 심성에는 늘 효제와 충忠이 자리잡고 있었다. 그 대상은 숙빈 최씨뿐 아니라 숙종과 인현왕후, 인원왕후, 경종, 경종비 그리고 효장세자와 현빈, 의소세손 그리고 숙종 이전의 선왕과 명나라 신종 등이었다. 이들을 추모하고 예를 펴는 일은 제삿날은 물론이려니와, 이들에 얽힌 많은 추억 속의 날과 장소 및 역사적 사건 등으로 끊임없이 반복되었다. 개혁을 위한 여러 치적에도 불구하고 조상들의 뜻을 이어나가는 계술을 다하지 못한 것에 아쉬워하고, 백성이 잘 사는 민국民國을 위해 고뇌했다.

효제와 탕평은 영조가 평생토록 지키고자 했던 삶의 목표였다. 영조가 "조종조로부터 전해 받은 심법心法은 곧 요순의 효제의 도"라고 한 바와 같이 이를 군부일체君父一體의 정국 운영 논리로 삼았다. 한편으로는 예치사회 질서의 재건에 필요한 정치적 슬로건으로 내세운 것이기도 했다. 숙종의 적장자가 아니라 경종의 아우로서 왕위를 계승하여 왕권의 정통성에 하자를 안고 있었던 영조는 더욱이 미천한 후궁의 자식이었다. 거기서 닥쳐오는 왕권의 부정과 도전을 극복하는 일은 결코 쉽지 않았다. 그리하여 영조는 효제를 적극 강조하고 이를 철저히 실천하고자 했다. 이를 통해 군건한 왕권을 확립하고 왕실의 안정을 도모하며 출신의 한계를 이겨내고자 했다.

그렇다면 출신의 한계를 극복하기 위한 방법으로 무엇이 있었을까? 그 중 하나가 숙빈 최씨의 지위를 높여주는 추숭 사업이다. 당시 사람들은 왕에게 존호와 시호, 묘호 등을 올리는 것처럼 지위를 이름으로 나타냈다. 효도는 어버이를 높이는 것보다 더 큰 것이 없고, 시호로써 이름을 바꾸어야 한다고 했다. 영조도 "육상궁께 시호를 더 올려서 낳고 길러주신 은혜에 조금이나마 보답하고자 한다"고 했다. 따라서 이름 올리기 혹은 이름 바꾸기易名는 효의 실천이며, 이름을 명분으로 종법질서의 체계를 바로잡고 왕실의 정통성과 질서 및 안정을 도모할 수 있었다.

楊州高嶺洞瓮塲里酉坐卯向山畵及山論

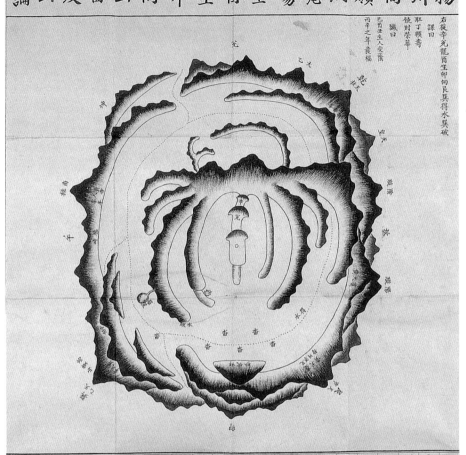

右旋辛兊龍酉坐卯向艮巽得水巽破
課曰
聖丁顯壽
饒財榮華
謎曰
巳酉丑生人受福
丙午之年義福

楊州高嶺洞瓮塲里山畵

右旋辛兊龍酉坐卯向艮巽
得水巽破
此山来勢雄奇作穴精妙左
抱右龍虎相揖迎後擁
主案有情四方砂法各得貴
格生養朝水俱合方位内堂
緊密外局寬平龜鮀華表捍
門秀美天開恢洞地軸深鎖
此實難得吉地
　　　　　黃教授金遠鳴
　　　　教授鄭倬
　　　前教授楊再興

又
右旋辛兊龍酉坐卯向艮巽
得水巽破
此山祖宗聳拔結穴豐厚龍
虎回抱水勢彎環照對秀麗
水口關攔明堂平正砂格妍
媚實爲貞吉之地
　　　　副司勇吳震說

「숙빈최씨묘소도형여산론」, 필사, 보물 제1535호, 1718, 한국학중앙연구원 장서각.

영조는 숙빈 최씨의 이름 바꾸기에 착수했다. "사친이 평소에 소심하고 신중했다"면서 사친 추승에 조심스런 태도를 나타낸 영조는 우선 바뀔 이름에 걸맞은 사진 정지 작업을 추진했다. 우선 숙빈의 신주를 모실 사당을 건립했다. 숙빈방을 마련하고 경복궁의 서북쪽인 북부 순화방에 사당(숙빈묘)을 세웠다. 그러고는 간헐적으로 숙빈묘에 가서 술을 한 잔 올리고 배례를 행했다. 영조 19년 무렵부터는 규정을 무시하면서 생각나면 언제든지 행차하는 버릇이 생겼다. 그리하여 신유대훈 이후부터는 효제의 실천 양상이 급증했다. 이것은 자신을 성인에 비기며 요순을 향해 매진하는 군사君師임을 자처한 영조의 정치적 자신감과 무관하지 않았다.

그러다가 차츰 영조는 사친에 대한 효행을 마음대로 할 수 없다는 사실에 불만을 드러내기 시작했다. 영조 20년에 못 미친 어느 시점부터 매년 다투는 것이 사묘의 친제 두 자였다고 한다. 술 한 잔 올리는 전배展拜만 행할 뿐이지, 술을 세 번 올리는 예를 행한 적이 없었다. 친제를 거행하기 위해서라도 관련 의례를 개정해야 할 뿐 아니라 이를 정식화할 필요가 있었다. 그러나 신하들은 영조의 지극한 효친과 노골적인 불만 표출에 점차 사친 추승의 의도에 대한 의심의 싹을 키워갔다.

영조의 관심은 친제를 위한 축문의 강정(강론하여 결정함)과 궁호의 사용 문제였다. 신하들은 임금의 뜻이 과할까 염려하여 제동을 걸기도 했지만 이를 막을 수는 없었다. 그리하여 드디어 사당과 무덤에 이름자를 붙여 사당 이름은 육경毓慶, 무덤 이름은 소령昭寧으로 정했다. 그 후 육경의 '경'자와 소령의 '영'자가 자음상동字音相同하다고 하여 육상으로 고쳤다.

사당과 무덤의 이름을 가질 수 있는 신분은 세자와 세자빈 이상이었다. 숙빈 최씨의 사당과 무덤은 아직까지도 묘廟와 묘墓였으므로 이름을 가졌

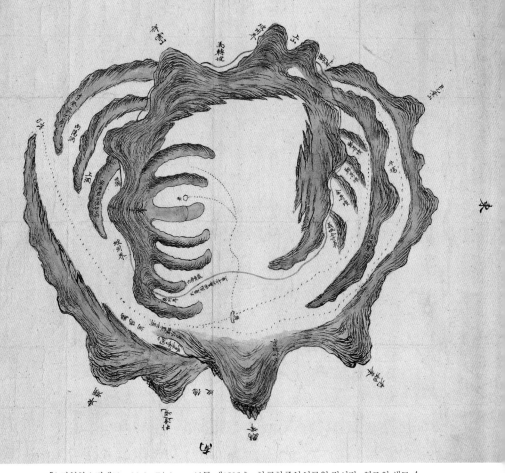

「소령원화소정계도」, 89.8×74.3cm, 보물 제1535호, 한국학중앙연구원 장서각. 영조의 생모 숙빈 최씨가 위치한 소령원 일대의 산불 경계선을 표시한 지형도.

다고 해서 만족할 영조가 아니었다. 그는 동왕 29년에 사친이 봉작된 해를 맞이하여 전격적으로 사친의 사당과 무덤을 궁원宮園으로 승격시키는 한편, 시호를 의논해 확정하도록 지시했다. 이때 올린 시호가 화경和敬이며, 사당과 무덤은 각각 육상궁과 소령원으로 칭해졌다. 그 후 시호는 세 차례에 걸쳐 추상이 이루어졌다. 31년에 휘덕徽德, 48년에 안순安純, 52년에 수복綏福을 올렸다. 따라서 그의 명호는 화경휘덕안순수복숙빈최씨和敬徽德安純綏福淑嬪崔氏가 되었다.

이와 같이 사당과 무덤의 지위 격상에 따른 칭호와 시호를 올려 역명함으로써 숙빈 최씨의 지위는 그만큼 높아졌다. 당시에는 "그 격이 지나치게 높이 책정되어 능과의 차별성을 두지 않았으니 훗날 분명히 비판을 받을 것이다"라는 혹평이 있었다. 그러나 이는 영조가 사친의 궁원을 세자, 세손의 궁원보다 우월한 지위에 두고자 하는 태도를 힐난한 것으로 보인다. 실제 숙빈 최씨의 지위는 왕비와 세자의 중간쯤으로 끌어올려졌다. 차마 왕후로까지 추존하지는 못했지만, 태묘와 능보다 한 등급 낮은 궁과 원을 칭하고 군모君母의 예로 제사를 지낼 수 있게 되었다. 그럼으로써 왕의 권위는 효의 전통적인 상징성을 덧씌워 더욱 높아졌고, 결국 영조가 왕권 및 국가 기강의 확립에 대한 자부심을 갖도록 하기에 이르렀다.

10장

후궁의
간택과 육례

朝　鮮　國　王　　嘉　禮

후사를 넓힐 목적으로 행해진 후궁 간택

후궁 숙의의 간택 절차는 선초에는 분명하게 보이지 않는다. 광해군대에 이르러서야 그 윤곽이 상세해졌다. 단종 2년에는 삼간택 대상자 3명 중 탈락자 2명을 숙의로 책봉했으며, 성종 연간에는 숙의를 5명이나 뽑았다. 그러나 삼간택 절차를 거쳤는지는 알 수 없다. 후궁 숙의의 간택을 위해 금혼령을 내린 사실은 중종 초에 처음 보인다. 반정 직후에 14세부터 22세까지의 처녀를 대상으로 금혼령을 내렸다. 그런데 명종 3년의 금혼령 때에는 모든 처녀를 대상으로 삼아 논란이 되었다. 세가대족으로서 간택 대상이 되는 사람을 금하는 것은 옳겠지만, 간택 대상이 될 수 없는 집이거나 나이가 서로 맞지 않는 처녀는 혼인할 수 있도록 해야 한다는 예외 조항 때문이었다. 선조 연간에는 동왕 4년(1571)과 13년에 숙의 간택을 시행한 바 있다. 후자 때에는 세 명의 숙의를 동시에 선발하기도 했다.

이처럼 조선 전기에 후궁 간택은 숙의를 대상으로 이루어졌다. 나머지 후궁은 다 승은을 입어 봉작된 궁녀 출신들이었다. 숙의 간택 때 금혼령을 내린 사실은 분명한 듯하나, 삼간택과 육례 절차의 시행 여부는 불분명하다. 그리고 선발 인원수가 한 명에 그치는 게 아니라 두 명에서 세 명에 이르기도 해 일정하지 않았다.

숙의의 간택 과정이 제대로 드러나기 시작한 때는 광해 연간이었다. 광해군은 동왕 2년에 내명부의 자리가 미비하다면서 숙의 간택령을 내렸다. 대상 연령은 15세에서 20세까지로 제한했다. 이때 경향을 막론하고 은닉한 채 내놓지 않는 자는 전의 전교에 따라 그에 상응하는 처벌을 내리도록 했다. 전의 전교라고 한 것으로 보아 그전에도 이와 같은 전례가 있었다는 사실을 알 수 있다.

간택 대상 연령은 그 후 11세부터 20세까지로 확대되었다. 6개월여가 지났지만, 중외의 사대부 집안에서 대부분 숨기고 내보내지 않아 이즈음 입궐한 자가 겨우 20명에 불과했기 때문이다. 광해군은 간택 자리에 친히 임하여 선발하고자 했다. 처녀들을 앞으로 가까이 오게 하여 걸어보게 하거나 눈동자를 굴려보게도 했으니, 그의 태도는 무람하고 업신여기는 듯이 하여 예의를 차리려는 의사가 없었다고 한다.

광해군은 뜻에 맞는 처녀가 없자, 재상과 조관朝官·감사·병사·수령이 처녀가 없지 않으면서도 기만하여 내보내지 않고 서로 숨겨준다고 질책하면서 숨기는 자는 불경죄不敬罪로 다스리겠다고 으름장을 놓았다. 단자 제출 기한도 서울은 2월, 지방은 3월로 연장했다. 그러나 기한이 지났는데도 처녀단자의 제출 실적은 여전히 지지부진했다. 이를 괘씸하게 여긴 광해군은 우선 한성부 당상과 색낭청 및 5부部의 관원을 종중추고하게 했다. 그러고는 또다시 제출 기한을 연장하여 서울은 7월, 외방은 8월로 정하고, 외방의 여자는 8월에 일제히 서울에 도착할 것을 명했다.

이때의 숙의 간택은 2년 이상을 지루하게 끌다가 기어이 삼간택 절차가 진행된 것으로 보인다. 오는 며칠에 빠짐없이 대궐에 나오라고 했으니, 이 날은 초간택일이었다. 5일 후에는 최종 낙점자가 선정되었으니 신속하게 세 번의 간택 절차가 진행되었다. 낙점자는 의금부도사 허경許儆의 딸이었으며, 그 나머지는 모두 혼인을 허락했다. 당시 광해군을 둘러싼 후궁으로는 간택된 숙의 허씨 외에 이미 후취後娶한 여러 명과 소훈, 상궁 등이 있었다. 사관의 논설을 보면, 왕의 후궁으로서 후취 윤씨·홍씨·원씨·권씨 그리고 임씨·정씨 두 소용과 김상궁·이상궁 등 8~9명이 거론되고 있다. 특히 정씨에 대해서는 교태를 잘 부리고 일에 익숙하여 출입하는 문서를 관리하고 임금을 대신해 계하啓下했으므로 왕이 더욱 믿었다고 한다. 이들 집안에는 출세와 함께 뇌물이 쌓여갔다. 왕의 지나친 총애가 파행적인 정치 행태를 낳기에 이른 것이다.

광해군의 숙의 간택을 이용한 여성 편력은 여기에서 그치질 않고 동왕 7년에 다시 나타났다. 대상은 11세부터 18세까지였다. 처녀를 숨기고 내보내지 않는 자는 앞서보다 더 무겁게 중률로 다스리도록 했다. 이때에도 실적이 부진하기는 마찬가지여서 또 기한을 물렸으며, 2년여가 지난 뒤에, 또 3개월이 지나서 숙의 간택을 행했다. 육례 거행 여부는 기록이 없어 알 수 없지만, 가례청의 감역관은 전의 관직을 맡도록 한 것으로 보아 가례청의 설치 사실은 확인할 수 있다.

이렇듯 광해군의 숙의 간택은 왕실의 후사 확대라는 명분을 퇴색시키고 욕망의 대상으로 전락시켰다. 명분 회복과 쇄신의 노정에서라도 일말의 혐의가 뒤따를 수 있는 숙의 간택은 그 뒤 매우 신중할 수밖에 없었다. 그리하여 인조대에는 즉위 이래로 아무런 논의가 없다가 동왕 13년에 예조의 건의로 간택령이 내려졌다. 명분은 왕실의 후사 확대였을 것이다.

숙의 간택이 다시 행해진 시기는 숙종대였다. 오랫동안 저사儲嗣를 두지 못한 우려스런 상황에서 숙종 12년(1686)에 빈어嬪御를 간택하도록 했다. 그 절차는 "내간內間에 있는 고사를 가져다 보니 조종조에서 숙의를 간택할 때의 처자 단자는 다만 음관蔭官 및 생원·진사·유학幼學에게만 받들게 했고, 또 인조 때의 궁인宮人에게 물었더니, 삼간택한 날에 별궁에 나가 있게 했다가 한 달이 된 뒤에 입궐시켰다고 한다. 모든 것을 이에 의거하여 거행하도록 하라"고 한 대로 추진되었다. 당시에는 새삼스레 숙의의 선발 기준이 언급되기도 했다. 그동안의 취사取捨는 용모의 미오美惡을 보는 데 불과할 뿐이었으므로 선정신先正臣 이이李珥가 일찍이 차자를 올려 지적한 대로, 대신에게 물어 그 가법家法을 가려서 정해야 한다는 것이었다. 또한 덕선德選하는 도리에 따라 "용모나 말하는 사이에 그 덕기德器와 복상福相을 알 수 있다"고 한 대로 취사할 것을 건의하기도 했다.

따라서 숙종 12년의 숙의 간택은 문벌이 아니나 양반 신분임에 틀림없는 가문의 딸을 대상으로 삼았다. 간택 절차는 삼간택을 거쳐 낙점된 숙의가 별궁생활을 한 뒤에 입궐했으며, 이 가례를 관장할 가례청도 설치하여 시행했다. 이러한 사실은 장서각에 소장되어 있는 『숙의가례청등록淑儀嘉禮廳謄錄』을 통해 자세히 파악할 수 있다. 숙의 가례의 전말을 기록한 자료로서는 이것이 유일하며, 『승정원일기』의 기사는 이를 일부 참조하여 수록했다.

숙종 12년의 숙의 가례

숙종 12년의 숙의 가례는 3월부터 시작되었다. 간택할 처자의 연령은 16세부터 21세까지로 제한했으며, 음관과 생원·진사·유학의 집안에서 단자를 받아 택하라고 했다. 해당 지역은 한성부로 한정하고, 단자 제출 기간으로 일주일이 주어졌다. 단자 규식도 정했는데, 첫 첩에 '모부모방단자某部某坊單子'라 하고 첫 줄에 처녀의 성씨와 생년월일시 및 본本을 쓰며, 다음 줄에는 사조四祖를 나란히 쓰고 대연호 아래에 가장의 직함과 성명을 쓰고 착압하도록 했다.

간택단자는 4일 동안 35장이 걷혔다. 이 안에는 국척(임금의 인척)에 속한 자 5장과 과부 집 1장이 포함되어 있어 이를 제외하면 29장이었다. 숙종은 이에 대해 인심이 맑지 못하다든가 숨기기에 급급하고 기강이 해이해져 인심이 법을 두려워하지 않는다고 비판하면서 그 실적이 영성한 책임을 물어 5부 관원을 종중추고하도록 했다.

그런데 사실 일주일이란 기간은 매우 촉박했다. 한성부에서는 사대부가 서울에 적을 두고 있더라도 외방으로 옮겨 살거나 외임外任이 된 자가 있어 기한 내에 단자를 바치기 어렵다는 하소연을 했다. 이에 대해 숙종은 옮겨 살거나 외임이 된 자는 재간택 때 참여하는 것으로 유보해주었다. 이틀 새 추가로 받은 단자는 13장이었다. 그중에서 또 6장이 과부 집 단자여서 제외했다. 나머지 7장 중에 4장은 국척에 속한 집안이었는데, 모두 8촌 범위 밖이었다. 단자를 받은 실적이 여전히 형편없자 예조에서는 여자로서 적을 둔 자가 드물며, 나이를 늘리거나 줄여서 모면하려 하고, 가난해서 의장을 장만하기 어려워 숨긴다면서 그 사유를 아뢰었지만, 숙종은 이를 용납지 않고 한성부의 당상과 낭청을 종중추고하고 단자 제출을 초간택 전까지 계속해서 바치도록 요구했다.

초간택 길일은 3월 19일로 정해졌다. 예궐질詣闕秩(입궐해야 할 사람들의 명단)이 발표되었는데, 모두 18명이었다. 부친의 직역을 살펴보면, 유학과 통덕랑이 각 4명, 참봉이 2명, 전 참봉·전 도사前都事·주부·좌부장左部將·진사·별제·현령·군수가 각 1명이었다. 대체로 중하급의 관료인 음관이거나 양반 유생 신분의 가문 출신들이었다. 초간택에서는 의외로 2명밖에 선발하지 않았다. 그런데 그날 숙종은 재간택 길일을 논의하면서, 재간택에는 초간택의 3명과 그날 추가로 제출한 단자를 포함하여 4명이 참석할 것이라고 언명했다. 자료의 오류인지 아니면 실제 이렇게 잘못 언급했는지 알 수 없지만, 그 이튿날 발표된 재간택 예궐질에는 초간택에서 선정된 2명뿐이며, 잡탈질雜頉秩 1명이 포함되었다. 이 잡탈질은 청양 현감 김창국金昌國의 딸이었으며, 이가 추가된 단자의 당사자였다. 불참 이유는 딸이 부친의 임소에서 미처 올라오지 못했다는 것이었다.

김창국의 딸에 대한 관심이 컸던 숙종은 상경 상황을 본가에 문의하여 보고하라고 명했다. 한성부에서는 문의 결과 발행한 지 오래되었으며 다음 날 입경入京할 것이라고 보고했다. 그렇지만 재간택에 참석할 수 있을지의 여부는 불투명하니 기일을 연기하자고 청했다. 숙종은 이 건의를 받아들여 기일을 물려 정했다. 그 후 재간택을 거행했지만, 선정 결과는 기록이 없어 미상이다. 삼간택은 같은 달 28일로 정해졌는데, 예궐질은 초간택에서 선정된 처녀 2명과 김창국의 딸 등 3명이었다. 낙점자는 예상했듯이 김창국의 딸이었다. 이러한 과정과 정황으로 추측건대, 당시 숙의 간택에는 김창국의 딸이 사전에 내정된 것이 아닌가 여겨진다. 그녀가 나중의

영조의 후궁 영빈 이씨의 인장, 국립중앙박물관.

영빈寧嬪인데, 실제로 영의정 김수항은 "들리는 말에 장차 청양 현감 김창국의 딸로 정하려 한다고 하니, 김창국은 곧 신의 형의 아들입니다"라고 하면서 개선을 청한 바 있다. 들리는 말이라는 것은 인현왕후가 자신과 인척간인 그녀를 추천한 사실을 말한다.

재간택이 끝난 후 예조에서는 가례청 설치를 건의하고, 도청과 낭청을 차출했다. 그러나 관련 등록이나 문서가 없었다. 단지 고상신 정태화의 사장일기私藏日記에 가례청 도청이 후궁 장숙의張淑儀를 본가에서 이현궁으로 모시고 갔다는 글이 있어, 이에 근거하여 가례청을 설치했다. 가례청은 왕자와 공주·옹주 가례 때의 사목에 의거하여 마련토록 했다. 곧 당상은 예조 삼당상, 도청은 예조정랑 1원과 각 사 4품 이상 1원, 낭청은 예조 좌랑 1원, 원역으로 서리 5인과 사령 5명, 고직庫直 1명을 두었다.

삼간택으로 뽑힌 김씨는 당일에 숙의로 봉해졌다. 삼간택 후의 숙의는 선발된 다음 달부터 각 도에서 진상하는 삭선朔膳을 수령했다. 호조등록에 교명을 담았던 교명함에 대한 기록이 있음을 근거로 보면, 숙의 가례 때에도 사신을 보내 교명문을 내렸다. 정조 4년의 후궁 빈 간택에도 교명을 마련하라고 분부하기도 했다. 일정한 의식을 갖춰 별궁으로 떠나기 전에 행했을 것이나 구체적인 절차는 눈에 띄지 않는다.

삼간택이 끝난 뒤 숙의 김씨는 바로 별궁으로 갔다. 숙의 가례에 관해서는 참고할 만한 출처가 없어 인조 때의 일을 알고 있는 옛 궁인을 찾아 물어보니, 간택한 날 별궁으로 가고 한 달 후에 입궐했다고 하여 이대로 거행하도록 했다. 별궁은 어의동별궁 동행랑이나 전석동磚石洞 명안공주 구궁舊宮 둘 중에서, 행랑은 소홀한 듯하다고 하여 후자로 정해졌다. 별궁은 미리 수리하고 생필품 등을 갖추어놓도록 했다. 숙의는 머리장식을 하고 유문흑색원삼有紋黑色圓衫을 입고서 별궁으로 향했다. 위의衛儀도 규정대로 행해졌으며 도청과 낭청 등도 행렬에 참석했다. 숙의가 입궐한 날이 4월 26일이었으니, 약 한 달 동안 별궁에서 생활했다.

숙의는 납채부터 친영까지의 혼례 절차가 모두 생략되었다. 삼간택이 끝난 뒤 빙재聘財를 보내는 예는 행한 것으로 보인다. 가례청에서는 공주 길례 및 출합出閤 때의 물목에 의거하여 마련한 '숙의 가례 때 소용 물건' 별단을 재가받아 준비했는데, 이 별단에 빙재가 포함되어 있었다. 실제 면포와 정포, 자홍라수사지紫紅羅首紗只 등을 별궁에 들이라고 한 것은 이를 두고 한 말로 보인다. 그런데 뜻밖의 사실은 노비 150명을 내렸다는 사실이다. 그 영문을 모르겠으나, 이것은 빙재와 무관한 듯하다.

10여 일이 지나, 숙종은 숙의를 맞으면서 육례 절차대로 행하지 않는 것에 대한 미안함 때문인지 한 번이라도 송례送禮하는 일이 있어야 마땅하지 않을까 하는 의견을 피력한 바 있다. 송례는 폐백을 보내는 예를 말한다. 납징 혹은 납폐라고 하는 육례의 하나이며, 빙재와는 다르다. 이에 대해 대신들은 근거할 만한 예문禮文이나 문서가 없어 중국의 사례를 거론하면서 의견을 개진했다. 진무제晉武帝 때에도 잉첩에게 예지禮贄하는 제도는 없었다는 것이며, 숙의에게 송례하지 않는 것은 책후冊后 의례와의 구별을 나타내고자 하는 까닭이니 대체로 근거할 만한 전례가 없고 새로운 제도의 창안도 곤란하다는 입장이었다. 황후 혹은 왕비와 숙의의 구별은 엄격하여, 사신을 보내 책명하기는 하나 폐백까지 보내는 것은 지위상의 구별에 있어 배치되므로 수용할 수 없다는 것이었다. 숙의의 삭선 진배에서도 왕비와의 차등은 당연했다. 함경도의 4월 삭선 진배에서, 숙의방에 진배할 새로운 물건이 중궁전과 조금도 차등이 없으며 단자單子에도 극항極行으로 열서列書하여 감사 이단석을 추고하도록 한 적이 있다. 명분에는 등급이 있고 의식에는 융쇄隆殺(높이고 낮춤)가 있다는 신분상의 차등질서를 바로잡고자 한 것이다.

따라서 숙의 가례에서는 별궁에서 행하는 납채와 납징·고기 등의 절차를 생략하고, 입궐하기 직전에 독뢰연獨牢宴만 거행했다. 독뢰연은 국왕이 참석하지 않고 숙의가 홀로 행하는 우울하고도 쓸쓸한 잔치였다. 궁녀들은 입궁한 지 15년이 되면 관례를 거행한다고 하는데, 이때 궁녀는 친정으로 가서 새색시처럼 치장하고 다시 입궁하여 윗분들에게 문안을 드리고 잔치가 베풀어졌다. 일종의 신랑 없는 영혼결혼식을 겸해서 하는 것으로 생각했다는 것이다. 그러나 이는 구전되는 궁녀들의 관습의 하나로서, 법적·제도적 규범으로 행하는 의례인 독뢰연과는 다르다.

숙의의 복식 또한 명복이다. 인조 13년(1635)에 귀인 장씨의 독뢰연과 입궐 때 모두 머리장식을 하고 흑색원삼黑色圓衫을 입은 예를 전례로 삼도록 했다. 그러니 명복은 곧 흑색원삼이었다. 그런데 길례 때의 물품을 공주 가례 때의 예로 하도록 하면서 제시한 물목에는 직금몽사단전면사織金夢紗單前面紗와 황사원문대홍필단단노의黃絲圓文大紅匹段單露衣 각 한 벌이 들어 있었으며, 상의원에서 내입한 물건의 목록을 보면, 머리장식용으로 야발髢髮 20단과 흑각잠黑角簪 대·소 모두 25개, 원삼감으로 아청화문사鴉青花紋紗 1필과 내공內拱 대홍화문사大紅花紋紗 1필, 치맛감으로 남화문사藍花紋紗 1필 등이 포함되어 있었다. 따라서 숙의는 노의를 입은 것이 아니라, 원삼이기는 하되 아청색 바탕에 꽃무늬가 있는 옷을 입었다고 하겠다.

이 명복은 상의원에서 제작하여 내전으로 들였다. 그 후 다시 공주 가례 때의 명복내출命服內出 예에 의거하여 내출하도록 했다. 상의원 관원은 이를 전해 받아서 지기支機에 실어 별궁으로 가지고 갔다. 이 행차에는 인로군사 10명, 인도부장 2원, 차비관과 예모관·감역 각 2원, 낭청, 도청이 모시고 갔다.

독뢰석은 별당의 정청에 북향하여 설치하고 절하는 자리는 그 오른쪽에 북향하여 설치했다. 숙의는 이 자리에서 사배를 했는데, 국왕을 향한 일종의 망궐례였다. 이것은 신하의 예다. 이어서 독뢰로서 삼인을 행했는데, 국왕이 궐석이므로 표주박잔을 사용하지 않았다. 이 예는 국왕과의 관계에서 부부로 성립했음을 상징적으로 보여주는 의절로 이해할 수 있다. 다만 후궁으로서 낮은 신분의 지위에 있었으므로 국왕이 참석하지 않은 것일 뿐이다.

독뢰연이 끝나자마자 별궁에서는 내선온內宣醞이 행해졌다. 이 자리에는 예조 당상 이하가 참석했다. 주정酒亭이 정북에서 남향으로 놓이고, 당상 이하는 홍단령으로 참석했다. 그들은 먼저 북향하여 사배례를 행하고, 중사中使가 따라주는 술잔을 차례로 무릎 꿇고 받아서 마셨다. 일순배가 끝나면 반수班首가 같은 절차대로 마셨다. 마지막으로 묘배례卯盃禮를 행하고, 당상 이하는 흑단령으로 고쳐 입었다. 숙의가 입궐할 길시는 사시巳時로 정해져 있었다.

이로써 숙의 김씨는 숙종의 후궁이 되었다. 독뢰연이 끝나자마자 숙의 김씨는 입궐해야 했다. 입궐하기 전에 숙의 김씨의 부친은 상당한 직으로 제수되었다. 이러한 전통은 연산군 11년(1505)부터 시작된 것으로 보인다. 연산군은 환관과 숙의 등도 직질의 고저에 따라 부모가 살아 있으면 작을 주고 죽었으면 추증하라는 전례를 만들었다. 명종 3년에는 숙의가 새로 대궐에 들어오려면 본가에서 자장資粧 및 해야 할 일이 많은데 녹봉이 박하면 지탱하기 어렵다면서, 선조先朝에서 나숙담·박수림 등에게 모두 그 직책을 높여준 전례에 따라 신언숙에게 6품의 직을 제수하고 정귀붕도 자품을 올려준 바 있었다. 숙종은 이러한 선례에 따라 청양 현감 김창국을 경직京職으로 교체하여 제수하라고 명함으로써 사도시 주부로 삼았다. 그런데 어찌 된 일인지 입궐 직전에는 전주부前主簿의 직역이었으며, 가장이 직명이 없을 수 없다고 하여 군직軍職인 사과司果를 부쳐주었다.

숙의의 입궐 시 사복시 교군轎軍 및 상마대上馬臺, 하마대下馬臺, 오장차비烏仗差備 등의 일은 다른 후궁의 예대로 마련하도록 했다. 입궐 후에는 대전과 대왕대비전, 중궁전에 조현례를 거행해야 하며, 그녀가 입을 명복은 공주 길례 때의 예대로 내전에서 내어주도록 했다. 조현례는 대신들의 논의에서, 『국조오례의』에서의 정조正朝와 동지冬至, 탄일誕日에 내외명부가 행하는 조하의朝賀儀를 근거로, 숙의도 내명부의 한 사람이므로 입궐 초에는 조알하는 예를 행하지 않을 수 없다는 것이었다. 곧 숙의의 입궐 시 조현례는 신하로서 국왕 및 왕실 어른들을 뵙는 인사였던 것이다.

숙의 김씨는 입궐하자마자 가장 먼저 당일에 대전에게 조현례를 거행했다. 합 바깥의 서상西廂에서 동향하고 있던 숙의는 익선관과 곤룡포를 갖추고서 어좌에 앉은 국왕에게 북향하여 네 번 절했다. 이튿날에는 적의를 갖추고 나와 앉은 중궁전과 대왕대비전에 조현례를 거행했는데, 대전과 마찬가지로 사배례를 행했다. 장소는 내전이며, 숙의의 절하는 자리는 계단 아래에 북향하여 마련되었다. 여기서 계단 아래는 어좌로 오르는 계단 아래를 가리키는 것으로 보인다.

헌종 13년의 경빈 가례

숙종 12년 이후의 숙의 간택은 영조 2년에 행해지고 동왕 25년에 편찬된 『국혼정례』에 숙의 가례를 수록함에 따라 국혼으로 제도화되었다. 이로써 숙의의 지위가 강화되고 왕실은 나름대로 안정된 지위를 유지하는 데 도움이 될 만한 측면을 모색한 것이었으나, 정조 연간에는 후궁 가례를 빈으로 격상시켜 왕실의 위신을 더욱 높이고자 시도했다. 그럼으로써 숙의 간택은 더 이상 행해지지 않고, 정조 2년과 4년 그리고 헌종 13년에 후궁 빈의 간택이 거행되었다. 후궁 빈의 가례는 『승정원일기』 등에 부분적으로 남아 있어 자세히 알 수 없으나, 헌종의 후궁인 경빈의 가례에 관한 자료는 장서각에 2종이 소장되어 있다.

헌종은 그의 원비인 효현왕후와 계비 효정왕후에게서 후사를 두지 못했다. 겨우 열 살 내외의 나이에 왕비가 되어 16세의 어린 나이에 죽은 효현왕후는 그렇다 치고, 14세에 책봉된 효정왕후에게서는 후사를 두기 위한 노력을 다각도로 시도했을 것으로 짐작된다. 그러나 회임 기미가 보이지 않고 그의 질환은 약의 치료로도 가망이 없다고 판단되자 3년여 만에 이를 포기했다. 그리하여 대왕대비전에서 널리 저사儲嗣를 구하는 일이 급하니 사족 중 처자를 선발하여 빈어嬪御에 두는 일을 서두르라며 빈청에 하교했다.

이에 따라 헌종 13년(1847) 7월 18일 14세부터 19세까지의 처자 금혼령을 내리고, 8월 보름을 기한으로 단자를 들이도록 했다. 처녀단자 제출 기간을 한 달여로 잡은 것이다. 간택에 참여할 수 없는 대상자로는 관적貫籍이 같지 않은 이성李姓, 국척國戚으로 국왕의 8촌친이거나 내전內殿의 동성同姓 7촌친과 이성異姓 6촌친 및 부모가 다 생존해 있지 않은 자였다. 이씨 및 국척이지만 지친至親이 아닌 자는 구애받지 말도록 했다. 그러고는 일찍이 가례청을 설치하도록 했는데, 우선 예조 삼당상이 예대로 겸하고 낭청 1원을 두며 도청 이하는 청 설치를 기다렸다가 거행하도록 했다.

초간택 길일은 8월 2일로 정해졌다. 수단 기한을 처음보다 13일 앞당긴 것이다. 초간택 전날 급제 김영작의 딸 등 궐에 들어올 처녀 34명의 명단이 발표되었다. 정조 2년의 빈 간택 때에는 한성부에서 수송한 단자 32장 중 실제 들인 단자가 22장이었으며, 그중에서 유탈자有頉者는 3인이었다. 부친의 직역을 살펴보면, 급제·성균진사·행좌승지·부봉사·별제·생원·감사·대교·현령·고첨정 각 1명, 행부호군과 현감 각 2명, 부사와 진사 각 3명, 유학 14명이었다. 절반 이상이 양반 유생이며, 현직 관료는 2품 이하로 고르게 분포되어 있었다. 모두 한성부 거주자이며, 지방에서 올라온 단자는 전혀 없었다. 이날 남부 유학 박만수가 단자를 바쳐서 1장이 추가되었다.

초간택 날짜는 비가 내리는 바람에 다시 길일을 점쳐 4일로 연기되었다. 처소는 통명전으로 하고, 처자가 입궐할 때의 문로門路는 통화문으로 정했다. 간택 처소와 문로는 그때마다 항상 왕에게 물어서 정했다. 처자의 복색은 정조 11년(1787) 수빈 박씨 가례의 예에 의거하여 족두리를 쓰고, 상의는 겹막이夾莫伊와 당의唐衣, 치마는 홍색을 사용하고, 신은 당혜唐鞋를 신도록 했다. 물론 화려하고 사치스러운 것은 일절 금했다. 간택 때마다 선정된 처자의 명단이 바로 발표되었는데, 초간택된 처자는 유학 김재청의 딸 등 5명이었으며, 이들을 제외한 나머지는 혼인을 허락했다.

재간택 길일은 9월 3일로 택했다. 서부에 사는 동지중추부사 오취선의 딸이 병이 있어 참가할 수 없다는 보고가 올라오자 헌종은 이를 허락했다. 그리하여 4명을 놓고 재간택을 시행한 결과 3명이 삼간택에 올랐다. 삼간택 길일은 10월 18일 오시로 정해졌다. 삼간택이 행해지기 전인 10월 9일 작호는 경빈慶嬪, 궁호는 순화順和로 정하고, 예조 낭청이 시복을 입고서 이를 적은 단자를 가지고 가 예조의 대청에다 봉안했다. 그런데 뭔가 성급해 보이는 수상한 일이 벌어졌다. 재간택이 끝난 뒤 일주일 만에 유학 김재청에게 관직을 부쳐주자는 논의가 이루어진 것이다. 그리하여 며칠 만에 혜릉참봉으로 임명되고 다시 6품직으로 추천되어 장악원주부로 제수했다. 삼간택을 행하기도 전의 이러한 조치를 보면, 빈은 이미 김재청의 딸로 내정되어 있었던 듯하다. 보통 삼간택에서 낙점된 뒤 행하던 인사여서, 그 전에 행한 파격적이며 독특한 사례였다. 삼간택 참가자 명단에서 김재청의 직역은 유학에서 장악원주부로 바뀌어 있었다. 국왕의 후궁일지라도 미천한 양반가의 규수로는 체면이 서지 않을 것이었다.

빈씨의 나이는 16세였다. 경빈은 즉일로 교자를 타고서 이극문과 숙장문의 서협문, 돈화문의 서협문을 거쳐 별궁으로 향했다. 서협문을 이용하는 것은 신분을 고려하여 결정되는 사항이었다. 반차에는 가례청 당상과 도청 이하가 시복을 입고서 참여했다. 별궁은 장동에 있는 승지 조득림의 집이었으며, 수리군 40명을 동원하여 개수했다. 앞에서 불을 밝히고 인도하는 대거大炬는 가고 올 때 각 30자루였으며 그중 심거心炬는 각 20자루였다. 주인가主人家와 별궁의 대문 밖에 내거는 대식거大植炬 및 심거는 각 두 자루였다. 별궁의 잡물을 담당할 봉상관捧上官은 내수사 서제書題 중에서 택하여 정했다.

가례청은 초간택 전에 설치되었다. 처소는 관상감에 두었다. 당상은 예조의 삼당상 곧 판서와 참판, 참의가 예대로 겸하고 도청과 낭청을 두었다. 원역으로는 서리가 5인이며, 고직이 1명, 수직군이 2명이었다.

경빈은 별궁에서 납채와 납폐 및 독뢰연을 거행했다. 효정왕후는 별궁에 도착한 이후 조현례까지 약 한 달 보름이 소요된 반면, 경빈은 겨우 엿새 만에 이 모든 의식을 끝냈다. 정조 2년에는 삼간택 당일 별궁에서 납채하고, 4일 뒤 납폐와 책빈, 또 3일 뒤 입궐하여 조현례를 거행하도록 했다. 납채의納采儀 등은 신랑의 본가에서 거행하는 것이 원칙이었으므로 궁궐의 정전에서 치렀다. 종친과 문무백관이 모두 참석하거나 각종 시위와 의장을 진설하지 않고, 수교서관 이하 제 집사관과 승지 등 유사가 참석하는 소규모 행사였다. 집사관들은 모두 예복인 조복이 아니라 공복을 입었다. 국왕은 교서를 내려 "아무 관 아무개의 딸을 명하여 빈으로 삼았으니, 경들은 납채의 예를 행할 것을 명하노라"라고 하여 경빈의 간택 사실을 대내외에 공포하고 납채의 예를 거행할 것을 명했다.

왕명을 받은 신하들은 승정원 및 관계 기관의 관원들이었다. 봉교서관

捧教書官과 전교관傳敎官(승지)은 승지가 임명되어 유사가 제 역할을 하는 모양새였다. 납채와 납폐의 교서 및 답전문答箋文은 예문관에서 찬술해 바치고 승정원에서 거행했으며, 교서가 주인가로 갈 때와 답전문이 궐에 이를 때의 세장細仗 및 고취鼓吹 등은 병조와 장악원에서 마련하여 거행했다. 예조정랑이 채여를 진설하여 교서 및 전문함을 들여넣는 일과 행례 등의 절차는 가례청에서 알아서 각 담당 기관의 협조를 얻어 거행했다.

납채와 납폐 때의 집사관은 봉교서관과 전교관, 전의典儀(통례원 관원), 알자謁者(참외參外), 장차자掌次者(전설사 관원) 등으로 구성되었으며, 현훈함차비玄纁函差備와 봉교명관捧敎命官, 봉명복관捧命服官은 모두 전교관을 제외하고 이조에서 차출했고, 거안집사擧案執事 등도 차출했다. 수교서관受敎書官과 선교명관宣敎命官은 가례청 수당상으로 임명했으니 곧 예조판서였다. 납채의가 끝난 뒤 수교명관은 공복을 입고, 제집사관은 흑단령으로 고쳐 입으며, 가례청의 당상 이하는 그대로 흑단령 차림으로 별궁에 이르러서 행례했다. 수교서관과 주인, 빈자가 입는 공복은 호조에서 준비했다.

빈씨가에서 납채를 받는 의식 절차의 기본 구조는 비씨가의 수납채의와 같았다. 이번 가례에서 헌종은 검소하게 하는 전통에 따라 내외선온內外宣醞을 모두 제외하고 빈씨가에서 접대하는 과반果盤 및 예단禮單 역시 제외할 것을 명했다. 납채를 받는 예가 끝나면, 수교서관 이하와 빈·사자儐使者는 전문을 받아 궐에 이르러서 흑단령으로 갈아입고 들어가 복명하며 전문을 바치는 예를 행했다. 가례청의 삼당상과 낭청 이하는 시복을 갖추고 통명전으로 가서 동뢰연의 배설을 점검한 뒤 물러갔다.

납폐의는 책빈의와 겸해서 권정례로 행했다. 역시 국왕은 교서를 내려 "아무 관 아무개의 딸을 명하여 빈으로 삼았으니, 경들은 납폐의 예를 행

할 것을 명하노라" 하고, 이어서 책빈의 교명을 선포했다. 명을 받든 수교
명관은 빈씨가로 가서 교서와 속백束帛을 주인에게 전해주고 답전을 받았
으며, 빈씨를 빈으로 책봉하는 의식을 거행하고 돌아와서 복명했다. 속백
은 현玄 3필과 훈纁 2필의 공단貢緞을 사용하고, 상의원에서 준비하여 보
냈다. 책빈에 입은 명복은 직금원삼織金元衫이었으며, 입궐할 때에는 노의
鷺衣를 입었다. 노의鷺衣는 노의露衣와 같은 것이다.

명복은 하루 전에 내전에 들이고 행례하는 날 내전에서 내왔다. 명복의
내입내출內入內出에는 가례청 당상 이하와 각 차비관이 흑단령을 갖춘 채
모시고 가되, 앞에서 인도하는 세장과 고취의 여러 일 및 각 차비군의 정
렬, 궐내에 임시로 설치할 악차의 배설 등은 모두 각 담당 기관의 관원이
몸소 임금에게 아뢰고서 거행하게 했으며 가례청에서 이를 점검했다.

교명을 받은 빈은 다음 날 별궁에서 나와 창덕궁의 돈화문을 거쳐 별전
으로 들어갔다. 빈은 입궐하기 전 본가의 방 안에서 빈의 부모가 참석한
가운데 예주醴酒로 제사하고 마시는 의례를 행하는 것이 전례였다. 그러
나 이때에는 이를 생략했다. 교자를 탄 경빈이 별궁에서 대궐로 갈 때에
는 유모와 시녀, 말을 탄 여자 종 4명, 함을 받들고 걸어가는 여자 종 2쌍,
향을 들고 걸어가는 여자 종 2명, 의녀 2명, 오장차비내시 10명, 오장충
찬위 8명, 무겸과 부장 각 2원, 내금위 10인 등이 배위했다. 삼간택 후 빈
씨가 별궁으로 갈 때와 가례일에 궐에 이르러서의 문로는 돈화문의 서협
문으로 하도록 했다. 이때의 반차에는 오상사五上司와 육조의 당상이 위요
圍繞(원래 위요는 혼인 때 가족 중에서 신랑이나 신부를 데리고 가는 사람을 말한
다)했다. 오상사는 종친부와 의정부, 돈녕부, 충훈부, 의빈부의 다섯 상급
기관을 가리키며, 육조에서는 판서와 참판이 참가했다.

경빈 첩갑, 숙명여대 박물관.

입궐한 경빈은 대전인 임금을 별전에서 조현한 다음 동뢰연을 거행했다. 조현례 때 국왕은 원유관과 강사포를 갖추고서 임어하여 조현을 받았다. 대전 조현례는 매우 간단하여, 별전의 어좌에 오른 국왕에게 경빈이 서상西廂에서 동향하여 섰다가 들어가 절하는 자리로 나아가서 북면하여 사배례를 행하는 것이다.

대전 조현례가 끝나자마자 동뢰연이 행해졌다. 시간이 되면 국왕은 원유관과 강사포를 갖추고 나와 합 안에 남향하여 서서 빈의 사배례를 받았다. 국왕은 동쪽에서 서향하지 않고 남면했으며, 빈은 북면하여 신하로서 국왕에게 사배를 올린 것이다. 국왕은 어좌에 오르고 빈도 자리로 갔다. 음식상이 자리 앞에 놓였다. 합근례가 거행되었는데, 상식이 잔에 술을 따라서 바치면 국왕과 빈은 이 술을 마시고 바로 대령하는 탕을 먹었다. 같은 방식으로 재인再酳을 하고, 삼인에는 근배졸杯, 곧 표주박 술잔을 사용했다. 삼인의 방식은 재인례와 같았다. 마치면 상궁은 전하를 인도하여 동쪽 방으로 들어가 원유관과 강사포를 벗게 하고, 전빈은 빈을 인도하여 위악幃幄으로 들어가 명복을 벗게 했다. 상궁은 전하를 인도하여 위악洞房으로 들어갔다.

국왕은 위악에서 방친영房親迎을 행했다. 방친영은 방에서 국왕이 빈을 친영하는 것을 말한다. 이것은 육례의 친영을 변형시킨 의제로서, 정해진 의절이 있는지는 밝혀지지 않았다.

동뢰연 다음 날에는 대왕대비전과 왕대비전, 중궁전에 차례로 조현례를 거행했다. 의장은 산선繖扇 외에 모두 배치하도록 했다. 조현 장소는 내전이었다. 첫 사배례는 대전 조현과 같았다. 곧이어 경빈은 대왕대비전 앞으로 가서 단수반腶脩盤을 바치고 내려와 다시 사배례를 행하고, 동계로 올라가 자리의 남쪽으로 나아가서 섰다. 상식이 잔에 술을 따라서 바치면, 경빈은 사배례를 행하고서 잔을 받았다. 음식상이 자리 앞에 놓이면, 자리 남쪽으로 내려가 서향하여 무릎 꿇고 술을 맛보았다. 그러고는 부복하여 사배하고 예가 끝났다.

왕대비전과 중궁전의 조현은 대왕대비전에게 할 때의 의절과 같았다. 다만 대왕대비전과 중궁전은 적의翟衣를 갖추었으나, 왕대비전의 복색은 마련하지 말도록 했다. 그리고 중궁전에는 단수반을 바치지 않았다.

숙의와 빈의 차별 및 그 의미

후궁 가례의 정례는 앞에서 살펴보았듯이, 빈과 숙의 사이에 의위의 차별을 엄격히 두었다. 그렇다면 왕비 가례와 비교하여 그 차별은 어떻게 나타냈을까? 그 차별은 말할 필요도 없이 예제의 본질에 근거했는데, 그 형식과 의미가 무엇이었는지를 검토해보자.

먼저 왕비와 후궁 빈은 가례의 목적이 서로 달랐다. 헌종 13년의 빈 간택의 목적은 후사를 넓히는 일이었다. 이것은 후궁 간택의 목적이었으므로 숙의라고 예외일 순 없었다. 그러나 왕비 가례는 유교 이념에 충실한 목적을 담고 있었다. 부부가 인륜의 시초임을 밝히는 동시에 사직과 종묘를 받드는 일이라는 것이다. 물론 종묘를 받든다는 것은 한편으로는 가계 계승의 책임을 부여하는 것이다. 후사의 확대가 가계 계승과 무관치는 않으나, 빈과 숙의의 간택은 종묘를 받들 주부主婦를 선발하는 의식이 아니었다.

왕비는 잘 알다시피, 국가의 주부로서 여성을 대표하는 최고 지위에 있었다. 따라서 가례의 모든 의식은 가장 존귀한 등급의 예제를 적용했다. 후궁 빈과 숙의는 그에 압존되어 강쇄된 예제를 적용할 수밖에 없었으며, 기본적으로는 육례 절차의 수에서 그 차별이 잘 드러난다.

왕비의 육례는 국왕이 처를 맞이하는 예법이다. 간택 후궁에게 이와 동등한 절차를 적용하는 것은 이처二妻를 취하는 비례非禮이며 일부일처제의 원칙에 어긋난다. 일부일처제는 국왕이라도 예외가 될 수 없었다. 따라서 숙의 가례에서는 독뢰연만 행해지고, 빈 가례에서는 납채와 납폐, 책빈, 동뢰연의 네 절차가 거행되었다. 독뢰연과 동뢰연은 신랑과 신부의 성혼을 상징하는 가장 실질적인 의식으로서, 국왕과의 부부관계 성립을 의미하는 것으로 이해할 수 있다. 그러나 처첩의 시각에서 보면, 이는 명백한 오류라고 지적하지 않을 수 없다. 첩인 후궁에게 성혼 운위하는 것은, 앞서 언급했듯이, 이처라는 위험천만한 혐의를 배제할 수 없기 때문이다.

그럼에도 후궁 가례는 예제의 시각에서 접근하는 것이 옳다. 빈은 왕비보다 한 등급 아래의 신분이다. 그러므로 가례 절차의 크기와 다소도 그에 비례하여 감해야 한다. 명위名位가 다르므로 예의 수數도 다르다는 원리가 적용되어야 하는 것이다. 그에 따라 빈의 가례에는 고기 한 절차를 줄이고 친영은 방친영으로 대신했다. 빈보다 몇 등급 아래인 숙의가 독뢰연 절차만 거행한 것도 이러한 예제의 규범에 근거하여 해석해야 한다.

한편으로는 간택된 숙의와 빈의 국왕과의 관계에 있어서 절차가 갖는 의미를 도외시할 수도 없다. 간택 후궁도 국왕의 부인이 된 사실을 부정할 수 없으며, 또한 공인이 되었음도 주지의 사실이다. 공자는 '종묘를 섬기는 일'과 '가계 계승'을 함께할 왕비의 친영은 당연하다고 했다. 국왕은 '존귀해서 대적할 사람이 없다'고 하는 것이 친영 거부의 이유였지만, 친영을 정례正禮로 보는 인식의 전환으로 정착되었다. 그러나 후궁 가례의 목적은 그와 달랐으므로 친영 대상이 아니었다. 국왕과 왕비의 지위상의 동등함은 왕비 책봉과 친영, 동뢰연에서 잘 드러난다. 반면 후궁은 먼저 신하의 지위에서 국왕에게 예를 올렸다. 국왕은 친영과 동뢰연에서 읍을 하면서 왕비를 맞이하는데, 빈은 국왕에게 먼저 사배례를 행했다. 국왕은 동등한 지위의 여성과 혼인해야 하므로 친영 전에 왕비 책봉을 거행했지만, 숙의와 빈의 책봉은 삼간택이 끝나기 전이나 직후에 이루어져 내명부의 내관으로서의 지위를 부여했다. 이처럼 절차가 갖는 의미에 있어서도 지위상 왕비와 후궁의 구별은 뚜렷했다. 그러면서도 후궁이 동뢰연과 독뢰연, 방친영 등을 거행한 것은 국왕이 갖는 권위의 특수성이라는 측면에서 사대부례와 차별적으로 부부관계의 성립을 인정함과 동시에 예제의 규범을 중시하는 왕권사회의 성격을 잘 보여준다고 하겠다.

이번에는 가례 시행에 있어서 소위 서례序例라 할 수 있는 각종 예제를 통해 후궁 가례의 의미를 살펴보자. 먼저 가례를 전담하는 기관의 명칭은 지위에 따라 달랐다. 왕비와 세자빈을 맞는 대전과 왕세자의 혼인은 가례라 하여 가례도감이라 칭하고, 대군과 왕자는 길례·길례청이라 했다. 후자의 혼인도 가례라 칭할 때가 많았는데, 그것은 제사인 길례와 혼동되는 면이 있기 때문이었다.

　가례도감과 길례청은 조직과 규모 및 지위에 있어서 큰 차이를 보였다. 가례도감은 국局으로서 임시로 설치한 정부 기관이었으나, 길례청은 유사有司가 주관하는 임시 부서에 불과했다. 그리하여 가례도감은 육조의 속아문과 같은 지위의 행정 조직을 갖추었다. 곧 도제조와 제조, 도청, 일·이·삼방의 세 부서와 실무자인 낭청 및 감조관, 원역員役 등을 두었다. 원역에는 서리가 있고 그 아래로 고직, 사령, 수직군사 등이 있었다. 이에 반해, 길례청은 본래 길례 업무를 담당하는 유사로서 예조의 세 당상(판서, 참판, 참의)이 당상이 되고, 낭청은 예조좌랑이 맡으며, 별공작과 감역관, 예모관을 두었다. 경빈 때의 길례청에는 숙의보다 한 등급 높여 상의원제조 2명이 당상을 겸하여 관장하고, 호조정랑과 상의원첨정이 낭청을 겸했다.

　예조에서는 육례의 실무를 담당할 정사와 부사 이하 제집사도 차출했는데, 그 규모에서 또한 많은 차이를 보였다. 왕비 가례 때는 정사(정1품), 부사(정2품), 전교관傳敎官(승지) 등이 차출되었던 데 비해, 숙의와 빈의 경우에는 사신을 임명하지 않고 봉교서관과 선교명관(예조판서)이 제 역할을 담당했다.

　의위에 있어서는 별궁으로 갈 때와 입궐할 때의 반차에서 대비된다. 왕비와 후궁은 삼간택 후 별궁으로 갔다. 별궁은 어의동본궁이 왕비의 지정 별궁으로 사용되었지만, 숙의와 빈은 이 별궁을 사용할 권한이 없었으므로 궁가나 사가私家를 빌려서 썼다. 삼간택 후 출궁하는 문로로는 비씨가 옥교를 타고서 궁궐 정문의 동협문으로 나갔던 반면, 숙의와 빈은 교자를 타고서 서협문으로 나갔다. 정조 2년의 빈 가례에는 별궁으로 갈 때 세자빈의 시위와 의장을 참작하도록 했다. 그에 반해 숙의는 왕자와 공·옹주의 가례 때의 사목에 의거하여 마련했다.

숙의가 입궐할 때의 반차는 인로군사 20명, 지로치 4명, 봉거군 30명, 상마대와 하마대 각 2쌍, 오장충찬위 10인, 인도부장 4원, 안보鞍袱 2쌍, 시배별감, 함보부지제원函袱負持諸員 4원, 보비步婢 2쌍, 교자(교자군 16명), 내시, 예모관 2원, 감역 2원, 낭청 1원, 도청 2원, 양 당상, 수당상의 차례였다. 그런데 경빈이 궐에 이를 때에는 오상사五上司와 육조의 당상이 위요圍繞했다. 왕비가 입궐할 때의 시위는 각 사 1원, 당상아문은 당상과 낭청각 1원, 종친은 매품마다 각 2원씩이었다. 종친과 문무백관의 참석 규모만을 비교해봐도 그 차이가 현격함을 알 수 있다.

육례를 본가인 궁궐 정전에서 행할 때에도 빈은 왕비와는 달리 참석 인원의 규모나 각종 시위와 의장이 모두 갖추어지지 않고, 수교서관 이하 제집사관과 승지가 참석하는 소규모 행사로 치러졌다. 집사관들은 모두 공복公服을 입었지만, 왕비 가례에는 종친과 문무백관이 모두 조복朝服을 갖추고서 참석했다. 국가 의례는 길례를 대·중·소사로 나누듯이 그 규모를 대중소로 나눌 수 있으며, 그에 따라 참석자의 복색이 달라졌다. 왕비 가례는 가장 큰 국가 의례의 하나이므로 조복을 예복으로 입으며, 공복은 그보다 작은 규모의 의례 때 입었다.

명복命服에 있어서도 왕비는 남편인 국왕의 명수에 해당되는 칠명복인 적의翟衣를 입었다. 『국혼정례』를 검토하는 과정에서 영조는 왕후의 옷이 붉은 꿩을 형상하고 빈의 옷은 붉은 닭을 형상한다고 했다. 그러자 행부직 조명리는 "장복章服은 형상을 취하고 비단으로 꾸밉니다"라고 했다. 붉은 꿩을 형상한 왕비의 옷은 적의를 말한다. 곤의袞衣가 조선의 명주를 사용하는 것은 아름답게 보이고자 함이 아니라 문장文章을 나타내기 위함이라고 한 바와 같이, 적의 또한 문장을 나타내는 장복이었다.

빈의 명복은 왕비보다 한 등급 아래인 오명복이었을 것이다. 『국혼정례』를 보면, 중궁전의 법복法服은 대홍향직적의大紅鄕織翟衣, 세자빈은 아청향직적의鴉靑鄕織翟衣, 숙의는 대홍광적단노의大紅廣的單露衣였다. 중궁전과 세자빈의 법복이 적의인 것은 동일하나, 대홍과 아청의 색깔로 구별되며 동시에 꿩과 닭으로 구분하여 수놓은 등급에 차별을 두었다. 이에 반해 숙의는 정4품 이상의 벼슬아치의 부인이 입는 노의를 입었다. 그렇다면 후궁 빈은 세자빈과 같은 옷을 입었을까?

빈은 정1품이 있고 무품이 있기 때문에 복색도 근거할 만한 예가 있다고 했다. 그동안 학계에서는 왕세자빈을 내명부의 정1품으로 간주하곤 했는데, 이는 재고할 여지가 있다. 정1품인 빈은 내명부의 빈을 말하며, 무품인 빈은 왕세자빈을 가리킨다. 후궁 빈이 정1품이므로 그는 아청향직적의를 사용할 수 없으며, 그렇기 때문에 앞서 살펴본바 왕세자빈보다 낮은 등급인 직금원삼이나 노의를 입었던 것이다.

이러한 의위儀衛와 거복車服 등의 사례를 통한 비교 말고도 예제상의 차별로 들 수 있는 사례는 간택부터 시작해서 조현례를 마칠 때까지의 기본 구조와 모든 의절이 그에 해당된다고 해도 과언이 아니다. 삼간택 직후의 백관 진하, 별궁 수호, 습의, 기러기의 사용, 현훈玄纁 등 빙재의 양, 선온과 예례, 정친예물, 부친 관작의 지위, 각 의식 절목과 동작, 방위, 기물, 참여 인원의 지위와 숫자, 행례 처소 등 의절마다 차별의 형식과 규모는 매우 다양하다. 이러한 차별의 기준은 『주자가례』에서 말하는 "의장도수儀章度數인 예의 문식文飾"이다.

그런데 숙의와 빈 가례의 각 절목과 의위를 처음 제정할 때에는 각각 왕자와 공·옹주 그리고 왕세자빈의 예가 기준이 되었다. 그렇다고 모든 사항이 동등할 수 없는 것이, 이들 상호 간에는 이미 계급상의 차이가 있었다. 이러한 신분과 지위에 따른 가례 시행상의 위격의 차별은 예의 상하와 존비, 귀천에 따라 의례의 크기를 조절하여 규정한 것이다. 이것은 외형적으로 표현된 예의 실제이나, 그 이면에는 내명부의 계급질서와 국왕과의 관계 설정에 따른 왕실 내에서의 위계질서 등을 안정된 상태에서 유지하기 위한 목적이 있었다. 한편으로는 간택 후궁의 특별한 지위와 존엄을 가례를 통해 밝힘으로써 국왕의 권위와 왕실의 지위를 제고할 수 있었다. 후궁이 첩의 시각에서 일정한 예를 거치지 않고 사는 여자라면 굳이 가례를 행할 필요가 없는데도 이를 거행한 것은 왕조례의 특수성에 따른 국왕의 권위를 과시하기 위함이었다.

- 『朝鮮王朝實錄』『承政院日記』『國朝五禮儀』『國朝續五禮儀』『國朝續五禮儀補』『大韓禮典』『經國大典』『續大典』『大典後續錄』『國婚定例』『尙方定例』『三峰集』『沙溪全書』『星湖僿說』『燃藜室記述』『閑中錄』『聖學輯要』(한국고전번역원 번역본), 각종 嘉禮 儀軌・謄錄, 『儀註謄錄』『周禮』『禮記』『周易』『通典』『大明會典』『大明集禮』

- 『영조·정조문집』, 한국정신문화연구원, 1997

- 『영조문집보유』, 한국정신문화연구원, 2000

- 金用淑, 『朝鮮朝 宮中風俗 硏究』, 一志社, 1987

- 유숙, 홍희 옮김, 『禮의 정신』, 동문선, 1994

- 주희, 임민혁 옮김, 『주자가례』, 예문서원, 1999

- 김상보, 『조선왕조 혼례연향 음식문화』, 신광출판사, 2003

- 황문환 외, 『정미가례시일기 주해』, 한국학중앙연구원, 2010

- 박소동 옮김, 『국역 가례도감의궤』, 민족문화추진회, 1997

- 한국학중앙연구원 장서각, 『숙빈 최씨자료집』, 2009

- 심재우 외, 『조선의 왕으로 살아가기』, 돌베개, 2011

- _____, 『조선의 왕비로 살아가기』, 돌베개, 2012

- 이순구, 『조선의 가족 천 개의 표정』, 너머북스, 2011

- _____, 「朝鮮初期 宗法의 수용과 女性地位의 변화」, 한국학대학원 박사학위 논문, 1995

- 국립문화재연구소 편, 『국역 국혼정례』, 국학자료원, 2007
- 이욱, 「조선후기 後宮 嘉禮의 절차와 변천」, 『藏書閣』 19, 2008
- 김문식, 「조선 왕실의 親迎禮 연구」, 『조선 왕실의 가례 1』, 한국학중앙연구원, 2008
- 임민혁, 「조선초기 국가 의례와 왕권」, 『역사와 실학』 43, 2010
- _____ , 「조선후기 영조의 효제논리와 사친추숭」, 『조선시대사학보』 39, 2006
- _____ , 「조선시대 국왕 嘉禮의 절차와 규범」, 『동양고전연구』 47, 2012
- _____ , 「조선시대 『謄錄』을 통해 본 왕비의 親迎과 권위」, 『한국사학사학보』 25, 2012
- _____ , 「조선후기 왕비 삼간택의 문화심리」, 『한국사학보』 48, 2012
- _____ , 「조선시대 후궁 淑儀의 간택과 그 지위」, 『역사와 실학』 48, 2012
- _____ , 「조선후기 후궁의 가례와 禮制」, 『역사와 담론』, 2012
- _____ , 「조선후기 공주와 옹주, 군주의 嘉禮 비교 연구」, 『온지논총』 33, 2012
- 이미선, 「조선시대 後宮 연구」, 한국학대학원 박사학위논문, 2012
- 신명호, 『궁녀』, 시공사, 2012
- 정만조, 「17세기 중반 漢黨의 정치활동과 국정운영론」, 『한국문화』 23, 1999
- 이영춘, 「服制禮訟과 政局變動」, 『국사관논총』 22, 1991
- 이근호, 「영조대 중반 어제훈서의 간행 양상과 의의」, 『장서각』 26, 2011

조선 국왕 장가보내기

ⓒ 임민혁 2017

1판 1쇄	2017년 4월 4일
1판 2쇄	2017년 6월 23일

지은이	임민혁
펴낸이	강성민
편집장	이은혜
편집	박은아 곽우정 한정현 김지수
편집보조	임채원
마케팅	이연실 이숙재 정현민
홍보	김희숙 김상만 이천희
독자 모니터링	황치영

펴낸곳	(주)글항아리	출판등록 2009년 1월 19일 제406-2009-000002호

주소	10881 경기도 파주시 회동길 210
전자우편	bookpot@hanmail.net
전화번호	031-955-8891(마케팅) 031-955-8897(편집부)
팩스	031-955-2557

ISBN   978-89-6735-420-6   03900

글항아리는 (주)문학동네의 계열사입니다.

이 도서의 국립중앙도서관 출판예정도서목록(CIP)은 서지정보유통지원시스템 홈페이지 (http://seoji.
nl.go.kr)와 국가자료공동목록시스템(http://www.nl.go.kr/kolisnet)에서 이용하실 수 있습니다.(CIP제
어번호 : CIP2017006945)